証券化と流動性の経済理論

The Economic Theory of Securitization and Liquidity

MARUMO Toshihiko
丸茂俊彦
[著]

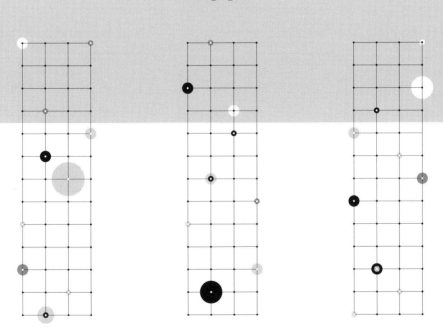

千倉書房

はじめに

　本書は、2007〜09年のサブプライム金融危機が起きた原因となった「証券化」と「流動性」の二つの問題に着目し、契約理論やゲーム理論などのミクロ的基礎付けのある経済理論を用いたモデル分析を行うことで、流動性危機の発生原因と拡散メカニズムを解明することを目的として書かれたものである。

　本書の構成は、まず、第1章でサブプライム金融危機が起きた前後の期間における証券化と流動性の変化について観察されるデータを用いた事実発見を行い、次に、第2章で、銀行組織の経済機能に関する既存の研究を概観し、証券化が進むことで銀行の経済機能がいかに変容するかを議論している。続く第3章から第9章までの各章は、経済モデルを用いた理論分析を中心とした三つの柱から構成される。まず、第1の柱である第3章から第5章までの三つの章は「資金流動性」に関する理論的研究、第2の柱である第6章と第7章の二つの章は「市場流動性」に関する理論的研究、第3の柱である第8章と第9章の二つの章は「証券化商品市場」に焦点を当て、証券化市場の構造変化や金融政策の変更が証券化商品市場に及ぼす影響を分析している。以下、本論文の各章で論じられている概要を簡略化して説明しておく。

　第2章「証券化と銀行組織の経済機能」では、近年、欧米の大銀行を中心として、貸出債権を満期まで保有する従来型の「組成保有型モデル」から、証券化を利用して貸出債権を満期前に転売する「組成販売型モデル」を用いたビジネスの比重が高まったことで、組成保有型モデルを前提として展開してきた「銀行の経済機能」に関する既存研究の内容がどのように修正されるのかを考察している。まず組成保有型モデルを前提とした研究内容を五つの観点（1. 資産変換とリスク分担機能、2. モニタリングと情報生産機能、3. 消

費平準化と流動性供給機能、4. コミットメント手段の提供機能、5. 資金調達手段における銀行貸出の優位性）に分けて内容を概観した上で、証券化を利用した組成販売型モデルの発展により、銀行の経済機能に関する上記五つに分類された研究内容がいかに修正されるのかを考察している。

第1の柱である第3章から第5章までの三つの章は、「資金流動性」に関する理論研究である。ここでは、証券化を積極的に手がける銀行業（証券化銀行業）が直面する、「借換えリスク」、「担保価値割引率リスク」、および「資金回収リスク」という三つの資金流動性リスクのそれぞれについて分析を行っている。

第3章「担保価値割引率リスクと資金流動性」では、証券化銀行業が直面する「担保価値割引率リスク」に注目し、短期債務の借換えコストである担保価値割引率の上昇や経済全体のレバレッジ化の進展が、レポ取引における資金の借り手の資金流動性やローン担保証券市場における市場流動性に対していかなる影響を与えるのかについて考察している。結論では、レポ取引における担保価値割引率の上昇や、経済全体でレバレッジ化が進むと、証券化銀行業においてレバレッジの巻戻しや資産の投売りが起きることで、ローン担保証券の市場価格が下落し、市場流動性が低下することが示される。

第4章「借換えリスクと資金流動性」では、証券化銀行業が直面する「借換えリスク」に注目している。担保付き短期債の借換えリスクであるリスクプレミアムの上昇や担保価値割引率の上昇が、短期債の市場価格や市場流動性に及ぼす効果について考察している。結論では、担保付き短期債市場における短期債のリスクプレミアムの上昇やレポ取引における担保価値割引率の上昇などにより借換えリスクが増大すると、証券化銀行業の資金流動性が悪化し、短期債の市場流動性が低下することがモデルの中で示される。

第5章「資金回収リスクと資金流動性」では、投資ファンドが直面する「資金回収リスク」に着目している。結論では、投資ファンドが直面する資金流動性の悪化が引き金となり、情報劣位の立場にある投資ファンドによる資金回収リスクが高まり、非効率なファンド解約が起きることで、流動性危機が発生することが示されている。

次に、第2の柱である第6章と第7章の二つの章は、「市場流動性」に関

する理論研究である。

　第6章「投資主体間の情報格差と市場流動性」では、豊富な情報を持つプロの投資家に比べて相対的に情報劣位な立場にあるが、市場価格から情報を引き出して戦略的に証券売買を行う個人投資家の存在が、証券化商品市場の効率性や安定性に与える影響について、証券市場のマイクロストラクチャーモデルによる理論分析を行っている。結論では、非合理的なトレーダーが存在することで、「市場の厚み」が増して市場流動性を高めるメリットがある一方で、非合理的なトレーダーは、本当は正または負の超過収益機会が存在する局面で私的情報を持つ合理的トレーダーの投資戦略とは逆張りの投資戦略を選択する傾向がある点、ノイズトレーダーに対して順張りの投資戦略を選択する傾向がある点、および正の超過収益を継続的に得ることができない点など、市場流動性を不安定化するデメリットが存在することが示されている。

　第7章「投資主体間の取引手法の違いと市場流動性」では、証券化商品市場にさまざまなタイプの市場参加者が存在する点を考慮して、証券市場のマイクロストラクチャーモデルを用いた理論分析を行っている。ここでは、パッシブトレーダー（機関投資家）、アクティブトレーダー（投資銀行）、アービトレージャー（ヘッジファンド）、およびノイズトレーダー（個人投資家）という投資手法の異なる四つのタイプの投資家が同時に存在する資産市場モデルを設定し、レバレッジ取引や裁定取引などの投資手法の違いが証券化商品市場の市場流動性に及ぼす影響について分析されている。結論では、アクティブトレーダー（投資銀行）に対するレバレッジ規制を強化することで、証券化商品市場の市場流動性が低下するデメリットが生じる一方で、市場価格の情報効率性が高まるメリットが生じることが示される。さらに、アービトレージャー（ヘッジファンド）が存在することで、バブル発生時に市場流動性を高めることが示される。

　最後に、第3の柱である第8章と第9章の二つの章は、証券化商品市場において個人投資家が増加するという市場構造の変化や低金利政策などの金融緩和政策が、証券化商品市場に与える影響を考察した理論研究である。

　第8章「証券化商品市場と個人投資家」では、証券化商品市場において個人投資家が増加することで、ローン債権の真の価値に関する情報を持たない

投資家の数が増加するという市場構造の変化が、ローン担保証券の市場均衡価格や、銀行により証券化されるローン債権の質に対してどのような影響を及ぼすのかを考察している。結論では、ローン担保証券の原資産であるローン債権の真の価値に関するノイズが小さくなるか、ローン担保証券を購入するトレーダーの数が十分大きくなると、ローン担保証券の市場価格の「価格の情報効率性」が高まるメリットが存在する一方で、個人投資家のような「情報を持たないトレーダー」の数が増えることで、銀行が証券化するローン債権の質が悪化するケースが生じるだけでなく、市場価格の変動が高まることで、証券化商品市場の不安定性が高まるデメリットが生じることが示される。

第9章「証券化商品市場と金融政策」では、ローン担保証券の原資産である銀行のローン債権の真の価値(収益率)に関して、投資家と銀行との間に情報の非対称性が存在する時に、金利や所要準備率などを引き下げる金融緩和政策が、証券化されるローン担保証券の質や、ローン担保証券市場の均衡において成立する価格や取引量に及ぼす影響について分析を行っている。結論では、低金利政策により証券化の費用が低下することで、証券化の対象となる銀行ローン債権の収益率の範囲が広がり、低収益のローン債権が証券化される可能性が高まること、証券化商品市場における市場価格の上昇と取引量の増加が生じるために、証券化商品市場の時価総額を増加させること、などが示される。これらの分析結果は、サブプライム金融危機が起きる直前まで質の悪いローン債権の証券化の発行が増加したことや、証券化商品の残高が大きく増加したという実際に観察された発見をモデルで描写することに成功している。

本書は、筆者が2015年10月に神戸大学大学院経済学研究科に提出した博士学位請求論文を元に加筆修正の上で出版したものである。滝川好夫教授(元神戸大学経済学部・現関西外国語大学)には、筆者が神戸大学経済学部生であった30年前から長きにわたり暖かくご指導いただき、本書の出版に際しても多大なご尽力をいただいた。先生より頂戴した学恩に対して心よりお礼申し上げる次第である。さらに、本書を書き上げるにあたり、論文を審査していただいた神戸大学大学院経済学研究科の先生方および勤務先である同志社大学商学部・商学研究科の諸先生方から大変お世話になった。とりわけ、

家森信善教授（神戸大学経済経営研究所）、中村保教授（神戸大学経済学部）、岩壺健太郎教授（同）、北坂真一教授（同志社大学経済学部）、植田宏文教授（同志社大学商学部）、五百旗頭真吾准教授（同）、英邦広准教授（中京大学経済学部）、中井教雄准教授（広島修道大学商学部）の諸先生方から、セミナーや研究会の中で貴重なコメントを頂戴した。この場を借りて改めてお礼申し上げる次第である。また、筆者のゼミ生である松本宗谷くん（現同志社大学院商学研究科博士前期課程 M2）には、データ収集と図表の作成の補助だけでなく、草稿に丁寧に目を通していただき誤植を指摘していただいた。もちろん本書に残されたいかなる誤りにも筆者が責任を負うものである。

　最後に、筆者からの出版依頼を快く引き受けていただき、出版まで順調に導いていただいた千倉書房編集部長の神谷竜介氏に心よりお礼申し上げる。

2016 年 4 月吉日
今出川キャンパスの研究室にて

目　次

はじめに ……………………………………………………………………… i

第1章　証券化と流動性 ……………………………………………… 1

1　はじめに ………………………………………………………………… 1

2　サブプライム金融危機の背景と経緯 ………………………………… 3

2.1　米国における住宅バブルの発生と崩壊 …… 3
2.2　証券化による信用リスクの移転 …… 6
2.3　流動性の枯渇と金融危機の拡大 …… 7
2.4　金融規制の強化 …… 8

3　証券化と流動性——サブプライム金融危機からの教訓 …………… 8

3.1　証券化 …… 8
3.2　流動性 …… 13
3.3　金融危機の拡散 …… 17

4　本書の概要 …………………………………………………………… 18

第2章　証券化と銀行組織の経済機能 …………………………… 29

1　はじめに ……………………………………………………………… 29

2　金融取引形態と二つの銀行ビジネスモデル ……………………… 31

2.1　金融取引形態の分類 …… 31

2.2　銀行ビジネスモデルの比較
　　　　　——組成保有型モデルと組成販売型モデル …… 32

3　銀行組織の経済機能——既存研究の概要 ──────── 35
　　　3.1　資産変換とリスク分担機能 …… 37
　　　3.2　モニタリングと情報生産機能 …… 38
　　　3.3　消費平準化と流動性供給機能 …… 41
　　　3.4　コミットメント手段の提供機能 …… 43
　　　3.5　資金調達手段における銀行貸出の優位性 …… 44

4　証券化は銀行組織の経済機能を変えたのか ──────── 50

5　結論 ──────────────────────────── 55

第3章　担保価値割引率リスクと資金流動性　57

1　はじめに ─────────────────────────── 57

2　モデル ────────────────────────────── 61

3　ローン担保証券市場 ─────────────────────── 66
　　　3.1　ローン担保証券の個別供給 …… 66
　　　3.2　ローン担保証券の個別需要 …… 67
　　　3.3　ローン担保証券の市場均衡 …… 68

4　比較静学分析 ───────────────────────── 69
　　　4.1　レポ取引における担保価値割引率の変化 …… 70
　　　4.2　経済全体のレバレッジ化 …… 70
　　　4.3　資金流動性と市場流動性の関係 …… 71
　　　4.4　実物経済変数と流動性スパイラル …… 74

5　結論 ──────────────────────────── 76

6　補論 ──────────────────────────── 76

第4章 借換えリスクと資金流動性 — 79

1 はじめに — 79

2 モデル — 82

3 短期債市場 — 85
   - 3.1 短期債の個別供給 …… 85
   - 3.2 短期債の個別需要 …… 86
   - 3.3 短期債の市場均衡 …… 87

4 比較静学分析 — 89
   - 4.1 短期債リスクプレミアムの変化 …… 89
   - 4.2 短期債の担保価値割引率の変化 …… 90
   - 4.3 経済全体でのレバレッジの拡大 …… 90
   - 4.4 短期債の市場流動性 …… 91

5 結論 — 92

6 補論 — 93

第5章 資金回収リスクと資金流動性 — 95

1 はじめに — 95

2 モデル — 97

3 投資ファンドの資産選択問題 — 101

4 投資ファンドによる資金回収リスクと資金流動性 — 104

5 関連研究 — 108

6 結論 — 110

| 7 | 補論 ———————————————————— 111 |

第6章 投資主体間の情報格差と市場流動性 —— 115

1	はじめに ———————————————————— 115
2	証券トレーディングのモデル ———————————— 118
3	各タイプのトレーダーの投資戦略 ————————— 120

  3.1 情報を持つトレーダー …… 120
  3.2 価格から情報を推定するトレーダー …… 120
  3.3 マーケットメーカー …… 121
  3.4 モデルの BN 均衡 …… 122

| 4 | 価格から情報を推定するトレーダーが
存在することからの影響 ———————————————— 123 |

  4.1 Kyle（1985）モデルの BN 均衡 …… 123
  4.2 Kyle（1985）モデルの BN 均衡との比較 …… 124
  4.3 Kyle（1985）モデルのトレーダーの厚生水準との比較 …… 126

| 5 | 結論 ———————————————————————— 127 |
| 6 | 補論 ———————————————————————— 128 |

第7章 投資主体間の取引手法の違いと市場流動性 —— 133

| 1 | はじめに ———————————————————— 133 |
| 2 | モデル ————————————————————— 136 |

  2.1 パッシブトレーダー …… 137
  2.2 アクティブトレーダー …… 138
  2.3 アービトレージャー …… 139
  2.4 ノイズトレーダー …… 143

| 3 | レバレッジと裁定を伴う資産市場均衡 ——— 143
| 4 | 比較静学分析 ——— 147
| 5 | 政策的含意——レバレッジ規制とヘッジファンド規制 ——— 148
| 6 | 結論 ——— 150
| 7 | 補論 ——— 151

第8章 証券化商品市場と個人投資家 ——— 153

| 1 | はじめに ——— 153
| 2 | モデル ——— 156
| 3 | ローン担保証券市場 ——— 158
　3.1　トレーダーが原資産の真の価値を観察できるケース …… 159
　3.2　トレーダーが原資産の真の価値を観察できないケース …… 160
　3.3　ローン担保証券の市場均衡 …… 162
| 4 | 比較静学分析 ——— 164
| 5 | 結論 ——— 166
| 6 | 補論 ——— 168

第9章 証券化商品市場と金融政策 ——— 173

| 1 | はじめに ——— 173
| 2 | モデル ——— 176

3 ローン担保証券市場 —————————————— 178
   3.1 ローン担保証券の需要 …… 178
   3.2 ローン担保証券の供給 …… 180
   3.3 ローン担保証券の市場均衡 …… 182

4 銀行の資産選択問題 —————————————— 183

5 モデル全体の均衡 —————————————— 184

6 比較静学分析——金融政策の影響 —————————————— 185

7 結論 —————————————— 186

8 補論 —————————————— 187

あとがき —————————————— 191
参考文献 —————————————— 193
主要事項索引 —————————————— 203
主要人名索引 —————————————— 207

第 1 章

証券化と流動性

1 はじめに

2008年9月に、米国大手投資銀行リーマンブラザーズの経営破たんを契機に、世界的規模の金融危機が発生した。この金融危機が起きた主たる原因として、米国のサブプライムローンを証券化した金融商品が関連していたことから、サブプライム金融危機と呼ばれている[1]。

サブプライム金融危機は、金融資本市場の大混乱を招いただけでなく、グローバルに広く拡散したため、危機の規模の大きさと範囲の広さという双方の観点から、近年起きたいずれの金融危機も凌駕するものであった。このサブプライム金融危機が起きた原因には、「証券化」と「流動性」という二つの要因が深く関係している。

証券化とは、1990年代から急速に普及した金融手法である。証券化を利用した銀行ビジネスモデルは、「組成販売型（*Originate to Distribute*）モデル」と呼ばれている。組成販売型モデルの下、オリジネーターという立場にある銀行は、証券化を利用することで信用リスクを負うことなく貸出残高を増や

---

1 「サブプライム金融危機」という呼び方は滝川（2010, 2011）を参考にしている。滝川（2011）は、サブプライム金融危機に関して経済学の視点から日本語で書かれた貴重な研究である。サブプライム金融危機を包括的に解説した欧米の文献では、Gorton（2010, 2012）による研究書が参考になる。

すことができたことから、サブプライムローンのような高リスクのローン残高を拡大させることが可能となったのである。伝統的な銀行ビジネスモデルである「組成保有型（*Originate to Hold*）モデル」の下で、本来、銀行が負うべき信用リスクが、証券化を利用した組成販売型モデルの下では、証券化商品を購入した投資家が負担する価格変動リスクへと変換されたことから、信用リスクの移転が進んだのである。

　サブプライム金融危機が起きるまでの数年間に、米国の低金利政策を背景として証券化を利用した金融商品の残高が急増していた。この証券化を行うスキームを担っていたのが、投資銀行や *SPV*（*Special Purpose Vehicle*）と呼ばれる特別目的事業体である。これらの金融会社の多くは、商業銀行の関連会社あるいは商業銀行との融資関係を通じて密接な関係を持つ立場にあり、さまざまな銀行規制が存在するために商業銀行単体で行えないリスクの高い証券化ビジネスを銀行本体の簿外取引で行うことで、銀行規制を回避する目的で活用されたことから、これらの金融会社や金融スキームを総称して「影の銀行業（*Shadow Banking*）」と呼ばれている。

　影の銀行業の取引手法の特徴は、レポ取引を活用し、さまざまな証券化商品を担保として発行された資産担保コマーシャルペーパー（*ABCP: Asset Backed Commercial Paper*）を発行して調達した満期の短い担保付き短期債を頻繁に借換えて資金調達を行うことで、過大なレバレッジと過剰な短期流動性に大きく依存していた点にある。このようにして調達された短期流動性は、投資銀行により資産担保証券（*ABS: Asset Backed Securities*）やモーゲージ担保証券（*MBS: Mortgage Backed Securities*）などの証券化商品の購入資金に充てられただけでなく、*SPV* により証券化の原資となるモーゲージなどのローン債権を銀行から買い取るための資金に充てられていたことから、影の銀行業により流動性の性質が短期から長期へと変換されていた。

　サブプライム金融危機が他の金融危機と異なるもう一つの特徴は、金融資本市場において流動性の問題が深刻になったことである。サブプライム金融危機が起きると、レポ取引や *ABCP* の担保となっていた証券化商品の市場価格が暴落し、影の銀行業による短期資金の借換えが困難となる「資金流動性（*Funding Liquidity*）」の低下が起き、影の銀行業の信用不安が一気に広

まった。さらに、影の銀行業の資金流動性が悪化したことで、投資家による資金回収の動きが強まり、レバレッジの巻戻しや、担保となる証券化商品の投売りが起きた結果、証券化商品の「市場流動性（$Market\ Liquidity$）」が低下し、証券化商品を中心としたリスク資産全体で市場価格の暴落が起きた。つまり、資金流動性と市場流動性の問題が相互に関係しながら「負の流動性スパイラル」が発生し、最終的には金融資本市場において流動性が枯渇するという「流動性危機」が起きたのである。

　本書の目的は、サブプライム金融危機で問題となった「証券化」と「流動性」の二つの問題を中心に、ミクロ的基礎付けのある経済理論を用いたモデル分析を行うことで、流動性危機の発生と拡散のメカニズムを解明することである。

　本章の以下の構成は、次の通りである。第2節で、米国のサブプライムローン金融危機が起きた背景とその経緯を説明する。第3節で、証券化と流動性の問題について説明する。最後に、第4節で、本書の各章の概要について説明する。

2 ｜ サブプライム金融危機の背景と経緯

　まず、本節では、米国のサブプライム金融危機が起きた背景を説明し、この金融危機がたどった経緯を簡単に振り返ることにする[2]。

2.1 ▸ 米国における住宅バブルの発生と崩壊

　2000年代前半の米国では住宅価格の上昇が続いていた。この住宅価格の上昇が続いていた背景には、米国の低金利政策と世界的な過剰流動性の存在という二つの背景がある。2000年に起きたITバブル崩壊を主因として実体

---

[2] 本章第2節の内容は、2009年10月に筆者が行った講演「金融危機とプルーデンス政策」（同志社大学人文科学研究所第66回公開講演会）の講演内容の一部を引用している。講演内容の詳細については、丸茂（2009b）を参照されたい。また、サブプライム金融危機の経緯についてはBrunnermeier（2009）の中に詳細な解説がある。

図1−1 米国 FF レートの推移（期間：1995 年 1 月〜2016 年 2 月、日次データ、単位：%）

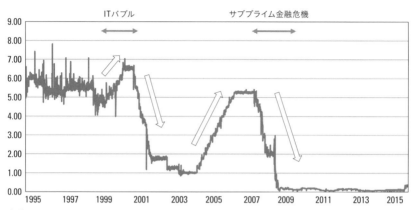

出所：Federal Reserve Bank of St. Louis, Economic Data より筆者作成。

　経済が低迷する中、FRB は、政策金利を 2000 年度後半の 6.5％から 2003 年 6 月の 1％まで段階的に引き下げ、その後 1 年間、FF レートを 1％に据え置いた（図 1-1 を参照）。FRB が約 3 年半の期間にわたり低金利政策を続ける中で、中国をはじめとする新興国の多くで貿易黒字が進み、先進国との間で貿易不均衡が拡大していたため、2000 年代前半の時期は、世界的規模で過剰流動性が存在していたのである。

　この過剰流動性の一部は米国の住宅市場にも流入し、住宅価格バブルを膨らませていく。このような経済環境下で、米国の住宅ローン市場では、「サブプライムローン」と呼ばれる信用リスクの高い住宅抵当権付貸出（モーゲージ）が増加していた。この名称の由来は、銀行の貸出先の中で優良顧客向け貸出はプライムローンと呼ばれる一方、信用力が低い顧客向け貸出はサブプライムローンと呼ばれることによる。すなわち、サブプライムローンとは、「過去に債務、返済延滞や自己破産などの信用履歴があるような比較的所得が低い顧客層へのローン」を総称した呼び名である[3]。

3　サブプライムに対してプライムとは最も優良な顧客層を指し、プライムとサブプライムとの間に、Alt-A というランクがある。これらのランク付けは、1956 年代に米国のフェアアイザック社が開発した FICO スコアを使用し、年収、勤続年数などの借り手の条件を点

図1–2　米国住宅ローン残高の推移(期間：1989年1Q～2015年3Q、四半期データ、単位：1兆ドル)

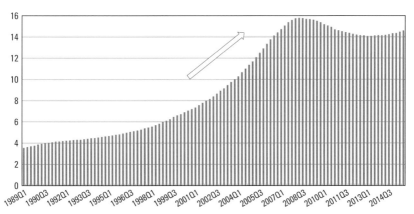

出所：FRB, Economic Reserch データより筆者作成。

　当時の FRB 議長 Greenspan は、住宅価格バブルの発生と拡大を警戒して、2004年6月から FF レートの引き上げを始め、最終的には2006年の6月に FF レートは5.25％まで上昇し、サブプライム金融危機が始まる2007年8月までの1年強の期間にわたり5.25％の水準に据え置かれることになる（図1–1を参照）。その結果、米国の住宅価格バブルが弾けることになった。1980年代後半の日本においても住宅価格バブルが起き、1990年には日本銀行が金融引き締めを強化し公定歩合を6％まで引き上げたことに加えて、政府が建設・不動産向け銀行融資の総量規制を行った結果、住宅価格バブルが弾けることになったが、これと同じような構図が米国でも起きたといえる。

　米国の住宅ローン残高は、2007年度Q2時点で約14兆ドル存在しており（図1–2を参照）、その内でサブプライムローンの残高は約1.3兆ドル存在していたと考えられている。米国の住宅ローンの総残高に占めるサブプライムローン残高の比率は約10％程度で、それほど大きな比率を占めていたとは言えないが、2007～09年にサブプライム金融危機が起きるまでの数年間に、サ

数化したスコアリングの結果が反映されており、このスコアリングの点数が600～620点未満の層がサブプライム層にあたる。詳しくは、みずほ総合研究所（2007）を参照のこと。

ブプライムローン残高が急増していた。

2.2 ▶ 証券化による信用リスクの移転

なぜ、銀行をはじめとする金融機関は、サブプライムローンのような信用リスクが非常に高い貸出を増やすことができたのであろうか。その問いに対する答えは、証券化を利用した金融商品が普及したことに伴い、信用リスクの移転が可能になったことと深く関係している。

証券化とは1990年代から急速に普及した金融手法である。証券化を利用した金融手法は、以下の手順で進められる。まず、金融機関が個々の顧客に住宅ローンを貸付けることで、モーゲージと呼ばれる住宅ローン債権が組成される。この過程はオリジネーションと呼ばれている。次に、モーゲージプールと呼ばれる個々の住宅ローン債権を集めた貸出債権の集合体を作り、その貸出債権の集合体を SPV に転売する。SPV は、銀行から買い取ったモーゲージプールを裏付け資産とするモーゲージ担保証券(MBS)を発行し、その証券化商品を投資家に販売する。証券化スキームをアレンジする投資銀行や SPV は、モーゲージ担保証券を発行する過程で、優先劣後構造を利用してモーゲージプールを信用度の高い方から低い方へ順に、シニア、メザニン、およびエクィティというトランシェ(分割された各部位を意味する用語)に分割し、それぞれのトランシェに対する信用格付けを取得した後に、各トランシェを裏付け資産とするモーゲージ担保証券を発行して、投資家に販売した。その他にも、住宅ローン債権の集合体を細分化し切り出されたトランシェを、他のローン債権のトランシェと複雑に組み合わすことで、債務担保証券($CDO: Collateral\ Debt\ Obligations$)という別の証券化商品に形を変えて、投資家に販売されることも多かった。

2000年代に入ると、証券化を利用して製造された MBS や CDO などの証券化商品は、投資銀行などを通じて世界中の投資家に販売されていた。この時期は、日本をはじめ先進国の多くで低金利政策が採用されており、年金基金などの機関投資家だけでなく、高利回り目当ての外国人投資家や個人投資家からも旺盛な需要があったため、証券化商品の残高が急増していくことに

なった。

　証券化を利用した銀行ビジネスモデルは、組成販売型モデルと呼ばれるが、原債権を組成するオリジネーターである銀行は、証券化を利用することで貸出債権をすぐに転売し資金回収を図れたことから、信用リスクを負うことなく貸出残高を増やすことができた。したがって、サブプライムローンのような高リスクのローン残高を急拡大させることができたのである。従来型の銀行ビジネスモデルである組成保有型モデルにおいて、本来、銀行が負うべきはずであった信用リスクが、組成販売型モデルでは、証券化商品を購入した投資家の価格変動リスクへ変換されたことから、銀行から投資家への信用リスクの移転が可能となったのである。

2.3 ▸ 流動性の枯渇と金融危機の拡大

　住宅バブルを警戒した当時の FRB 議長 $Greenspan$ は、2004年6月から政策金利の引き上げに動いたため、住宅価格の下落が始まり、すぐに住宅価格バブルが崩壊する。2006年末頃から民間のモーゲージローン会社などの経営破たんが始まり、2007年の夏ごろには証券化商品に投資していた米国投資銀行ベアスターンズ傘下のヘッジファンドの損失計上から証券化商品や証券化ビジネスに関わる金融機関の格下げが相次ぎ、金融市場の混乱と動揺が始まる。その流れは欧州金融機関にも拡がり、ドイツの IKB 銀行の損失計上、フランスの BNP パリバ傘下の二つのファンドの資産一時凍結、英国のノーザンロック銀行の預金取付けなどが起きた。

　2008年に入ると、信用デリバティブの一種であるクレジット・デフォルト・スワップ（$CDS: Credit\ Default\ Swap$）を金融機関に提供していたモノラインと呼ばれる金融保証会社の信用格付けの格下げも起き、金融機関の資金繰りが急速に悪化していった。2008年になると、5月に米国投資銀行大手のベアスターンズの経営危機が表面化し、9月になると米国住宅金融の中心的存在であるファニーメイ（連邦住宅抵当公庫）とフレディマック（連邦住宅金融抵当公庫）が一時的に政府管理下に置かれる事態に至った。このような金融的混乱の中、2008年9月15日に米国投資銀行大手のリーマンブラザーズ

の経営破たんが起きたのである。

2.4 ▸ 金融規制の強化

　リーマンブラザーズに対する米国政府による救済は行われなかったが、その後、米国政府は保険大手 AIG を政府管理下に置き救済を実施した。さらに、シティバンクをはじめとする大手商業銀行の多くに公的資金が注入された。

　リーマンショックからの教訓は、規模の大きな銀行の経営破たんはシステミックリスクの影響が大きいことから、簡単に経営破たんさせられないという「大きすぎて潰せない（$Too\ Big\ to\ Fail$）」原則に対する政府による対応の難しさが改めて認識された点にある。米国政府や FRB による金融機関救済の対応は一貫性を欠いていたため、その後批判を浴びることとなり、サブプライム金融危機後の米国では、ボルカールールやドット・フランク法が制定され、金融機関経営を厳格に規制する方向で規制改革が行われている。

　さらに、米国のサブプライム金融危機が世界的金融危機に発展したことから、欧州などの銀行の資本不足や流動性不足が顕在化し、従来型のバーゼル規制（BIS 規制）が有効に機能しなかったことへの反省が高まったことから、バーゼル規制も強化されることになる。2010 年にバーゼル銀行監督委員会はバーゼルⅢ（副題「より強靭な銀行及び銀行システムのためのグローバルな規制枠組み」）を公表し、バーゼル規制のさらなる強化を目指すこととなり、自己資本の質および量の強化、資本保全バッファーやカウンターシクリカル・バッファーの導入、流動性規制の導入、およびレバレッジ規制の強化などの規制が実施されている。

3 　証券化と流動性
　　　──サブプライム金融危機からの教訓

3.1 ▸ 証券化

　金融技術革新には、大きく分けて二つのタイプがある。一つは、ブラック・

図1–3　証券化の仕組み

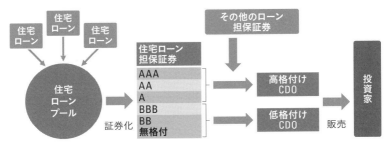

出所：筆者作成。

ショールズ・モデルに代表される金融工学を利用した技術革新である。これは、オプションなどのデリバティブズ商品を生み出し、価格変動リスク（市場リスク）の移転を可能にした。もう一つは、証券化を利用した技術革新である。この技術により、資産担保証券（ABS）や債務担保証券（CDO）などの証券化商品が生み出され、信用リスクの移転が可能になった[4]。

資産担保証券の代表である住宅ローンの証券化の仕組みについて簡単に説明すると次のようになる（図1–3を参照）。まず、銀行は多くの住宅ローンからなるポートフォリオを保有しているが、このローンプールを一つの塊にして特別目的事業体（SPV）に譲渡する。証券化を行う上で、銀行などのローンの発行体（オリジネーター）のデフォルトリスクと、証券化商品自体のリスクを分離する（倒産隔離を行う）必要があるため、ペーパーカンパニーである SPV が利用される。

次に、オリジネーターのデフォルトリスクから切り離されたローンプールは、信用リスクごとのトランシェと呼ばれる部位に分割され、それぞれのトランシェに対して格付け機関が信用格付けを付与し、モーゲージ担保証券（MBS）として投資家に販売される[5]。投資家の立場からは、純粋にローン

---

[4]　証券化の理論および実証研究については、Gorton and Metrick（2013）による展望論文が詳しい。
[5]　ローンプールの中には多くの借り手が存在するが、すべての借り手が返済不可能になることはまずないので、格付け機関は、過去の信用データを用いて個々のトランシェのデフォ

第1章　証券化と流動性　9

図1-4　米国の住宅ローン証券化残高と証券化比率の推移
（期間：2002～2014年、単位：1兆ドル）

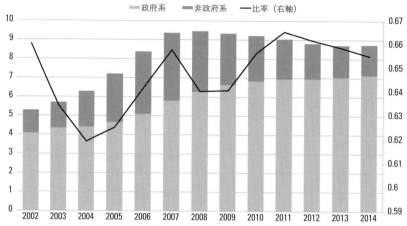

出所：SIFMA（The Securities Industry and Financial Markets Association）データより筆者作成。

債権のキャッシュフローに関する持分権を持つため、オリジネーターである発行体のデフォルトリスクから影響を受けずに投資を行うことが可能になるというメリットがある。さらに、銀行の立場から見ると、BIS規制が課されるためにバランスシート上の資産を転売して現金化したいという売り手（銀行）のニーズが存在することに加えて、低金利の中で有利な投資機会を探している買い手（投資家）のニーズが存在したことから、互いのニーズがマッチして、証券化商品が1990年代後半から10年余りの間に、爆発的に増加することになる。

　2002年には、米国の住宅ローン証券化残高は5兆ドルであったが、サブプライム金融危機が始まる2007年には9兆ドルを超え、証券化比率（MBS残高／住宅ローン残高）は約66％に達していた（図1-4を参照）。内訳を見る

ルト確率を推定して格付けを付与する。デフォルト確率が最も低いトランシェにはAAA格付けが付与され「シニア債」として、デフォルト確率が中程度のトランシェにはAA格付けが付与され「メザニン債」として、デフォルト確率が高いトランシェにはB格付けが付与され「エクィティ債」として、別々に販売された。

図1–5　米国の「裏付け資産（除く MBS）別」資産担保証券残高の推移
（期間：1985～2015 年、単位：兆ドル）

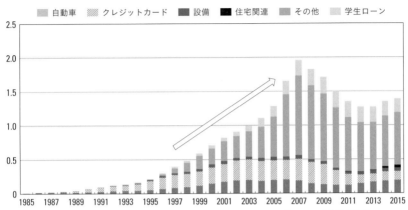

出所：SIFMA（The Securities Industry and Financial Markets Association）データより筆者作成。

と、2002 年から 2007 年までの間、政府系機関による証券化残高は約 4 兆ドルから約 6 兆ドルへと 1.5 倍程度拡大したのに対して、非政府系機関による証券化残高は約 1 兆ドルから約 3 兆ドルへと 3 倍程度に急拡大している。さらに、米国の MBS 以外の裏付け資産別の証券化商品残高の推移を見ると（図 1–5 を参照）、1990 年代後半から資産担保証券の残高が 2003 年の 1 兆ドルから 2007 年のピークには 2 兆ドルへとわずか 4 年の間に約 2 倍に急増していた。

証券化商品の原資産になるものは、住宅ローンの他にも、マイカーローン、クレジットカードローン、および学生ローンなどさまざまなタイプが存在する。2003 年の米国では、MBS を除いた資産担保証券残高が約 1 兆ドルであったが、サブプライム金融危機が始まる 2007 年には約 2 兆ドルに達し、4 年で約 2 倍の規模に急拡大した（図 1–5 を参照）。

さらに、証券化商品以外にも信用リスクを移転する商品があり、クレジット・デフォルト・スワップ（CDS）と呼ばれる信用デリバティブズ商品を利用することで「信用リスクの商品化」が可能となっていた。CDS は企業のデフォルトリスクに対する保険契約の一種で、CDS 購入者は、一定期間、保険

会社にプレミアム（保険料）を支払い、仮に対象企業がデフォルトすると、自らに生じた損失部分の金額（保険金）を受け取ることができる。想定元本に占める買い手の年間支払いプレミアム総額の割合は CDS プレミアムと呼ばれるが、CDS プレミアムは、ヘッジファンドによる投機対象となったために、サブプライム金融危機の前後に急上昇することになった。

このような信用リスクの移転が進んだ理由を、証券化商品の供給サイドと需要サイドの背景から説明すると、以下のようになる。

まず、供給サイドからは次の二つの理由が考えられる。第 1 に、住宅ブームを背景に住宅ローンが急増した結果、証券化の原資となるローン債権が潤沢に存在していたことが挙げられる。その反面、証券化の原資となるローン債権の質は低下していた[6]。従来、米国ではファニーメイやフレディマックという米国政府系金融機関（*GSE: Government Sponsored Enterprise*）が住宅金融の中心を担ってきたが、2000 年代に入って非政府系の民間エージェンーの金融会社が住宅ローン証券化ビジネスに参入してくるようになり、証券化の原資であるローン債権の中で良質なものが少なくなり、サブプライムローンのような質の良くない債権の利用が増加することになった。第 2 に、大手銀行が採用するビジネスモデルが、組成販売型モデルに変化したことがあげられる。*BIS* 規制では、国際的に活動する銀行に対してリスクアセットに占める自己資本の保有比率が 8% 以上であることを義務付けられているが、この規制があるため、銀行には資産をオフバランス化したいインセンティブが働いたと考えられる。

次に、需要サイドからは次の二つの理由が考えられる。第 1 に、2000 年代に入ってから低金利と過剰流動性が存在したことが挙げられる。世界的な

6　Wagner（2007）は、ローン担保証券（*CLO*）などの証券化技術により銀行資産の流動化が進んだことが、かえって銀行のリスクテーキング行動を助長することによって、むしろ銀行システムの不安定性を増幅させたことを理論モデルにより示している。同様の主張は、実証分析からも報告されている。例えば、Cebenoyan and Strahan（2004）は、ローン転売市場にアクセス可能な銀行は、アクセス不可能な銀行と比べて、ポートフォリオに占めるリスク資産の比率が高いという実証結果を報告している。また、Franke and Krahnen（2005）は、*CLO* を発行した銀行は、発行後に株価のベータ値が高くなるという実証結果を報告している。

図1-6 証券化商品の購入者

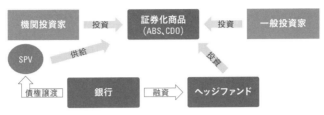

出所:筆者作成。

　金余りを背景に、ヘッジファンドや年金基金などの機関投資家が高利回りな金融商品を求めて有利な運用先を探していた。第2に、銀行自体が「規制の裁定」と呼ばれる行動を採っていたことがあげられる。銀行業は、元来、規制産業なので自由に営業活動を行えないことから、銀行単体で証券化商品を購入するのではなく、スポンサー先の特別目的事業体（SPV）やヘッジファンドに対する融資を通じて、証券化商品に関わっていた。とりわけ、ヘッジファンドは高いレバレッジをかけて投機目的で証券化商品を売買していたことから、「影の銀行業」とも呼ばれている。以上、証券化商品を取巻く関係は図1-6のように表される。

3.2 ▸ 流動性

　サブプライム金融危機の特徴の一つは、証券化商品市場だけでなくさまざまな金融市場において流動性が枯渇したことである。Brunnermeier and Pedersen (2009) は、「流動性」の概念を「資金流動性」と「市場流動性」の二つに区別している。資金流動性とは、例えば CP などを発行して短期間に資金を借換える時の資金借換えの容易さを意味する。それに対して、市場流動性とは、ある資産を売りたい（または買いたい）時に、すぐに取引相手が見つかり取引が成立すること、希望価格で売買できること、資産を市場で売買する時に資産価格が大きく変化しないこと、あるいは市場価格が何らかの原因で変化してもすぐに元の価格に戻ること、などさまざまな定義が存在す

図 1-7 米国の ABCP 残高の推移

(期間：2001 年 1 月～2016 年 1 月、週次データ、季節調整済み、単位：1 兆ドル)

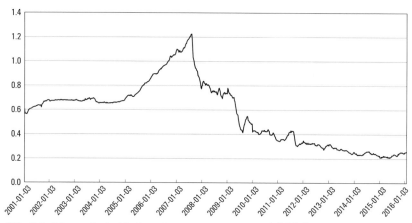

出所：Federal Reserve Bank of St. Louis, Economic Research データより筆者作成。

る[7]。

サブプライム金融危機では、証券化を担う SPV が、レポ取引や短期の ABCP を発行して資金を調達していたが、レポ取引や ABCP の担保であった資産担保証券価格の下落に伴い信用不安が生じた結果、影の銀行業のプレーヤーによる資金借換えが困難となる資金流動性の問題と、資産担保証券の市場価格が暴落することで起きる市場流動性の問題が同時に発生することになった。

米国の ABCP 残高は、2005 年 9 月に 0.8 兆ドルを超え、2007 年 8 月には 1.2 兆ドルに達し、約 2 年間で約 1.5 倍に急増したが、その後 2007 年 12 月末にはピークから半年で 0.8 兆ドルの水準まで急減した。その後減少が続き 2015 年度には 0.2 兆ドルとなり、2007 年夏にサブプライム金融危機が起きた時の残高の約 1/6 の水準まで減少した（図 1-7 を参照のこと）。

2007～09 年に起きたサブプライム金融危機では、証券化商品が重要な役割

---

[7] 市場流動性の理論および実証研究については、Vayanos and Wang（2013）による展望論文が詳しい。

図1–8　影の銀行業における資金の流れ

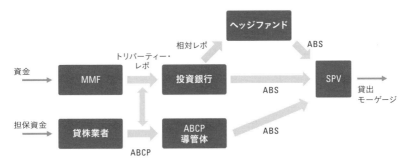

出所：Krishnamurthy, Nagel and Orlov（2014）の図を参考に加筆修正して筆者作成。

を果たしたが、この証券化商品の組成と販売を担った金融機関として、投資銀行、ヘッジファンド、さらには $ABCP$ 導管体としての役割を持つ SPV などを挙げることができる[8]。これらの金融機関の活動の大部分は、商業銀行にとってはオフバランスシート取引が中心であるため、本来商業銀行に課されるはずの種々の金融規制を受けずに自由に金融活動を行えたことから、これらのビジネスを総称して影の銀行業と呼ばれていることは先に述べたが、以下では、影の銀行業における資金の流れについて簡単に概観しておく（図1–8を参照）。

　影の銀行業に対する主たる資金提供者は、商業銀行、投資銀行、およびその他の金融機関に分けることができる。ここで、その他金融機関とは、特別目的事業体（SPV）、マネーマーケット・ミューチュアル・ファンド（MMF）、および貸株業者（$Security\ Lender$）などを指している。まず、SPV は、ABS や MBS などの証券化商品を作成し、投資家に販売することで調達した資金を用いて、ローンやモーゲージなどの原債権を購入する[9]。次に、MMF は、個人投資家や企業から集めた資金を比較的安全性が高い短期資産で運用するニー

---

[8] $ABCP$ は、商業銀行が長期の ABS 購入を目的として設立した $ABCP$ 導管体と呼ばれる SPV が発行する担保付き CP のことである。なお、$ABCP$ 導管体に関する解説と分析については、Acharya, Schnabl and Suarez（2013）が詳しい。

[9] この他にも、投資銀行がヘッジファンドとの間でレポ取引（ヘッジファンドから ABS などの担保証券を借りる代わりにヘッジファンドに対して現金担保を供給する）を行い、ヘッ

ズがある一方、貸株業者は大口機関投資家や信託銀行などのカストディアンであることが多く、貸株業者は自ら保有する証券を証券の借り手に対して一定期間貸付ける代わりに、証券の借り手から現金担保を差し入れてもらうことで調達した資金を、短期かつ安全性の高い金融商品で運用するニーズがある。MMF や貸株業者は、投資銀行との間で行うレポ取引の中でレポレートを稼ぐか、または ABCP 導管体が発行する ABCP を購入して ABCP に付与された金利を稼ぐかのいずれかの方法で資産運用を図っており、MMF や貸株業者は、これらの短期かつ担保付きの証券化商品を主要な資金の運用先にしていた[10]。

次に、影の銀行業の中心である投資銀行は、証券化商品のブローカー・ディーラーの役割を果たすと同時に、ABS や MBS などの証券化商品の在庫管理に必要となる運転資金や、顧客（主としてヘッジファンド）とレポ取引を行う際に必要となる短期資金を調達するために、MMF や貸株業者との間でレポ取引を行い短期資金の調達を行っていた[11]。

最後に、商業銀行は、預金者から預金の形で調達した資金の一部を、レポや ABCP などの担保付き短期債で運用するニーズがあることに加えて、投資銀行との取引関係や、証券化を行う SPV のスポンサーとなることで、証券化スキーム全体に関与していたことから、影の銀行業を裏側から支える存在であった。

ジファンドがそこで調達した資金を用いて ABS や MBS を購入するという経路も存在する。

10 レポ取引とは、一定期間証券を借りる代わりに現金を担保として差し入れ、満期が来れば借りていた証券を返却する代わりに担保として差し出した現金を回収する取引のことで、現金担保付き債券貸借取引を意味する。レポの仕組みについて、Adrian, Begalle, Copeland and Martin（2013）に詳しい説明がある。

11 Gorton and Metrick（2012b）や Krishnamurthy, Nagel and Orlov（2014）によると、投資銀行などのブローカー・ディーラーが資金を調達する際のレポ取引は「トリパーティー・レポ（Tri-party Repo）」方式で行われる一方、ブローカー・ディーラーが資金を運用する際のレポ取引は「相対レポ（Bilateral Repo）」方式で行われる。前者のトリパーティー・レポ方式では、保管銀行（カストディアン）が精算銀行となり、資金の貸し手（MMF や証券レンダー）側に立って資金の借り手（ブローカー・ディーラー）の担保を保護する一方、後者の相対レポ方式では、資金の貸し手と資金の借り手が精算銀行を介さず、直接取引する相対取引であるという違いがある。

しかし、2007年に起きたサブプライム金融危機以降、レポ市場から大規模な資金流出が起きる結果となり、レポ市場において「レポ取付け（Repo Run）」が起きる状況に陥った。Gorton and Metrick (2012b) によると、2007年第2四半期から2009年第1四半期までの2年足らずの間に、米国の商業銀行と影の銀行業に対して供与されたネットで見たレポ資金調達額が、およそ1兆3000億ドル（サブプライム金融危機前の総残高の半分以上）減少したという事実が報告されており、レポ市場において流動性危機が起きたと考えられている。

3.3 ▸ 金融危機の拡散

　サブプライム金融危機が米国内に留まらず世界中に広がった理由としては、第1に、世界中の投資家が証券化商品を購入していた点、第2に、投資家心理が悪化した点、が挙げられる。証券化商品は、グローバルな金融市場を通じて取引されていただけでなく、さまざまな原資産を裏付けとして発行された資産担保証券のトランシェが組み込まれていたために、リスクの所在が正確に把握できないことが投資家の不安を増幅させることに繋がったのである。
　以下では、サブプライム金融危機で起きたような流動性危機が拡散するメカニズムを説明する二つの理論的研究の内容を紹介しておく。
　まず、Brunnermeier (2009) は、「2007–2008年の流動性枯渇と信用収縮を解明する」というタイトルの論文の中で、今回の金融危機が拡散した経路として、以下の四つの経路をあげている。一つ目は、借り手のバランスシート効果を通じた経路である。レバレッジをかけた投資家は、資産価格の下落により自己資本が大幅に減少し、証拠金不足に陥るためにレバレッジの巻戻しが起き、それが原因となり資産価格の下落がさらに続くという負の流動性スパイラル効果が起きる。二つ目は、不良債権の増加に伴い銀行の自己資本が減少することから貸し渋りが起きる、貸出を通じた経路である。三つ目は、金融機関の取付けが引き金となり信用不安が広がる経路である。四つ目は、ネットワーク効果による経路である。決済制度や銀行間の資金貸借市場において

銀行同士が互いに網の目のように繋がっているので、どこか一つの銀行が経営不安になると、市場参加者の多くが他の銀行も潰れるのではないかと不安が高まり、すべての金融取引が行われなくなるシステミックリスクが起きる可能性がある[12]。

次に、Krishnamurthy（2010a）は、金融危機時に起きるショックの増幅メカニズムを「バランスシート増幅経路」と「情報増幅経路」に分けて単純なモデルを用いて説明している。バランスシート増幅経路とは、高レバレッジ、タイトな金融状態、および資本制約などが原因となり、資産価格の負のショック ⇒ 資産保有者のバランスシート制約のタイト化 ⇒ 資産の清算 ⇒ 資産価格下落 ⇒ 資産価格の負のショックの増大、という経路を通じて負のショックが増幅していくことを意味する。他方、情報増幅経路とは、金融技術革新の内容を理解できないことや、過去のデータにないような信用リスクに関するテールリスクが生じたことから生じる不透明性、複雑性、およびナイト流の不確実性が原因となり、資産の投売り、資産価格のボラティリティの増大、および不安心理の伝染（*Contagion*）などの、投資家の非合理性的行動から負のショックが増大することを意味する。

以上、本節では、本書の以下の議論の参考とするため、サブプライム金融危機からの教訓としてさまざまな問題が明らかとなった「証券化」と「流動性」の内容を概説した。本書の第2章以降では、証券化と流動性にする筆者独自の理論研究を行うことで、サブプライム金融危機のメカニズムについて考察していくが、その前に、次の第4節で、本書に収められた各章の概要について簡単に説明しておく。

4 本書の概要

本書の第2章以降の構成は、次の通りである。まず第2章で、「銀行組織の経済機能」に関する既存の研究を概観し、証券化が進むことで銀行の経済

---

[12] 決済システムやインターバンク市場におけるネットワーク効果とシステミックリスクに関する問題については、丸茂（2009a）の中で詳しく分析している。

機能がいかに変容するかを議論する。それに続く第3章から第9章までの各章は、経済モデルを用いた理論分析が中心となる。

本書の理論分析の部分は、三つの柱から構成される。まず、第1の柱である第3章から第5章までの三つの章は、「資金流動性」に関する理論的研究である。次に、第2の柱である第6章と第7章の二つの章は、「市場流動性」に関する理論的研究である。最後に、第3の柱である第8章と第9章の二つの章は、「証券化商品市場」に焦点を当て、市場構造の変化や金融政策からの影響を分析する理論的研究である。以下で、本書の各章で論じられる内容について、その概要を簡単に説明する。

<u>第2章「証券化と銀行組織の経済機能」</u>[13]では、銀行ビジネスモデルが、伝統的な組成保有型モデルから、証券化を利用した組成販売型モデルへ変化したことで、組成保有型モデルを前提として展開してきた「銀行組織の経済機能」に関する既存研究の内容がどのように修正されるのかを考察している。まず、第2節で、金融取引形態の定義付けと分類を行い、証券化と金融取引形態の変容について概観する。次に、第3節で、組成保有型モデルを前提とした銀行の経済機能に関する既存の研究内容を五つの観点（1. 資産変換とリスク分担機能、2. モニタリングと情報生産機能、3. 消費平準化と流動性供給機能、4. コミットメント手段の提供機能、5. 資金調達手段における銀行貸出の優位性）に分けて、その内容を概観する。第4節では、第3節の議論を踏まえて、証券化を利用した組成販売型モデルの発展により、銀行組織の経済機能に関する既存の研究内容がどのように修正されるのかを考察している。

第2章の主な結論は以下の通りである。伝統的に、銀行の存在意義は、金融取引から生じる「不確実性」、「情報の非対称性」、および「契約の不完備性」という三つの問題から生じる取引費用を低減し、効率的な資金配分を実現する点にあると考えられていた。しかし、近年起きた証券化を利用した組成販売型モデルへの銀行ビジネスモデルの変化は、銀行の経済機能のアンバンドリング化を進め、元来、銀行が比較優位を持つと考えられてきたリスク負担機能、情報生産機能、および資金調達手段としての銀行貸出の優位性、などの

---

13 丸茂（2009a, 2010b, 2013）より一部引用し、加筆修正を行い作成している。

銀行の経済機能の有効性を低下させた。とりわけ、証券化を利用した組成販売型モデルの発展により、本源的証券のリスクを負担する担い手が銀行から投資家に移ることとなり、今回起きたサブプライム金融危機のようなマクロ的なショックから生じる集計リスクを負担する経済主体が不在になるという問題を指摘する。さらに、経済の中で集計リスクを吸収する主体として、銀行に代わり、政府や中央銀行によるマクロプルーデンス政策の役割が今後重要となることが指摘される。

次に、第1の柱である第3章から第5章までの三つの章は、「資金流動性」に関する理論研究である。

Brunnermeier（2009）は、証券化された資産を担保に利用したレポ取引やABCPなどの短期債を借換えることで資金調達を行っていた証券化銀行業（または影の銀行業）は、次の三つの資金流動性リスクに直面することを指摘している。三つの資金流動性リスクとは、第1に、レポ取引における担保付き短期債の借換えができなくなる「借換えリスク」の存在、第2に、レポ取引における担保価値割引率（または証拠金）が上昇することで資金調達コストが上がる「担保価値割引率リスク（または証拠金リスク）」の存在[14]、第3に、銀行からの預金流出や投資ファンドからの資本回収（または資産の償却）により資金流動性が不足する「資金回収リスク（または償却リスク）」の存在である。第3章から第5章までの三つの章では、Brunnermeier（2009）が指摘した三つの資金流動性リスクのそれぞれについて、ミクロ的基礎付けのある経済理論モデルによる分析を行っている。

第3章「担保価値割引率リスクと資金流動性」[15]では、証券化銀行業の資金流動性リスクの2番目にあたる「担保価値割引率リスク」に注目している。第3章の目的は、証券化銀行業がローン担保証券のファンダメンタル価値を高めるようなモニタリングを行う誘因を考慮したモデルを用いて、短期債務の借換えコストである担保価値割引率の上昇、あるいは経済全体のレバレッ

14　資金の貸し手のリスク管理のために、資金の借り手が担保に差し入れる資産の市場価格よりも資金調達できる金額の方が小さくなるが、この差額は「担保価値割引率（ヘヤーカット）」あるいは「証拠金（マージン）」と呼ばれている。
15　丸茂（2011）より加筆修正を行い作成している。

ジ化の進展が、レポ取引における資金の借り手の資金流動性や、ローン担保証券市場における市場流動性に及ぼす影響について、ミクロ的基礎付けのある経済モデルを用いて考察することである。

第3章のモデルの特徴は、Acharya and Viswanathan（2011）のモデルを基本にして、Holmstrom and Tirole（1997）タイプの「モニタリングに関するモラルハザード」を考慮している点と、レポ取引による短期債の借換えの存在を考慮している点の二つの観点からモデルを拡張して、担保価値割引率が上昇するリスクが、資金調達を行う証券化銀行業の資金流動性と、ローン担保証券の流通市場における市場流動性に与える影響について考察している点である。

第3章の主な結論は、以下の四つである。第1に、レポ取引における担保価値割引率の上昇は、レポ取引における資金の借り手の資金流動性をタイトにして、レバレッジの巻戻しや資産の投売りを引き起こすことで、ローン担保証券市場の市場均衡価格を下落させ、市場流動性を低下させる効果がある。第2に、経済全体でレバレッジ化が進むと、レポ取引における資金の借り手の借入余力が低下するため、ローン担保証券市場の市場均衡価格を下落させ、市場流動性を低下させる。第3に、レポ取引における担保価値割引率の上昇や、経済全体でのレバレッジ化が進むと、ローン担保証券市場の市場流動性が低下する。最後に、第3章のモデル分析から、経済におけるレバレッジ化が進んでいる時に景気が悪化し、プロジェクトの期待収益などの実体経済変数が低下すると、担保価値割引率の上昇によって負の流動性スパイラルが起きる可能性があることが示される。

第4章「借換えリスクと資金流動性」[16]では、証券化銀行業の資金流動性リスクの1番目にあたる担保付き短期債の「借換えリスク」に注目している。第4章の目的は、担保付短期債の借換えリスクの増大が市場流動性に及ぼした影響という観点から2007〜09年に起きたサブプライム金融危機の進行過程を理論的に明らかにするという問題意識の下、短期債の借換えリスクが存在することで発生するリスクプレミアムの上昇や、担保価値割引率の上昇、あ

---

16 丸茂（2012b）より加筆修正を行い作成している。

るいは経済全体のレバレッジ化の進展が、短期債の市場価格や市場流動性に及ぼす効果について、ミクロ的基礎付けのある経済モデルを用いて考察することである。

第4章のモデルは、第3章と同様に、Acharya and Viswanathan（2011）のモデルを基本にして、Holmstrom and Tirole（1997）タイプの「モニタリングに関するモラルハザード」を考慮している点と、レポ取引による短期債の借換えが存在する点の二つの観点からモデルを拡張している。第3章のモデルでは、長期ローン債権を担保にした証券を新規に発行して資金調達を行うアセットファイナンスのケースをモデル化していたのに対して、第4章のモデルでは、長期債から短期債への借換えによる資金調達をモデル化した設定になっている。

第4章の主な結論は、以下の通りである。証券化銀行業が資金調達を行う $ABCP$ などの担保付き短期債市場における短期債のリスクプレミアムの上昇や、レポ取引における担保価値割引率の上昇などの借換えリスクが増大すると、証券化銀行業の資金流動性が悪化し、短期債の市場均衡価格の下落が進むことがモデルの比較静学分析結果から示される。とりわけ、サブプライム金融危機の中で経験したように、経済全体のレバレッジ化が進んでいる時にレバレッジの巻戻しが起き、短期債市場のリスクプレミアムの上昇や、レポ取引における担保価値割引率の上昇などが起きることで、借換えリスクが顕在化すると、短期債の市場均衡価格の下落幅が大きくなることで、短期債の市場流動性が大幅に悪化して流動性危機が起き易くなることが示される。

第5章「資金回収リスクと資金流動性」[17]では、証券化銀行業の資金流動性リスクの3番目の「資金回収リスク」に着目している。第5章の目的は、投資ファンドによる資金回収リスクの観点から、2007〜09年に起きたサブプライム金融危機の進行過程を明らかにするという問題意識の下、投資ファンドによる資金回収が引き金となり、証券化銀行業の資金流動性が悪化し、それが流動性危機へと発展したメカニズムについて理論モデルを用いて考察することである。

17　丸茂（2014）より大幅に加筆修正を行い作成している。

第 5 章の結論は、以下の二つである。第 1 に、投資ファンドによる資産選択問題について理論モデルを用いて分析し、投資ファンドによるファンド解約の意思決定基準となる信念の閾値をモデルの中で導出した。とりわけ「情報を持たない長生きタイプ」のファンド、すなわち情報劣位の立場にある投資ファンドによる資金回収リスクの存在をモデルの均衡として内生的に導出した。第 2 に、比較静学分析により、投資ファンドによるファンド解約の意思決定基準となる信念の閾値に対して、モデルのパラメーターが及ぼす影響について調べた結果、投資ファンドの資金流動性の悪化が引き金となり、情報生産能力の乏しい投資ファンドによる投資回収リスクが高まることをモデルの中で示すことができた。

　次に、第 2 の柱である第 6 章と第 7 章の二つの章は、「市場流動性」に関する理論研究である。

　第 6 章「投資主体間の情報格差と市場流動性」[18] では、情報上不利な立場にあるが戦略的に証券売買を行う個人投資家の存在が、証券化商品市場の効率性や安定性に与える影響について分析している。サブプライム金融危機前後の証券化商品を含む資産市場で起きた不安定性増大の原因の一つに、情報上不利な立場にあるが戦略的に証券売買を行う個人投資家の存在が、証券化商品市場の効率性や安定性に何らかの影響を及ぼした可能性があると考えられる。

　第 6 章のモデルの特徴は、Kyle (1985) によるシグナリングモデルに、証券の真の価値に関する私的情報を持たないが、マーケットメーカーが提示した証券価格を観察して、その価格情報から証券の真の価値をベイズ推定する「価格から情報を推定するトレーダー」を新たに挿入したモデルを設定し、「価格情報から推定するトレーダー」の存在が、均衡においてマーケットメーカーが設定する証券価格や、「情報を持つトレーダー」や「流動性トレーダー」などの他のタイプのトレーダーの売買戦略に及ぼす影響について厚生水準を踏まえて分析している点である。

　第 6 章の主な結論は、以下の四つである。第 1 に、非合理的なトレーダーが

18　丸茂（2008a, 2009a）より加筆修正を行い作成している。

存在することで「市場の厚み」が増して、マーケットインパクトが小さくなる。第 2 に、非合理的なトレーダーは、証券の真の価値がわからないので、本当は正または負の超過収益機会が存在する局面で、私的情報を持つ合理的トレーダーの投資戦略とは逆張りの投資戦略を選択する傾向がある。第 3 に、非合理的なトレーダーは、証券の真の価値がわからないので、流動性ニーズのみで投資を行うノイズトレードが大きくなると、そのノイズトレードに対して順張りの投資戦略を選択する傾向がある。第 4 に、非合理的なトレーダーは、合理的トレーダーとノイズトレーダーが存在する市場に参加することで正の超過収益を得ることができない。つまり、非合理的なトレーダーが市場に参入することで、合理的トレーダーが得られる正の超過収益が増加する一方で、ノイズトレーダーの負担するトレーディング費用が増加する。

　第 7 章「投資主体間の取引手法の違いと市場流動性」[19] では、2007～09 年のサブプライム金融危機の間に起きた証券化商品の市場価格の暴落や市場流動性の枯渇問題を考察するために、資産価格の下落局面において、市場参加者の投資手法の違いが市場流動性に及ぼす影響について理論的に考察している。

　第 7 章のモデルの特徴は、証券化商品市場にさまざまなタイプの市場参加者が存在する点を考慮して、パッシブトレーダー、アクティブトレーダー、アービトラージャー、およびノイズトレーダーという投資手法の異なる四つのタイプの投資家が同時に存在する資産市場モデルを設定し、その資産市場で成立する市場均衡価格を用いて比較静学分析を行うことで、レバレッジ取引や裁定取引などの投資手法の違いが資産市場の市場流動性に及ぼす影響について分析している点にある。さらに、第 7 章の後半部分ではモデルを用いて、ボルカールールで導入された投資銀行の借入れと自己売買を制限する「レバレッジ規制」や、裁定取引を制限する「ヘッジファンド規制」などの規制の有効性に関する政策的含意を提示している。

　第 7 章の分析から得られた政策的含意として、レバレッジ規制については、レバレッジ規制を強化することで、資産市場で成立する市場均衡価格を資

19　丸茂（2012a, 2016）より加筆修正を行い作成している。

産のファンダメンタル価格に近づけるようなモデルのパラメーター領域が存在する一方で、証券化商品市場の市場流動性が低下することがモデルの中で示される。したがって、金融安定化のために導入されたレバレッジ規制を強化することで、資産市場価格をファンダメンタル価格に近づける効果が期待できる一方で、証券化商品市場だけでなく資産市場全体の市場流動性を低下させるというトレードオフ関係が存在することがモデルの中で示される。また、ヘッジファンド規制については、投機的取引は規制すべきである一方で、裁定取引機会の余地は残すべきである点が示される。さらに、ヘッジファンドの投資内容は非公開で市場における匿名性が高いため、実務上、裁定取引以外の取引のみを規制することは困難であることから、裁定取引の余地を残して、投機的取引のみを抑制する規制制度の設計を考察することが今後の課題である点が指摘される。

　最後に、第3の柱である第8章と第9章の二つの章は、「証券化商品市場における構造変化」と「証券化商品市場と金融緩和政策」に関する理論研究である。

　第8章「証券化商品市場と個人投資家」[20] では、証券化商品市場において、ローン担保証券の原資産であるローン債権の真の価値に関する情報を持たない個人投資家の数が増加するという市場構造の変化が、ローン担保証券市場の均衡で成立する市場価格や、銀行が証券化を用いて組成販売するローン債権の質にどのような影響を及ぼすのかという問題について、理論モデルを用いて考察している。

　1990年代に起きた日本の不良債権問題の反省から、それまで間接金融が中心であった日本の金融システムを、「市場型間接金融システム」へと変革する必要性が指摘されている。この変革を実現するためには、銀行部門が保有するローン債権の流動化を促進すると同時に、ローン債権などを裏付けとして発行されたモーゲージ担保証券（MBS）や各種の資産担保証券（ABS）を、投資信託などを通じて多数の個人投資家が保有できるようにするための市場環境整備が必要である。ところが、近年起きた米国のサブプライム金融危機

20　丸茂（2008b, 2010a）より加筆修正を行い作成している。

の中では、ローン担保証券に対する格付け機関による格付けの甘さや、ローン担保証券の市場価格の暴落などが問題となった。

個人投資家は、証券化商品の原資産のファンダメンタル価値に関する真の情報を持たないため、証券化商品市場の市場参加者に占める（情報を持たない）個人投資家の数が増加することで、証券化商品市場を不安定にし、証券化されるローン債権などの原資産の質に対して悪い影響を及ぼす可能性がある。

第8章のモデルの特徴は、証券市場における情報効率性を分析したGrossman（1976）モデルを、次の二つの点で拡張している。第1に、ローン担保証券が複数の投資家によって保有されているという特徴を表すために、Grossman（1976）モデルの中にある1人の投資家が1種類の証券を保有するという設定を、総数n人の投資家が1種類の証券を均等に分割して保有するケースに拡張している。第2に、第8章のモデルは、Grossman（1976）モデルと同様に、銀行ローン債権の真の価値を知っている機関投資家のような「情報を持つトレーダー」と、銀行ローン債権の真の価値（ここでは収益性を想定）を知らない個人投資家のような「情報を持たないトレーダー」の2種類が存在し、ノイズのある合理的期待均衡モデルを用いた分析を行っている。本章のモデルの特徴は、Grossman（1976）モデルでは扱われていなかった、ローン債権のオリジネーターである銀行によるローン債権の証券化の選択問題と、銀行とトレーダー間の情報の非対称性の問題を扱うことができるモデルになっている点である。

第8章の結論は、以下の三つである。第1に、銀行ローン債権の真の価値に関するノイズが小さくなるか、ローン担保証券を購入するトレーダーの数が充分大きくなると、ローン担保証券市場で成立する市場価格の情報効率性が高まる。第2に、ローン担保証券市場において「情報を持たないトレーダー」の数が増えると、モデルのパラメーターがある範囲に存在する（ローン担保証券の供給量がある閾値よりも小さい）場合、銀行が証券化するローン債権の質が悪化する。第3に、ローン担保証券市場において「情報を持たないトレーダー」の数が増えると、ローン担保証券の供給量が、ある閾値よりも小さい時には市場価格の暴騰を招くことでバブルが起きる一方、ある閾値より

も大きい時には市場価格の暴落を招くことで金融危機が起き易くなる。つまり、証券化商品市場において個人投資家の数が増えると、市場価格の変動が高まるため、市場の不安定性が高まる可能性がある。

以上の分析結果から、銀行によるローン債権のリスク管理の向上や情報開示の徹底によりローン担保証券の市場価格の透明性をより向上すること、ローン担保証券市場に参加する投資家を増やすためには、魅力的なリターンの提供だけでなく、市場流動性を向上させるための手数料や税軽減などの措置も必要となること、銀行が流動化するローン債権の質保証の必要性などの政策的含意が導かれる。

第9章「証券化商品市場と金融政策」[21] では、ローン担保証券の原資産である銀行のローン債権の真の価値（収益率）に関して、投資家と銀行との間に情報の非対称性が存在する時に、金利や所要準備率などを引き下げる金融緩和政策が、証券化されるローン担保証券の質や、ローン担保証券市場の均衡において成立する市場価格や取引量に及ぼす影響について、ミクロ的基礎付けのある理論モデルを用いた分析を行っている。

2000年以降の米国における証券発行額の推移を見ると、2000年から2003年までの金融緩和期の間に大幅に増加した一方で、2004年から2007年にかけての金融引き締め期の直後には大幅に減少している。これらの数字からも明らかなように、FRBによる低金利政策が、ローン担保証券の市場価格や取引量に大きな影響を及ぼしていたと考えられる。

そこで、第9章では、上記の事実発見を踏まえて、低金利政策が証券化商品の市場価格や質に及ぼす影響について理論モデルを設定し、比較静学分析を行っている。また、第8章のモデルでは、ローン担保証券の供給量は一定で外生的に固定されていたのに対して、本章のモデルでは銀行の資産選択を明示的にモデルに組み込み、ローン担保証券の供給量をモデルの中で内生的に導出しているという特徴がある。

第9章のモデル分析の結果は、以下の二つである。第1に、証券化されるローン担保証券の原資産となる銀行のローン債権の収益率が、ある特定の範

21　丸茂（2010c）より加筆修正を行い作成している。

囲に存在する場合、金利や所要準備率を引き下げると、証券化の対象となる銀行ローン債権の収益率の範囲が広がることで、収益率が相対的に劣るローン債権が証券化されることをモデルの中で示した。この結果は、サブプライム金融危機以前の 2000 年代前半に FRB の金融緩和政策による低金利の期間が続いた時期に、サブプライムローンのような質が良くない証券化商品の発行量が増加したという事実を説明できる。第 2 に、金融緩和政策による金利引き下げを行うと、ローン担保証券の市場価格の上昇と取引量の増加が同時に起きるため、ローン担保証券の時価総額が増加することをモデルの中で示した。この結果は、2000 年代の初めから 2007 年にサブプライム金融危機が始まるまでの間続いた MBS や ABS などの証券化商品の時価総額の増加が起きた原因に、IT バブル直後の 2000 年度前半から 3 年半の長期にわたり続けられた FRB による低金利政策があったことを示唆している。

第 2 章

証券化と銀行組織の経済機能

1 はじめに

　本章では、大銀行におけるビジネスモデルの中心が、従来から存在していた組成保有（Originate to Hold）型モデルから、証券化を利用した組成販売（Originate to Distribute）型モデルへ移ったことによって、銀行組織の経済機能がどのように変化したのかという問いに対する答えを探ることにする。

　本章の目的は、証券化を利用した組成販売型モデルの定義や特徴を整理した後、既存の銀行理論に関する研究の多くが前提としていた組成保有型モデルの下で発展してきた銀行の経済機能に関する研究内容について論点整理を行い、そこで得られた各論点について、銀行ビジネスモデルの中心が組成販売型モデルに変化することで、銀行の経済機能の意義や役割がどのように変化するのかを考察することである。

　伝統的な銀行ビジネスモデルは、顧客に資金を貸出し、長期間にわたり顧客と取引関係（リレーション）を持ちながら銀行自らが与信管理を行い、貸出から得られる利子と元本を確実に回収することで利益をあげる組成保有型モデルが主流であった。この組成保有型ビジネスモデルの下では、銀行は、貸出を実行することで貸出債権を組成する「オリジネーション機能」だけでなく、貸出が満期を迎えるまで貸出債権を銀行が保有し続け、その間に元利金の返済や担保資産の管理などの債権回収を行う「サービシング機能」も同時

に行っていた。

　しかし、近年、特に欧米の規模の大きな銀行を中心として、組成販売型モデルと呼ばれる新たなビジネスモデルの採用が拡大している[1]。このビジネスモデルの下では、銀行が貸出債権を組成した後に、特別目的事業体（SPV: Special Purpose Vehicle）や特別目的会社（SPC: Special Purpose Company）と呼ばれるペーパー会社に貸出債権をいったん譲渡し、特別目的事業体（以下では、SPVと呼ぶ）が貸出債権を証券化した上で投資家に販売する「ディストリビューション機能」が可能となり、それと同時に債権回収業務を専門に行う金融会社（サービサー）も生まれた。これは、金融仲介機能の分割、すなわちアンバンドリング化が進んだことを意味する。証券化という金融技術を利用した金融仲介機能のアンバンドリング化が、今回のサブプライム金融危機を起こす引き金となったことはいうまでもない。

　ところで、既存の「銀行の経済機能に関する理論的研究」の主な内容は、銀行が金融仲介機能のすべてを一手に引き受けていたこと、すなわち組成保有型モデルを前提とした研究である。そこで、本章では、銀行の経済機能に関する既存研究を概観した後に、証券化を利用した組成販売型モデルの発展により、銀行の経済機能に関する既存の研究内容がどのように修正されるのかを考察することを通じて、証券化が積極的に活用される下での銀行組織の経済機能の変容を明らかにする。

　本章の以下の構成は、次の通りである。第2節で、金融取引形態の定義付けと分類を行い、証券化による金融取引形態の変化について説明する。第3節で、組成保有型モデルを前提とした銀行の経済機能に関する経済理論的な研究内容を五つの観点（資産変換とリスク分担機能、モニタリングと情報生産機能、消費平準化と流動性供給機能、コミットメント手段の提供機能、および資金調達手段における銀行貸出の優位性）に分けて、その内容と論点を概観する[2]。第4節では、第3節の中で示した五つの観点から見た銀行の経

1　証券化を利用した組成販売型の銀行ビジネスモデルに関する解説は、藤井（2009）が詳しい。証券化と今回の金融危機の経緯については、みずほ総合研究所（2007）を参考にしている。また、経済理論的研究の面からは、市場型間接金融との関係について考察した池尾（2006）、債権流動化の観点から理論分析を行った深浦（2003）が詳しい。

済機能のそれぞれの内容が、証券化を利用した組成販売型モデルの下で、どのように変化するのかを理論的観点から考察する。最後に、第5節で結論を述べる。

2 金融取引形態と二つの銀行ビジネスモデル

2.1 ▶ 金融取引形態の分類

金融取引は、資金の出し手と資金の取り手が、金融証券と引き換えに資金の受渡しを行う取引のことを意味する。金融取引形態を分類するは、次の三つの方法がある。

第1に、最終的な貸し手と最終的な借り手が直接取引を行う「直接金融」型と、最終的な貸し手と最終的な借り手の間に銀行などの第三者が介在し、最終的な貸し手と最終的な借り手の双方に対して、第三者が資金の出し手または取り手となる「間接金融」型の金融取引に分けられる。第2に、資金の取り手が発行する金融証券の性質に注目して、社債、銀行貸出、および預金などの負債証券を用いる「負債」型と、株式などの出資証券を用いる「株式」型の金融取引に分けられる。第3に、金融取引が行われる場所に注目して、店頭において少数かつ特定の経済主体同士が個別に交渉を行う「相対」型と、取引所において多数かつ不特定の経済主体同士が売買取引を行う「市場」型の金融取引に分けられる。

具体例な金融商品を例に挙げて、上記の三つの方法を用いて分類してみる。まず、間接型の金融取引の代表的なものには、銀行の発行する手形、金銭消費貸借証書などの貸付証書や預金証書などがあるが、これらは「負債型＋相対型」の金融取引である。他方、直接型の金融取引の代表的なものには、政府や企業が発行する公社債などの「負債型＋市場型」の金融取引や、企業が公開市場において株式を発行する「株式型＋市場型」の金融取引がある[3]。伝

---

[2] 銀行の経済機能を五つの類型に分ける方法は、Gorton and Winton (2003) を参考にしている。

統的な組成保有型モデルの下で営業する銀行が取扱う金融取引は、「間接型＋負債型＋相対型」が中心である。

2.2 ▸銀行ビジネスモデルの比較
――組成保有型モデルと組成販売型モデル

図2-1は、組成保有型モデルと組成販売型モデルを概念化したものである。図中、上の図は組成保有型モデル、下の図は組成販売型モデルを表している。図中の矢印→は資金の流れ、点線矢印--▸は金融証券の流れ、⇨は情報生産機能を示している。以下では、この図を用いて二つの銀行ビジネスモデルを比較する。

まず、資産変換の観点から二つのビジネスモデルを比較する。組成保有型モデルでは、銀行は、最終的借り手が発行する金銭消費貸借証書や約束手形などの本源的証券を預金証書などの間接証券に変換し、最終的貸し手に対して間接証券を発行することで、資産変換を行っている。ただし、本源的証券と間接証券は共に「負債型＋相対型」の金融証券であり、間接証券が細分化されている点と、間接証券の流動性が高い点を除くと、基本的に同じ性質（「負債型＋相対型」）を持つ金融証券に変換されている。

他方、組成販売型モデルでは、銀行は、最終的借り手が発行する本源的証券を受け取るところまでは組成保有型モデルと同じであるが、銀行は貸出債権を自ら保有せず、SPVに貸出債権を譲渡した時点で、資金を回収する[4]。この時点で、債権債務関係は、最終的借り手と銀行の間の関係から、最終的

3　その他にも、金融技術革新が進んだ結果、単に負債型と株式型あるいは相対型と市場型という枠組みでは分類できない金融商品も数多く存在する。例えば、転換社債や新株引受権付社債（ワラント債）のように負債型と株式型のオプション機能が付いた市場型の金融取引や、劣後債のようにデフォルト時の残余資産の受取り順位が普通債よりも後順位になるため、株式に近い性質を持つ負債も存在する。さらに、価格変動リスクをヘッジすることを目的とした先渡し取引やスワップ取引、あるいは信用リスクを分担することを目的としたシンジケートローンなどの相対型で取引される金融商品や、オプションのように、価格変動リスク自体を派生商品化した金融商品や、クレジット・デフォルト・スワップ（CDS）のように、信用リスク自体を派生商品化した金融商品など、上記の方法では単純に分類することができないさまざまな金融商品が存在している。

図2-1 組成保有型モデルと組成販売型モデル

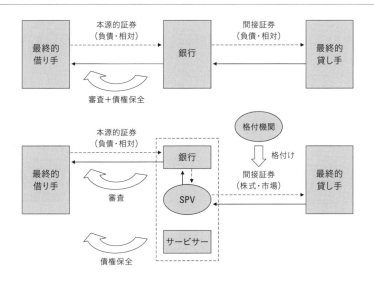

借り手と SPV の間の関係に移る。次に、SPV は、銀行から譲渡された複数の貸出債権をプールし、証券化技術を用いて貸出債権プールを裏付けとする資産担保証券（ABS）を発行し、最終的貸し手である不特定多数の投資家に販売する。この時点において、最終的借り手と最終的貸し手の関係は、「負債型＋相対型」ではなく「株式型＋市場型」の金融契約になる。すなわち、SPVを導管体として用いた証券化技術を利用することで、金銭消費貸借証書などの本源的証券を資産担保証券という間接証券に変換している。

　ここで、組成保有型モデルと同様に、組成販売型モデルにおいても本源的証券から間接証券への資産変換が行われている。しかし、組成保有型モデルでは、本源的証券と間接証券は「負債型＋相対型」の金融証券であったのに対して、組成販売型モデルでは、本源的証券は「負債型＋相対型」であるが、

4　DeMarzo（2005）は、銀行のようなローン債権のオリジネーターが、証券化される原債権の価値について私的情報を持つ場合には、債権を別々に売却するよりも、複数の債権をプールして個々のリスクを分散化させた上で、資産担保証券を利用してローンポートフォリオを分割してトランシェとして売却する方が有利となるモデルを提示している。

間接証券は「株式型＋市場型」の金融証券になることから、二つのビジネスモデルにおいて間接証券の性質が全く異なる点に注意が必要である。また、最終的借り手からの債権回収業務や債権保全については、サービサーなどの債権回収専門業者が代行し、回収されたキャッシュフローは資産担保証券の持ち分に応じて最終的貸し手に配当金として支払われることになるため、資産担保証券は、最終的借り手が返済する元本と利子から構成されるキャッシュフローを最終的貸し手に移す役割しか持たない「パススルー証券」といえる。

次に、情報生産機能の観点から二つの銀行ビジネスモデルを比較する。組成保有型モデルでは、銀行は、資金を貸付ける前に、最終的借り手の審査を行うことで事前的モニタリングを行うと同時に、資金を貸付けた後に、最終的借り手が契約通りに返済を行えるかどうかを監視する事後的モニタリングを行うことで、債権保全を図っている。つまり、銀行は、債権が回収されるまでの間、最終的借り手との債権債務関係を維持しながら、最終的貸し手である預金者を代理して、最終的借り手に対する事前的モニタリングと事後的モニタリングを同時に行っている。

他方、組成販売型モデルでは、銀行は資金を貸付ける前に、最終的借り手の審査を行うことで事前的モニタリングを行う点については、組成保有型モデルと共通している。しかし、組成販売型モデルでは、銀行は貸出を実行した後、貸出債権を SPV に譲渡することで貸出金を回収できることから、銀行は、原債権である貸出債権の健全性から損失を被ることはないため、事前的モニタリングを慎重に行う誘因を持たなくなる。さらに、資金を貸出した後に、最終的借り手が契約通りに返済を行えるかどうかを監視する事後的モニタリングは、サービサーである債権回収専門業者や、資産担保証券の将来キャッシュフローを評価する格付け機関や証券アナリストが行うため、銀行本体では債権保全を行わず、借り手の私的情報に関する情報生産活動も行われなくなる。

以上、本節の議論を総括すると、組成保有型モデルから組成販売型モデルへの銀行ビジネスモデルの変化は、伝統的に銀行が果たしてきた「資産変換機能」と「情報生産機能」という二つの経済機能の内容を変化させることとなり、伝統的に銀行組織に比較優位性があると考えられてきたリスク負担機

能や情報生産機能の低下に繋がることになったと考えられる。

本章の第4節で、組成販売型モデルによって銀行組織の経済機能がいかに変化したかを考察するが、そのための準備として、次の第3節では、組成保有型モデルを前提とした銀行の経済機能に関する既存の研究内容を概観しておく。

3 　銀行組織の経済機能——既存研究の概要

現実に金融取引を行っている当事者は、新古典派の経済学が想定しているような合理性を持つ経済主体ではなく、限定合理性しか持たない経済主体である。したがって、限定合理性を持つ経済主体同士が直接出会って金融取引を行おうとすれば、「不確実性」、「情報の非対称性」、および「契約の不完備性」の問題が起こり、経済主体が負担する取引費用が大きくなるため、金融取引が成立しなくなる可能性が高くなる。そこで、効率的な資金配分を実現するために、金融取引を仲介する組織としての銀行の存在意義が出てくることになる[5]。

最初に、銀行組織の経済機能に関するミクロ経済理論に関する研究の大まかな流れを説明しておく。1970年代半ばまでは、金融取引における「不確実性」に関する問題が中心的なテーマであった。ここでは、新古典派の企業理論に、信用リスク、流動性リスク、および金利リスクなどの不確実性を取り入れ、預金金利規制や自己資本比率規制、あるいは部分準備制度などの銀行固有の制度的な制約条件を考慮して、不確実性の存在が銀行の資産負債の選択行動に及ぼす影響について分析し、不確実性と銀行固有の制度的な制約がもたらす「取引費用」を低減できる点に、銀行組織の経済機能が存在すると考えられていた[6]。同時に、不確実性下で金融取引を行う場合、個々のリ

---

[5] 金融取引と銀行組織に関する理論研究については、丸茂（2009a）を参照のこと。また、本章第3節の内容は、丸茂（2009a）の第1章の一部分（pp.15–38）から引用している。本書への掲載を承諾いただいた晃洋書房に感謝申し上げる。

[6] 取引費用アプローチの観点から分析された「伝統的な銀行理論」の内容を展望した論文には、Scholes, Benston and Smith, Jr.（1976）および Baltensperger（1980）がある。

クに関する条件付き請求権を発行し、銀行と、最終的貸し手および最終的借り手がその条件付き請求権を交換することで、最適なリスク配分を実現できるという「リスク分担機能」が重視された。これらの研究では、契約や組織という観点から銀行という企業を捉えるという考え方は存在しなかった。

しかし、1970年代半ばから1980年代以降、非協力ゲーム理論の研究が進むと同時に大きく発展した、情報の経済学や契約理論などの応用ミクロ経済学の研究成果を取り入れる形で、銀行組織の経済機能に関する中心的な研究テーマは、「情報の非対称性」や「負債契約の存在理由」などの問題に移っていった。ここでは、新古典派の経済学が想定している合理的な経済主体ではなく、「限定合理的な経済主体」の存在を前提にして、逆選択やモラルハザードなどの情報の非対称性が存在することから生じる「市場の失敗」に対処する手段を提供する点に銀行組織の経済的な意義が見い出された。具体的には、銀行によるモニタリングの経済的な意義を分析する「情報生産機能」に関する問題や、銀行が提供する要求払い預金契約を利用することで、消費者が異時点間の最適な消費配分を実現できるという「消費平準化と流動性供給機能」に関する問題などの研究が存在する。

さらに、1990年代以降から2000年代に至る最近の流れとして、金融取引における「契約の不完備性」から生じる再交渉やホールドアップなどの問題が中心的なテーマとなっている[7]。具体的には、銀行が、「逐次サービス制約 (*Sequeitial Service Constraint*)」という特徴を持つ要求払い預金契約を発行することで、再交渉やホールドアップなどの問題を起こさないことを預金者に約束する手段を提供できるという「コミットメント手段の提供機能」の問題や、企業の資金調達において不完備な契約しか書けないケースで、債券や株式などの市場型取引と比べた銀行貸出などの相対型取引の利点を分析する「資金調達手段における銀行貸出の優位性」の問題などが重視されるようになってきている。

本節の以下の部分では、銀行の経済機能について考察された既存研究を、第

---

[7] 情報の非対称性や契約の不完備性などを考慮した「新しい銀行理論」の内容については、Bhattacharya and Thakor（1993）や Gorton and Winton（2003）による展望論文などを参照のこと。

1項で資産変換とリスク分担機能、第2項でモニタリングと情報生産機能、第3項で消費平準化と流動性供給機能、第4項でコミットメント手段の提供機能、および第5項で資金調達手段における銀行貸出の優位性、という五つの観点から概観し、「組成保有型モデル」における銀行組織の経済機能に関する論点を整理する[8]。

3.1 ▶ 資産変換とリスク分担機能

　金融取引が行われるそもそもの理由は、経済主体毎に資金過不足が起きるためである。金融取引が成立するためには、経済主体間で流動性ニーズに関する「欲求の二重の一致」が成立しなければならないが、この条件を満たす取引相手を見つけるために必要となる時間や労力などの取引費用は莫大なものになることから、各経済主体は、取引費用の一部を負担してでも、取引所や金融仲介機関などの組織化された金融機構を利用して、自らの流動性ニーズを満たそうとする。

　金融仲介機関の一つである銀行は、最終的な資金の貸し手に対しては預金契約を提供し、最終的な資金の借り手に対しては貸出契約を提供することで、流動性を供給している。Kashyap, Rajan and Stein（2002）は、銀行が、バランスシートの資産サイドでコミットメントローン（与信枠）を提供すると同時に、バランスシートの負債サイドで要求払い預金を提供することで、最終的借り手と最終的貸し手の双方に短期的な流動性を提供できる点に注目している。このように、銀行は、貸出契約と預金契約を同時に提供できる立場を利用して、貸出などの本源的証券を預金などの間接証券に資産変換することで、金融証券固有のリスクの性質を変換し、経済主体間で最適なリスクの再配分を実現させている。これは、銀行の「リスク分担機能」と呼ばれている。例えば、Berlin and Mester（1999）は、要求払い預金や定期性預金など金利感応度の低い預金で資金調達を行う割合の高い銀行ほど、リスク分散化

---

[8] ただし、本章第3節の以下の議論において、銀行の負債サイドにおける決済機能については考慮していない。銀行の決済機能については、丸茂（2009a）の中で詳しく分析している。

できないマクロショックなどの「集計リスク（*Aggregate Risk*）」が起きると、借り手に対してより平準化した貸出金利を提供できることを示している。

銀行がリスク分担機能を実行することのできる理由は、互いに独立したリスクを持つ多数の貸出契約や預金契約を同時に保有することで、各契約に固有の信用リスクや流動性リスクなどの「個別リスク（*Idiosyncratic Risk*）」の分散化を行える点にある。Kashyap, Rajan and Stein（2002）は、バランスシートの負債サイドに占める要求払い預金の比率が高い銀行ほど、資産サイドにおいてコミットメントローンを保有する比率が高いことを実証分析により示している。この実証結果は、コミットメントローンと要求払い預金という非常に流動性が高い商品を多数保有することで、リスク分散化に関する規模の経済性が働くことを意味している。

3.2 ▸ モニタリングと情報生産機能

金融取引において、借り手による「逆選択」や「モラルハザード」などの情報の非対称性の問題が存在する場合、貸し手は、情報の非対称性の程度を軽減するために、費用を負担して借り手をモニターする必要がある。

貸出契約を結ぶ時点の前後の二つの期間に分けてモニタリングを分類すると、貸出契約前には、逆選択の問題に対処するために借り手の質を審査する「事前的モニタリング」が行われる一方で、貸出契約後には、モラルハザードの問題に対処するために財務データの調査やヒアリングなどを行うことで借り手の行動を監視する、あるいは借り手が債務不履行を起こした際には債権回収額の特定化などの債権保全を図る「事後的モニタリング」が行われる。このように、銀行は、審査活動や債権保全活動などの「情報生産機能」を果たすことで、情報の非対称性の問題をある程度緩和させることができる。

銀行による情報生産機能に着目した代表的な研究が Diamond（1984）である。彼のモデルは、貸し手が、借り手の持つ投資プロジェクトの投資成果の実現値を観察できないという貸出契約後の情報の非対称性が存在するケースについて Townsend（1979）による「費用のかかる状態立証（*Costly State Verification*）モデル」を応用して考察している[9]。Diamond（1984）は、預

金者に代わり銀行が借り手の事後的モニタリングを行う点、つまり「代理モニタリング（*Delegated Monitoring*）」を行う点に銀行の存在意義を求めている。

　金融取引における情報生産には、以下の五つの問題が存在すると考えられている。第1に、借り手をモニターする場合、個々の貸し手が互いに独立して借り手をモニターすると「モニタリング費用の重複」問題が起きる。第2に、情報財の持つ無償複製可能性という性質を利用して、自ら情報生産を行わず、他人が生産した情報を自らが費用を負担することなく利用する「フリーライダー」問題が起きる。第3に、フリーライダー問題と関連して、ある経済主体が借り手に関する情報を生産した後に、その内容が外部者に知られてしまうと、外部者は費用をかけずにその情報を利用することが可能になるという「情報の占有」問題が起きる。第4に、情報生産者が本当に価値のある情報を生産できるかという「情報の信頼性」の問題が起きる。第5に、銀行は、預金者に代わり借り手をモニターすることを委任されるわけであるが、銀行が適切に借り手をモニターしているかどうかを監視する別の経済主体の存在が必要となる[10]。これは、「監視者の監視」問題と呼ばれる。

　上記五つの問題は、銀行が情報生産を行うことで、ある程度緩和することができる。まず、モニタリング費用の重複の問題や、情報生産に関するフリーライダーの問題については、貸し手が、銀行のような情報生産能力の高い経済主体に借り手モニタリングを委任する、つまり代理モニタリングを行ってもらうことでモニタリング費用が節約され、情報生産に関するフリーライダーの問題をある程度解消することができる。次に、情報の占有の問題について、Bhattacharya and Chiesa（1995）は、相対型取引である銀行貸出を利用す

9　ただし、Townsend（1979）の *CSV* モデルは、借り手による返済額に依存した状態依存的なモニタリングであるが、Diamond（1984）のモデルは、常にモニタリングが起きているという違いがある。この点に関する説明は、Gorton and Winton（2003）の第8章第2節第2項を参照されたい。

10　銀行を監視する経済主体には、預金者、大口債権者、大株主、および格付け機関などの金融サービス会社あるいは金融規制当局などが考えられる。Dewatripont and Tirole（1994b）は、小口預金者が銀行を監視することは事実上不可能であるため、政府が預金者に代わって銀行を監視すべきであるという「代表仮説」を提唱している。

ることで、借り手の私的情報を非公開にすることが可能となり、情報流用から生じる問題が解決されることを示している。さらに、情報の信頼性の問題について、Leland and Pyle（1977）は、貸し手が借り手の持つプロジェクトのタイプを観察できないという逆選択の問題が存在する場合、借り手は、プロジェクトに対する自分の出資比率を引き上げることで、質の高いプロジェクトを保有しているというシグナルを貸し手に送ることで、情報生産の信頼性が確保できることを示している[11]。

　その他にも、Campbell and Kracaw（1980）は、情報生産者である銀行が、証券市場では得ることのできない特殊な情報を生産できる能力がある場合、銀行が情報生産を行わないと銀行の資産価値が下がるような状況を作り出すことで、銀行による情報生産が行われ、情報の信頼性の問題と占有の問題を同時に解決できる可能性があることを指摘している。また、Boyd and Prescott（1986）は、借り手の質に関する逆選択の問題が存在する場合、複数の貸し手が資金を出して連合体を形成して、その連合体が預金を受け入れると同時に、借り手を審査することで、銀行組織と同じ活動を行うことで、逆選択の問題を解決できることを示している。その他にも、リレーションシップバンキングに関する研究の中でも、銀行と企業との長期的かつ継続的な取引関係が、上で述べたような情報生産に関する問題点を解決するために有効であることが示されている[12]。

　最後に、監視者の監視の問題について、Diamond（1984）は、銀行は多数の貸出債権を保有しているため、銀行のポートフォリオ規模が無限大になると「分散化の利益」が働き、預金者に対して常に一定の収益率を保証できるという結果をモデルで示している。この結果は、預金者が、一定の収益率を保証されることで銀行をモニターする必要がなくなることを意味しており、監

11　企業金融の分野において、Jensen and Meckling（1976）は、企業の資本構成における内部者（経営者と従業員）の持ち分比率が高くなるほど、経営者によるモラルハザードが起こりにくくなり、エージェンシー費用が小さくなることを示している。

12　リレーションシップバンキングに関する議論については、*Journal of Financial Intermediation*, Vol.9, No.1, 2000年の特集号の中に収められたBoot（2000）の展望論文およびBoot and Thakor（2000）を参照のこと。

視者の監視の問題が起きなくなることを意味している。

3.3 ▸消費平準化と流動性供給機能

　銀行は、預金者に対して要求払い預金を発行することで、流動性を供給することのできる唯一の経済主体である。Bryant（1980）や Diamond and Dybvig（1983）は、銀行の発行する要求払い預金が、各消費者が直面する流動性リスクに対する保険として機能することで、「異時点間の消費平準化」機能を果たす役割があることを示した。ここでは、個々の消費者が直面する流動性ショックが個別リスクであるため、銀行が多数の預金を保有することで、流動性リスクの分散化を図ることが可能になる。

　その他にも、銀行に限らず、証券市場も流動性リスクに関する保険を提供できることを示した研究が存在する。Jacklin（1987）や Haubrich and King（1990）は、消費者が、転売不可能な要求払い預金を利用するのではなく、転売可能な株式を利用して配当を受け取ることで、要求払い預金と同様の消費平準化と流動性リスクに関する保険を達成できることを示している[13]。

　さらに、流動性リスクに関する保険機能について、銀行と証券市場が同時に存在するケースを考えた研究も存在する。Diamond（1997）は、証券市場に参加する消費者が増加し、証券市場の「市場の厚み（$Market\ Depth$）」が増すことで、銀行が消費者に対して流動性リスクに関する保険を提供することが困難になることを示している。一方、Allen and Gale（1997）は、世代重複モデルを用いて、マクロショックなどの分散化不可能な集計リスクが存在する場合、消費者は、株式市場を用いて「世代間の消費平準化」を実現す

---

[13] その他にも、Diamond and Dybvig（1983）モデルの設定を変えると、消費平準化やリスクに対する保険機能を果たせなくなることを示したモデルが存在する。Hellwig（1994）は、Diamond and Dybvig（1983）モデルの中間期（第 1 期）に市場金利リスクが存在する場合には、金利リスクに関する最適なリスク分担が行えなくなることを示した。さらに、von Thadden（1998）は、預金者が証券市場を利用できる場合には、銀行が流動性リスクに関する保険を提供すると、中間期（第 1 期）における預金からの収益と、証券市場を利用して直接投資した場合に得られる収益との間で裁定が起こることで、銀行による流動性保険の提供機能が低下することを示している。

ることが不可能となるが、銀行の要求払い預金契約を利用することで、「異時点間の消費平準化」を実現できることを示している[14]。

銀行のみが発行できる要求払い預金は、現金通貨と同様、預金通貨として決済手段として機能することから、銀行は、預金者に対して流動性を供給できるという意味で「流動性供給機能」を果たしている。Freeman（1996）のモデルでは、債権者と債務者が空間的に分離して存在しており、債権者と債務者が決済を行うために清算機関で直接出会う必要があるケースで、債権者による貨幣の受け取りと債務者による貨幣の支払いのタイミングに時間的なズレが生じる場合には、清算機関が自ら民間の銀行券を発行し、その銀行券を用いて債権者と債務者との間で別々に決済に応じることで、流動性を供給できることを示している[15]。また、Gorton and Pennacchi（1990）は、銀行が、銀行の保有する分散化されたポートフォリオを利用して、要求払い預金というリスクのない負債を作り出すことで、情報を持たずに流動性ニーズのみで預金を引き出す預金者が、情報を保有しないことから生じる費用を負担することなく現金化できるようになるため、銀行が流動性を供給できることを示している。

その他にも、Holmstrom and Tirole（1998）は、借り手企業によるモラルハザード問題が存在するために、借り手企業が十分な資金需要を満たすことができない状況を考察している。借り手企業が投資を行った後に、流動性ショックに直面すると、追加的な流動性供給を受けられない場合、借り手企業の投資プロジェクトに関する非効率な清算が起きる。そこで、銀行が借り手企業に対してクレジットライン（与信枠）を設定し、借り手企業が直面する流動性ショックの条件付きの流動性を供給することで、借り手企業の流動性不足が解消され、非効率な投資プロジェクトの清算が起きないため、効率

---

14 その他にも、Fulghieri and Rovelli（1998）は、Diamond and Dybvig（1983）のモデルを世代重複モデルに拡張した上で、間接金融と直接金融という二つの異なる金融システムの下で生じる均衡消費配分を求め、それらの厚生経済学的な特性に関する分析を行っている。

15 1838年から1863年の米国における自由発券制度時代には複数の民間銀行券が流通していたが、銀行破綻が頻発した（いわゆる山猫銀行の存在）ため、政府による不換紙幣の流通が促進されることになった。

的な資金配分が実現する。

3.4 ▶ コミットメント手段の提供機能

　金融取引を行う際、取引当事者の限定合理性や契約の不完備性が原因となり不完全なコミットメントの問題が起きるが、銀行は、要求払い預金を発行することでコミットメント手段を提供することが可能になる。Calomiris and Kahn（1991）は、銀行が提供する要求払い預金の持つ「先着順支払いルール（*First-Come-First-Served Rule*）」あるいは「逐次サービス制約（*Sequential Service Constraint*）」という特徴が、預金取付けを引き起こす可能性のあることから、そのような銀行資本構成の脆弱性が、銀行経営者に対してモラルハザードを起こさないインセンティブを与えることができると考えた。

　さらに、Diamond and Rajan（2001）は、銀行のみが発行できる要求払い預金が持つ逐次サービス制約という特徴が、預金取付けのように銀行の脆弱性を高めるという負の側面ではなく、銀行経営者を規律付けるために有効な機能を果たすという正の側面に焦点を当てた議論を展開している[16]。Diamond and Rajan（2001）は、Hart and Moore（1998）による負債に関する不完備契約理論のアイデアを発展させ、借り手が、自分の資産価値を高めるような関係特殊的投資を行う場合に、ホールドアップ問題が起きるケースを考察している。借り手が関係特殊的投資を行った時点で、借り手の資産が非流動的になるが、借り手は、将来、貸し手から資金を引き揚げると脅されることを恐れて、関係特殊的投資を抑制するという非効率性が起きる。そこで、銀行は、預金取付けの起きる可能性のある要求払い預金を発行し、銀行自身を預金取付けのリスクに晒すことで、借り手に対して銀行がホールドアッ

---

[16] Diamond and Rajan（2001）では、投資プロジェクトの清算価値に不確実性がないケースが考察されている。さらに、銀行の自己資本は 0 と仮定していたため、銀行資本の役割を明示的に分析していなかった。これに対して、Diamond and Rajan（2000）は、投資プロジェクトの清算価値が不確実なケースを考え、銀行が預金だけでなく資本を保有することの経済的意義について分析している。ここでは、銀行資本は、清算価値が低かった場合に再交渉を行うためのソフトな請求権としての機能を果たすことが示される。

プ問題を起こさないことにコミットできる。

最後に、Dewatripont and Maskin（1995）は、「銀行中心型金融システム」よりも「資本市場中心型金融システム」の方が、追加融資を行わないという貸し手の「脅し」の信憑性がより有効に機能することから、借り手による金融システムの選択が、企業家の投資計画期間の選択に影響を与えることを示した[17]。「資本市場中心型金融システム」では、多数の債権者が存在するため、債権者間での利害調整が困難である。したがって、再交渉を実行するための取引費用が膨大となるため「ハードな予算制約」が成立することから、企業は短期的に収益のあがるプロジェクトを選択する傾向がある。一方、「銀行中心型金融システム」においては、少数の銀行が債権者であることから、債権者間での利害調整が比較的容易なため、再交渉を実行するための取引費用は小さくなる。言い換えれば、仮にプロジェクトが失敗しても、再交渉により簡単に追加的貸出を受けられることから、「ソフトな予算制約」が生じる可能性が高くなる。したがって、企業が長期のプロジェクトを選択する傾向が強くなる。このように、資金調達における金融システムの選択は、投資家の脅しの信憑性に関するコミットメントの有無を通じて、企業家が選択する投資プロジェクトの計画期間に影響を与えるのである。

3.5 ▶ 資金調達手段における銀行貸出の優位性

現実の経済において企業が資金を調達する手段には、銀行貸出のような相対型の負債だけでなく、社債のような市場型の負債、株式、あるいは内部資金などの手段も存在する[18]。1980年代の銀行理論では、CSV モデルを用いた負債契約の誘因最適性に注目し、資金調達手段における銀行貸出の優位性

---

[17] von Thadden（1995）は、Dewatripont and Maskin（1995）と同様の問題意識の下で、再交渉の可能性が企業家の投資期間（短期・長期）の選択に与える影響を分析している。

[18] 例えば、1980年代後半のバブル期の日本では、転換社債やワラント債の発行残高が急増したし、バブル経済崩壊後の1990年代も、大企業を中心として普通社債の発行残高が増加傾向にあった。さらに、2000年代前半の日本では、大企業だけでなく新興企業による株式公開のブームが起きた。

を明らかにするものが多かった[19]。そこでは、企業の資金調達手段における銀行貸出の便益のみが強調されていたが、銀行貸出の費用を同時に考慮することで、銀行貸出だけではなく、社債などの市場型負債や、負債以外の株式や内部資金が用いられる理由を理論的に明らかできる。

以下では、銀行貸出の優位性について分析した研究について、(1) 銀行貸出と社債、(2) 銀行貸出と株式、をそれぞれ比較した研究内容について概観する[20]。

(1) 銀行貸出と社債

まず、銀行貸出だけよりも銀行貸出と社債が併存している方が、資金配分の効率性がより高まるという意味での「金融証券の補完性」を主張した議論がある。Seward (1990) は、企業家がどれぐらいの資本を投入したかという行動を投資家からは観察不可能である（モラルハザード）と同時に、投資家が投資プロジェクトのキャッシュフローの一部を観察不可能である（逆選択）という環境の下では、銀行貸出だけよりも、銀行貸出と社債が併存した負債構成の方が、資金配分の効率性が高くなることを示した。その理由は、複数の情報の非対称性問題がある場合、それに応じて金融証券の種類を増やすことで、企業の投資インセンティブを誘導することが容易になるためである。

Seward (1990) のモデルでは、生産技術以外の企業家の特性は同質的であると想定されているが、次に紹介する二つのモデルは、「評判」や「自己資本」から企業家の異質性を考慮した分析を行っている。

まず、Diamond (1991a) は、信用市場における企業家の「評判」に着目した分析を行っている[21]。このモデルにおける評判の意味を理解するために、次

---

[19] その他にも、CSV モデルを用いて、負債契約に関するミクロ的基礎付けのある「信用割当理論」の研究が進んだ。代表的な研究として、借り手のタイプに関する契約前の（事前的な）非対称情報に着目した Stiglitz and Weiss (1981) や、借り手の投資成果に関する契約後の（事後的な）非対称情報に着目した Williamson (1987) がある。

[20] 資金調達における銀行貸出の優位性に関する問題は、銀行貸出を中心とした間接金融と、資本市場を中心とした直接金融との「比較金融システム」に関する研究と密接に関係している。比較金融システムの研究内容を展望した文献には Hellwig (1991)、Allen (1993)、Thakor (1996)、および Allen and Gale (1999) がある。

の例を考えてみる。

　2期間モデルを考え、同じプロジェクトが2期間繰り返されるとする。投資プロジェクトは、成功確率が高いが収益の低い「ローリスク・ローリターン」タイプと、成功確率が低いが収益の高い「ハイリスク・ハイリターン」タイプの2種類が存在する。企業家の総人口を1に基準化すると、総人口の一定比率の企業家がローリスク・ローリターン・タイプのプロジェクトを選択し、残りの企業家はハイリスク・ハイリターン・タイプのプロジェクトを選択すると仮定する。第1期が終了した時点で、第1期にプロジェクトが成功したかどうかが公開情報となり、これを基準にして外部投資家は次期の成功確率を予測する。第1期に成功した（または失敗した）企業が第2期にも成功する条件付き確率は、1期のみの成功確率よりも高く（または低く）なる。つまり、最初に成功した企業は市場に認知され、次期に成功する可能性を高く評価されるという意味で、「良い評判」を得ることができるのである。市場で良い評判を得た企業は、将来、市場からモニターされる必要がなくなるので、モニタリングにかかる費用を加味した資本コストの低い「社債（モニターのない負債）」で資金を調達する一方で、悪い評判を得た企業は、市場からモニターされる必要があるため、モニタリングにかかる費用を加味した資本コストの高い「銀行貸出（モニターのある負債）」で資金を調達することになる。

　次に、Holmstrom and Tirole (1997) は、借り手企業の「自己資本」の大きさに着目した分析を行っている。このモデルを単純化して説明すれば、以下のようになる。プロジェクトを実行するために必要な資金量（I）が一定で、企業の自己資本水準（A）が、ある確率密度関数に従い連続的に分布していると仮定する。プロジェクトを実行するために必要な資金量が、常に自己資本を上回ると仮定すれば、自己資本水準が A の企業は、資金の不足分（$I-A$）を他人資本（D）で調達する必要がある。ここで、他人資本で調達可能な資

21　ただし、Diamond (1989) では、負債市場における評判形成のモデルを分析しているが、銀行貸出と社債との選択は考慮されていない。Diamond (1991b) は、負債の満期構成（短期または長期）と流動性リスクの関係を分析している。また、Diamond (1993) は、負債の優先権に関する Hart and Moore (1995) の分析をさらに発展させ、負債の満期構成と優先権との関係について分析している。

金量の上限 ($\bar{D}$) は、企業のプロジェクト選択に関するインセンティブや、銀行によるモニタリング・インセンティブから影響を受ける。例えば、企業が銀行貸出を用いて資金調達する場合には、銀行によるモニタリングを通じて、企業家のモラルハザードを抑制できるという便益がある一方、モニタリングに必要な経費を銀行が負担しなければならないという費用がかかる。

　企業と銀行のインセンティブを考慮して最適契約を求めると、ある条件の下では、銀行貸出量の上限 ($\bar{D}_m$) の方が社債発行量の上限 ($\bar{D}_u$) よりも大きくなる ($\bar{D}_m > \bar{D}_u$) ことを示すことができる。仮にこの関係が成立するならば、プロジェクトを実行するために必要となる最低自己資本水準 ($\underline{A} = I - \bar{D}$) は、銀行貸出よりも社債の方が大きくなる ($\underline{A}_m < \underline{A}_u$)。したがって、高水準の自己資本を持つ ($\underline{A}_u < A$) 企業は、資本コストの低い社債で資金調達し、中間水準の自己資本を持つ ($\underline{A}_m < A < \underline{A}_u$) 企業は、可能な限り社債を発行した後の不足分を資本コストの高い銀行貸出を用いて調達し、低水準の自己資本を持つ ($A < \underline{A}_m$) 企業は、資金調達を行えない、という結論が得られる。

　上記の議論は、完備契約を用いた分析で、契約の不完備性は考慮されていなかった。しかし、長期的な金融取引などで契約が不完備になる場合には、不完全なコミットメントから「再交渉」や「ホールドアップ」などの問題が生じる可能性がある。特に、金融取引において事後的な再交渉が合意に到達するかどうかは、企業の発行する負債の種類に依存する。銀行貸出の場合、債権者は少数の取引銀行に集中しているため、再交渉が比較的容易であるのに対して、社債の場合、債権者は多数の投資家に分散化しているため、再交渉は困難となるからである。

　Rajan (1992) は、このような再交渉の実現可能性に加えて、銀行貸出と社債とでは、貸し手が借り手の私的情報にアクセスできる程度に差があることに着目して、銀行貸出と社債の選択問題を考察している。企業が銀行貸出で資金調達した場合、銀行はモニタリングを通じて取引先企業の内部情報にアクセスできるのに対して、社債で調達した場合には、社債保有者は公開情報しか手に入らない。したがって、銀行貸出は、企業の私的情報にアクセスすることを通じて企業の「資産代替モラルハザード」を抑制できるという便

益がある一方で、再交渉を行う際に、銀行が企業家に対して金利の引き上げなど不利な貸出条件を提示する「ホールドアップ」問題が生じるという費用がかかる。したがって、これらの費用便益をバランスさせる水準に、借り手が最適資本構成を決定することになる。

(2) 銀行貸出と株式

次に、銀行貸出と株式を比較した研究を紹介する。Dewatripont and Tirole (1994a) は、不完備契約の下でのコントロール権限の最適配分という観点から負債契約の最適性を示した Aghion and Bolton (1992) モデルをさらに発展させ、資金調達を行った企業の経営者がモラルハザードを起こす可能性があるケースで、経営者にセカンドベストの経営努力水準を選択させるインセンティブを与える手段としての資本構成の役割を考察した[22]。以下では、このモデルの概要を説明する。

経営者と投資家(債権者または株主)が存在し、以下で説明するようなタイミングを持つ3期間モデルを考える。第1期に、企業の資本構成と決定権限の配分が決められる。第2期の期初に、企業家は、一定の非金銭的コストを負担して「高い」か「低い」かいずれかの努力水準を選択する。第2期の期中に、プロジェクト・キャッシュフローの一部 (v) と、第3期に実現するプロジェクト成果に関するシグナル (u) が公開される。キャッシュフロー (v) とシグナル (u) は、すべての経済主体間で公開情報となるが、キャッシュフロー (v) は立証可能であるのに対して、シグナル (u) は立証不可能であるという違いがある。第2期末に、投資家が、企業を「存続させる」または「清算させる」のいずれかを選択する。第3期に、存続されたプロジェクトが完了し、投資成果が経済主体間で分配される。

企業家による努力水準の選択は、シグナルの生起確率に影響し、「高い」努力水準を選んだほうが、より大きい値のシグナルが起こる確率が上がると想定されている。プロジェクトの純現在価値が0となるシグナルの臨界値を $\hat{u}$

---

[22] Dewatripont and Tirole (1993, 1994b) は、これと同様のモデルを用いて、銀行規制に関するインセンティブ理論を分析している。

と定義すると、仮に第2期の収益分布に直接影響を与えるシグナル u に依存した完備契約を書くことができるならば、$u > \hat{u}$ である限り企業を存続させることで、事後的に効率的な意思決定を行うことができる。しかし、仮定より u は立証可能でないため、立証可能な間接的シグナル v に依存して意思決定を行わねばならず、事後的な非効率性が生じることになる。

そこで、企業経営者の誘因両立（IC）条件を満たしながら、非効率な存続・清算の意思決定から生じるコストを最小化するようなインセンティブ計画を導出すると、プロジェクトを存続させることが事後的に効率（$u > \hat{u}$）にも関わらず、清算を選択する（過剰清算効果）、または清算することが事後的に効率（$u < \hat{u}$）にも関わらず、存続を選択する（過剰存続効果）ことに事前にコミットした最適インセンティブ計画が得られる。

このように逆の効果を持つ最適インセンティブ計画は、単一の金融証券のみで実行することは困難であるが、株式と負債というペイオフ構造の異なる二つの証券を最適に組み合わせることで、実行可能となる。つまり、株式契約のペイオフは収益に関して凸関数となるのに対して、負債契約のペイオフは収益に関して凹関数となるため、第2次確率優位の意味で収益分布の分散が大きくなるほど、株式の期待ペイオフが上がるが、負債の期待ペイオフは下がる。したがって、株式はより存続指向な証券であるのに対して、負債はより清算指向な証券であることから、両者を適切に組み合わせることで、逆の効果を持つインセンティブ計画を実行することが可能になる。

Dewatripont and Tirole（1994a）は、立証可能なキャッシュフローの一部が、ある臨界水準 $\hat{v}$ よりも大きければ（$v > \hat{v}$）、株式保有者に決定権限を与える一方で、ある臨界水準よりも小さければ（$v < \hat{v}$）、負債保有者に権限を与えるという決定権限の配分により、最適インセンティブ計画を実行することが可能となることを示した。つまり、不完備契約の下では、企業経営者のモラルハザードと投資家の非効率なプロジェクトの清算から生じるコストを最小化する水準に、最適な負債と株式の比率が決定されることになる。

4 証券化は銀行組織の経済機能を変えたのか

　伝統的な組成保有型モデルから、証券化を利用した組成販売型モデルへと銀行ビジネスモデルが変化した結果、前の第3節で概観したような伝統的な銀行組織の経済機能に関する理論的な研究内容は、どのように修正されるのであろうか。

　本節では、第3節で取りあげた資産変換とリスク分担機能、モニタリングと情報生産機能、消費平準化と流動性供給機能、コミットメント手段の提供機能、および資金調達手段における銀行貸出の優位性、という五つの観点から、上記の問題について考察する。

　第1に、資産変換とリスク分担機能について考える。まず、伝統的な組成保有型モデルの下では、銀行は、貸出契約と預金契約を同時に提供できる立場を利用して、最終的借り手に固有のリスク性質を持つ本源的証券を、最終的貸し手が購入しやすいリスクの性質を持つ間接証券に変換し、経済主体間での最適なリスク再配分を実現することを通じて、「リスク分担機能」を果たしてきた。しかし、組成販売型モデルの下では、第2節の中で議論したように、貸出債権を証券化する過程で、銀行は貸出債権を組成する役割（オリジネーション機能）しか果たしておらず、銀行単独では資産変換を行っていない点が重要である[23]。

　組成販売型モデルの下で資産変換を行う経済主体は、銀行から貸出債権を譲渡される SPV である。SPV のバランスシートを見ると、資産側には銀行から譲渡された複数の貸出債権があり、負債側には投資家に販売する資産担保証券を保有している。SPV の役割は、倒産隔離によりオリジネーターがデフォルトするリスク（発行体リスク）を遮断することで、純粋に原債権から得られる将来キャッシュフローの変動リスクに限定することを可能とし、優先劣後構造を利用して異なるリスク・クラスの間接証券に資産変換すること

---

[23] ただし、SPV は銀行の関連会社であることが多いことから、銀行と SPV が一体となって資産変換を行っていると考えられる。

にある[24]。

ただし、組成保有型モデルと組成販売型モデルでは間接証券のタイプが異なる点に注意が必要である。前者では、間接証券である預金証書の性質は「負債型＋相対型」であるのに対して、後者では、間接証券にあたる資産担保証券の性質が「株式型＋市場型」となる。そのため、組成販売型モデルにおいて、原資産である貸出債権の価値が変動することから生じる金融リスクを負担する経済主体は、銀行ではなく、資産担保証券を購入した投資家になる。これは、銀行がリスク負担機能を果たさなくなることを意味する。

第2に、モニタリングと情報生産機能について考える。伝統的な組成保有型モデルの下では、銀行は、審査活動などの事前的モニタリングや、債権保全活動などの事後的モニタリングなどの「情報生産機能」を果たすことで、最終的な資金の貸し手と最終的な資金の借り手との間の情報の非対称性の問題をある程度緩和することができると考えられていた。しかし、組成販売型モデルの下では、銀行は貸出を実行する際に借り手を審査することから事前的モニタリングは行うが、貸出債権を組成した後、貸出債権を SPV に転売することから、銀行が慎重にモニタリングを行うインセンティブが低下すると考えられる。さらに、貸出実行後の債権保全活動などの業務については、サービサーなどの債権回収専門業者や、将来キャッシュフローの予想については格付け機関や証券アナリストが行うため、銀行は事後的モニタリングを行わなくなる。

つまり、組成販売型モデルの下では、銀行の情報生産機能は著しく低下することになる。Diamond（1984）は、預金者に代わり銀行が借り手の事後的モニタリングを行える点、つまり「代理モニタリング」を行える点に銀行の存在意義を求めていたが、組成販売型モデルの下では、投資家に代わり貸出債権の回収などの事後的モニタリングを行う主体は、格付け機関や証券アナリストなどの情報生産企業に移ることになる。

第3に、消費平準化と流動性供給機能について考える。伝統的な組成保有型モデルの下では、Diamond and Dybvig（1983）が示したように、銀行は、

---

[24] 深浦（2003）は、債権流動化における SPV の役割に関する理論的な分析を行っている。

預金者に対して要求払い預金を提供することで、預金者が直面する流動性リスクに対する「保険提供機能」や、「流動性供給機能」を果たしていると考えられていた。

　一方、組成販売型モデルの下では、銀行は、貸出債権を SPV に譲渡し資金を回収することで、銀行資産に占める流動性資産の比率を高めることができる。これはアセットファイナンスとも呼ばれるが、銀行の資産負債管理における流動性の不一致を解消し、預金者に対する流動性供給機能をより強化することが期待できる。そのためには銀行が貸出債権を即座に現金化できることが鍵になるが、サブプライム金融危機が起きた時のように、証券化商品の需要が低迷すると、貸出債権の現金化が困難となることが予測される。この場合には、銀行による流動性供給機能は低下することになる。

　さらに、消費経路の平準化については、証券化スキームにより、実質的に、銀行貸出が「負債型＋相対型」の要求払い預金ではなく「株式型＋市場型」の資産担保証券でファイナンスされるようになると、最終的貸し手の取り分がリスクに応じて変動するため、銀行が消費平準化手段を提供できなくなると考えられる。

　第4に、コミットメント手段の提供機能について考える。金融取引を行う際、取引当事者の限定合理性や契約の不完備性が原因となり、再交渉やホールドアップ問題のような不完全なコミットメントの問題が起きる。本章の第3節第4項に出てきた Calomiris and Kahn（1991）や Diamond and Rajan（2001）のモデルが示していたように、銀行は、預金取付けの危険性のある要求払い預金を自ら発行することで、借り手に対して再交渉やホールドアップ問題を起こさないことにコミットする手段を提供することが可能になる。このような不完全なコミットメント問題が生じる前提条件は、借り手と銀行が長期的な取引関係を結ぶ点にある。

　しかし、組成販売型モデルの下では、銀行は貸出債権を譲渡するため、基本的に銀行と借り手との間の取引関係は短期になる。したがって、組成販売型モデルにおいては、再交渉やホールドアップ問題が起きにくくなる。さらに、銀行が貸出債権を短期間で資金化できることから銀行資産に占める流動資産の比率が上がることで、銀行が預金取付けに対応しやすくなることから、預

金取付けの脅しが効きにくくなる。つまり、組成販売型モデルの下では、銀行が借り手に対してコミットメント手段を提供することは困難になると考えられる。

　第5に、資金調達手段における銀行貸出の優位性について述べる。第2節の中で述べたように、銀行貸出は「負債型＋相対型」の金融取引であることから、組成保有型と組成販売型の両モデルにおいて、最終的借り手と銀行との間の貸出契約自体の証券としての性質に違いはない。しかし、銀行が貸出債権を保有する期間については、組成保有型モデルでは長期のリレーション型取引となるのに対して、組成販売型モデルでは短期のトランザクション型取引になるという違いがある。貸出期間が長期化するほど、追い貸しや救済融資などの「ソフトな予算制約」の問題が起き易くなるのに対して、組成販売型モデルでは貸出期間が短期化することから、「ハードな予算制約」が成立し易くなるといえる。

　上記の議論では、最終的借り手と銀行の間の銀行貸出契約のみを考えたが、証券化スキームを利用した銀行貸出について考えると、社債や株式などの他の資金調達手段との間で銀行貸出の優位性にどのような変化が起きるであろうか。まず、「証券化を利用した銀行貸出」と社債を比較すると、組成販売型モデルの下では、銀行の貸出債権は証券化された後に資産担保証券として市場で取引され、不特定多数の投資家に保有される。このように投資家の数が増えると、情報生産に関するフリーライダー問題が発生し、最終的貸し手によるモニタリングが充分働かなくなるため、最終的借り手のモラルハザードがより起き易くなることが予想される。

　他方で、「証券化を利用した銀行貸出」と株式を比較すると、組成販売型モデルの下では、「負債型＋相対型」の本源的証券である貸出債権は、「株式型＋市場型」の間接証券である資産担保証券に変換されるため、「証券化を利用した銀行貸出」は証券化スキーム全体では株式志向の強い証券として最終的貸し手に保有されることになる。第2節の中で紹介した Dewatripont and Tirole (1994a) のモデルでは、株式はより存続指向な証券であるのに対して、負債はより清算指向な証券であることから、株式と銀行貸出を適切に組み合わせることで、借り手がよりリスクの高いプロジェクトを選択するモラルハザー

表 2-1 組成保有型モデルと組成販売型モデルにおける銀行の経済機能の違い

銀行の経済機能	組成保有型モデル	組成販売型モデル
1. 資産変換機能とリスク分担機能	・銀行が本源的証券(負債・相対型)を間接証券(負債・相対型)へ資産変換 ・銀行がリスク負担	・銀行は資産変換を行わない ・SPV が本源的証券(負債・相対型)を間接証券(株式・市場型)へ資産変換 ・投資家がリスク負担
2. モニタリングと情報生産機能	・事前的モニタリング(審査)と事後的モニタリング(債権保全)を共に銀行が行う	・事前的モニタリングは銀行が行う(銀行のモニタリング・インセンティブが下がる) ・事後的モニタリングは債権回収専門会社や格付け機関が行う
3. 消費平準化と流動性供給機能	・銀行が消費平準化手段を提供 ・銀行が流動性を供給	・銀行は消費平準化手段を提供しない ・銀行の流動性供給は増える場合と減る場合がある
4. コミットメント手段の提供機能	・借り手に対するホールドアップ問題に対するコミットメント手段を提供できる ・預金取付けの脅しが効くため、銀行経営者のモラルハザードが起きにくい	・借り手に対する貸出期間の短期化によりホールドアップ問題が起きにくい ・銀行の流動性資産が増えることで、預金取付けの脅しが効きにくいため、銀行経営者のモラルハザードが起き易い
5. 銀行貸出の優位性	・リレーション型貸出 ・ソフトな予算制約 ・借り手のモラルハザードが起きにくい	・トランザクション型貸出 ・ハードな予算制約 ・証券化スキーム全体では借り手のモラルハザードが起き易い

ドを起こすインセンティブを抑制することが可能になることが示された。この解釈に従うと、組成販売型モデルでは、最終的借り手がよりリスクの高い投資を選択するインセンティブが働くため、最終的借り手のモラルハザードがより起き易くなることが予想される。

最後に、以上の考察結果を表 2-1 にまとめておく。

5 結論

　本章では、米国のサブプライムローン問題の背景とサブプライム金融危機の経緯を概観した後に、銀行ビジネスモデルが、従来から存在する組成保有型モデルから、証券化を利用した組成販売型モデルへと変化したことで、銀行の経済機能をいかに変化させたのかという問題を考察した。伝統的には、銀行の存在意義は、金融取引から生じる不確実性、情報の非対称性、および契約の不完備性という三つの問題から生じる取引費用を低減し、効率的な資金配分を実現する点にあると考えられていた。しかし、本章の考察から明らかになったように、大銀行のビジネスモデルが証券化を利用した組成販売型モデルへと変化したことで、伝統的に銀行が果たしてきた経済機能の内容を大きく変化させることとなった。それと同時に、銀行と借り手の関係は、従来のような関係重視（リレーション）型から、取引重視（トランザクション）型へと変容したため、伝統的に銀行が比較優位を持つと考えられてきた、リスク負担能力や情報生産能力の優位性、あるいは社債や株式などの他の資金調達手段と比べた銀行貸出の優位性が低下したと考えられる。

　とりわけ、資産変換機能の担い手が銀行から SPV などの影の銀行業に移り、最終的貸し手に提供される間接証券の性質が、「負債型＋相対型」から「株式型＋市場型」に変化したことから、本源的証券のリスクを負担する担い手が、銀行から投資家に移った点が重要である。このように、組成販売型モデルが発展したことで、本源的証券の持つ非システマチックな「個別リスク」を経済全体で広く薄く負担する仕組みができた点は高く評価できる。しかし、サブプライム金融危機の中で明らかになったように、経済内部でシステマチックな「集計リスク」が起きた場合には、集計リスクを負担する経済主体が政府以外に存在しなくなってしまうという問題が生じてくる。したがって、経済内部で集計リスクを負担する手段として、中央銀行による流動性供給である「最後の貸し手（LLR）」機能の強化と、中央銀行と政府が協力して行う「マクロプルーデンス政策（$Macro\text{-}Prudential\ Policy$）」の適切な運営が、今後、より一層重要になることが期待される。

第 3 章

担保価値割引率リスクと資金流動性

1 はじめに

2007～09年に起きたサブプライム金融危機の特徴の一つは、サブプライムローンなどの低格付けのローン担保証券市場やレポ市場において流動性が枯渇するという流動性危機が起きたことである。流動性の概念については、「資金流動性」と「市場流動性」の二つに区別して考える必要がある。資金流動性とは、「投資家による資金調達の容易さ」を意味する一方、市場流動性とは、「投資家による資産売買の容易さ」を意味する。サブプライム金融危機では、資金流動性と市場流動性が相互に関連しながら負の流動性スパイラルに陥り、流動性危機に至ったのである。

証券化銀行業（$Securitized\ Banking$）とは、ローン債権を証券化した上でローン担保証券などの証券化商品として販売すると同時に、証券化商品を担保にレバレッジを効かせて資産担保コマーシャルペーパー（$ABCP$）やレポなどの短期金融市場を通じて資金を借換えることによって資金調達を行う、投資銀行などの金融機関のことである[1]。サブプライム金融危機では、米国の住

---

1 Gorton and Metrick (2012a) は、証券化された債権を担保にしてレポ取引を通じて資金調達を行う金融機関のことを「証券化銀行業（$Securitized\ Banking$）」と定義している。具体的には、投資銀行やヘッジファンドなどのプロの投資家のことを指しており、これらの金融機関は「影の銀行業（シャドーバンキング）」とも呼ばれる。

宅ローンに関する信用不安がローン担保証券の市場価格の下落に繋がり、そのことが時価会計を通じて証券化銀行業の自己資本を毀損したことで、証券化銀行業の資金流動性の悪化を招いた。さらに、この資金流動性の悪化が引き金となり、証券化銀行業に対する信用格付けの引き下げや、レポ取引時に要求される担保価値割引率や証拠金の上昇を招いた結果、証券化銀行業がレバレッジの巻戻しと資産の投売りを行い大規模なバランスシート調整を行ったことで、市場価格がさらに暴落し、市場流動性が枯渇するという事態を招いたのである[2]。

Brunnermeier（2009）によると、証券化銀行業は以下の三つの資金流動性リスクに直面する。第1に、証券化銀行業は、購入した資産を担保にして頻繁に短期資金の借換えを行っているが、資金の借換えができなくなる「借換えリスク」の存在、第2に、レポ取引における担保価値割引率（または証拠金）が上昇すると資金調達コストが上がる「担保価値割引率リスク（または証拠金リスク）」の存在、第3に、銀行からの預金流出や投資ファンドからの資金回収（または資産償却）により資金流動性が不足する「資金回収リスク（または償却リスク）」の存在である[3]。

Gorton and Metrick(2010a)は、担保価値割引率リスクに注目し、サブプライム金融危機の間に起きた担保価値割引率の急激かつ大幅な上昇が、証券化銀行業のレバレッジの巻戻しと資産の投売りを引き起こした原因であり、担保価値割引率の上昇により「レポ取付け（*Repo Run*）」が起きたと論じている。レポ取引において資金の貸し手が担保価値割引率を決める際に重要な要素は、レポ取引において資金の借り手がデフォルトする確率と、実際にデフォルトが起きた場合にレポ取引の担保証券を流通市場で処分することで得られる貸出資金回収率の二つである。Krishnamurthy（2010b）は、サブプライ

---

[2] He, Khang and Krishnamurthy（2010）は、サブプライム金融危機時におけるバランスシート調整の特徴として、レポ取引で資金を調達していた投資銀行やヘッジファンドの資産規模が減少した一方で、預金で資金調達していた商業銀行の資産規模が増加したという事実を指摘している。

[3] 資金の貸し手のリスク管理のために、資金の借り手が担保に差し入れる資産の市場価格よりも資金調達できる金額の方が小さくなるが、この差額のことを「担保価値割引率（ヘヤーカット）」あるいは「証拠金（マージン）」と呼ぶ。

ム金融危機が起きている間、レポ取引の担保としてサブプライムローンなどの低格付けのモーゲージ担保証券が用いられていたこと、あるいはモーゲージ担保証券の流通市場の市場流動性が国債などと比べて低かったことが原因となり、レポ取引における資金の貸し手の信用リスク不安が大きくなった結果、担保価値割引率の大幅な上昇を招いたと述べている[4]。

レポ取引における担保価値割引率の上昇は、レポ取引を用いて短期債務を借換えることで資金調達を行っていた証券化銀行業の資金調達コストの上昇を招いたため資金流動性制約が厳しくなり、レバレッジの巻戻しによるレバレッジ比率の低下とローン担保証券の売却処分によるバランスシート調整が進んだ[5]。とりわけ、サブプライム金融危機の間、証券化銀行業のバランスシートの資産サイドにあるローン担保証券が時価評価により頻繁に値洗いが行われることで、証券化銀行業の自己資本が資産価格の変動から影響を受け易くなっていたことから、大規模なバランスシート調整が行われたのである。

本章の目的は、証券化銀行業がローン担保証券のファンダメンタル価値を高めるようなモニタリングを行う誘因を考慮したモデルを用いて、短期債務の借換えコストである担保価値割引率の上昇あるいは経済全体のレバレッジ化の進展が、レポ取引における資金の借り手の資金流動性や、ローン担保証券の市場均衡において成立する市場価格と市場流動性に及ぼす影響について、ミクロ的基礎付けのある経済モデルを用いて考察することである。

本章と先行研究の関係は、以下の通りである。資金流動性と市場流動性の

---

[4] Krishnamurthy (2010b) によると、2007年春からの2年間に、レポ取引の担保証券別の担保価値割引率は、米国短期国債担保が2％、米国長期国債担保が5％から6％でほぼ変わらなかったが、エージェンシータイプのモーゲージ担保証券では2.5％から8.5％、社債（Aマイナスまたは$A3$以上）で5％から20％、モーゲージ担保債務証書 CMO（AAA以上）で10％から40％、資産担保証券 ABS（AAまたは$Aa2$以上）で10％から35％へと、それぞれ上昇した。その他にも、Gorton and Metrick (2012a) によると、2008年秋にサブプライム関連の仕組み商品を担保としたレポ取引における担保価値割引率が100％まで上昇した。

[5] Adrian and Shin (2010) は、投資銀行部門における総資産成長率とレバレッジの成長率の関係を調べ、投資銀行部門では、時価評価を通じて資産が増加する好況期にはレバレッジが上がる一方、不況期にはレバレッジが下がるというアクティブなバランスシートの調整が行われており、バランスシートの大きさとレバレッジとの間にプロシクリカル（Pro-Cyclical）な関係があることを示している。

相互関連をミクロ的基礎付けのあるモデルを用いて分析した多くの研究がある[6]。例えば、Brunnermeier and Pedersen (2009) は、資金流動性の悪化から銀行による資産ポジションの解消が起こり、それが原因となり当該資産の市場流動性が低下し既存ポジションの損失拡大が発生することで、担保価値割引率や証拠金の上昇が起こり銀行の資金流動性がさらに悪化する、という負の流動性スパイラルが起きることをモデルで示している。その他にも、エージェンシー問題をミクロ的基礎付けに用いた研究も存在する。Acharya and Viswanathan (2011) は、Jensen and Meckling (1976) タイプの「資産代替モラルハザード」が存在するモデルを用いて、資金流動性と市場流動性の相互関係を考察している。

本章のモデルは Acharya and Viswanathan (2011) のモデルを基本として用いているが、このモデルと本章のモデルとの間には次の二つの違いがある。第1に、銀行の資金流動性を制約するミクロ的基礎として採用するエージェンシー問題の違いである。Acharya and Viswanathan (2011) では、「資産代替モラルハザード」を考慮しているのに対して、本章のモデルは Holmstrom and Tirole (1997) タイプの「モニタリングに関するモラルハザード」を考慮している[7]。第2に、Acharya and Viswanathan (2011) では、銀行が短期債務を借換える際に担保額まで資金を借入れることができると想定されているため、レポ取引における担保価値割引率が考慮されていなかったのに対して、本章のモデルでは、担保価値割引率を明示的にモデルに組み入れて、担保価値割引率の変化が、レポ資金の借り手である銀行の資金流動性や、ローン担保証券の流通市場における市場価格と市場流動性に与える影響を考慮し

---

6 流動性危機に関するミクロ的基礎付けのある理論的研究のサーベイとして、Gromb and Vayanos (2010)、Krishnamurthy (2010a)、Pedersen (2009) を参照されたい。また、この分野の最近の理論的研究としては、例えば、Acharya, Gale and Yorulmazer (2011)、Bolton, Santos and Scheinkman (2011)、Diamond and Rajan (2011)、He and Xiong (2012a, 2012b)、および Shleifer and Vishny (2010) などが挙げられる。

7 ただし、Holmstrom and Tirole (1997) のモデルでは、エージェントの私的便益を減らすことのできるモニタリング技術を考えているのに対して、本章のモデルでは、私的便益は考慮していないが、プロジェクトから得られるキャッシュフローの期待収益を高めることができる（費用を要する）モニタリング技術を考慮しているという違いがある。

ている。

　本章の以下の構成は、次の通りである。第2節では、モデルの設定を説明する。第3節では、ローン担保証券の市場均衡価格を導出する。第4節では、担保価値割引率の変化が、ローン担保証券の市場価格、資金流動性、および市場流動性に与える影響について比較静学分析を行う。さらに、実物経済変数と流動性スパイラルの関連を説明する。最後に、第5節で結論を述べる。

2 ｜ モデル

　第0期、第1期、および第2期からなる3期モデルを考える。この経済には、リスク中立的な多数の銀行が存在し、各銀行 i は $[0,1]$ 上で連続して分布していると仮定する[8]。また利子率は0であると仮定する。

　第0期における各銀行 $i \in [0,1]$ のバランスシート上には、資産サイドに額面金額1円に基準化した長期ローンが存在し、負債サイドに額面金額 D_i 円（$D_i > 0$）の短期債が存在する。銀行が保有する長期ローンは、同質的なプロジェクトに対するローン債権から構成され、各銀行間で長期ローン債権が生み出すキャッシュフローの大きさは同じであると仮定する。

　この長期ローン債権の貸出先であるプロジェクトは、第0期に1円の資金を投入すると、第1期と第2期の各期にキャッシュフローを生むが、その金額は不確実となり、第1期末には確実に1円となるが、第2期末には、プロジェクトが成功すれば Y 円（$Y > 0$）、失敗すれば0円となる。ここで、プロジェクトの成功確率を p、失敗確率を $1-p$ と表し、プロジェクトの成功確率 p は $1/2$ よりも大きい（$1 > p > 1/2$）と仮定する。

　第0期に、第 i 銀行が発行した短期債の額面金額 D_i 円は銀行毎に異なるが、第 i 銀行は、自行以外の第 j 銀行が発行した短期債の額面金額 D_j 円を観察できないと仮定する。第0期に発行された短期債は第1期に満期を迎えるため、各銀行は第1期中に既存の短期債を借換える必要がある。第1期に、

---

[8] 以下の本文中では「銀行」という用語を用いるが、ここで想定している銀行は、預金を取扱う商業銀行だけでなく、預金を取扱わない投資銀行なども含む点に注意する。

銀行が借換えに成功すれば銀行は存続し、貸出先のプロジェクトは第2期まで継続される一方で、銀行が借換えに失敗すれば銀行はデフォルトし、貸出先のプロジェクトは第1期に清算される。

第0期時点で短期債の発行額が大きい一部の銀行は、第1期に借換えリスクに直面することになる。借換えリスクに直面した銀行は、証券化を活用して長期ローン債権の一部を裏付け資産とするローン担保証券を作成し、そのローン担保証券を第1期初に開かれるローン担保証券市場で売却することで資金を調達し、その資金を短期債の借換えに必要な原資の一部に充てると仮定する。

第1期中に借換えに成功した銀行は、第1期末にコストC円($C > 0$)を負担してプロジェクトの「中間モニタリング」を行うかどうかを選択する。ここで、銀行による「中間モニタリング」とは、貸出先のプロジェクトが第2期に完成する前の中間段階にあたる第1期末に、貸出先への経営指導や与信管理の徹底などのモニタリング活動を銀行自らがコストを負担して行うことによって、プロジェクトから得られるキャッシュフローの純現在価値を高めることができる技術を指している。銀行が中間モニタリングを行えば、プロジェクトの成功確率が高くなる ($p = p_H$) 一方で、銀行が中間モニタリングを行わなければ、プロジェクトの成功確率が低くなる ($p = p_L$) と仮定する。以下では、プロジェクトの成功確率について $1 > p_H > p_L > 1/2$ が成立すると仮定し、プロジェクトの成功確率の差を $\Delta p \equiv p_H - p_L > 0$ と表す。

さらに、第2期にプロジェクトから生み出されることが予想される期待キャッシュフローの(第1期末時点での)純現在価値は、銀行が中間モニタリングを行った場合には正となる一方で、銀行が中間モニタリングを行わなかった場合には負になる ($p_H Y > 1 > p_L Y$) と仮定する。すなわち、第1期末に、銀行が中間モニタリングを行う場合、プロジェクトの期待キャッシュフローの純現在価値が正となるため、短期債の買い手は、第1期に新規発行される短期債を購入することで借換えに応じることができる一方で、銀行が中間モニタリングを行わない場合、プロジェクトの期待キャッシュフローの純現在価値が負となるため、短期債の買い手は第1期に発行される短期債を購入しないため、借換えに応じることができなくなる。

図3–1 モデルの構造

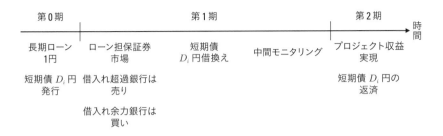

　第2期に、プロジェクト収益が実現し、銀行と短期債保有者との間で利得が分配される。モデルを単純化するために、銀行の貸出先であるプロジェクトを実施する経済主体は銀行自身がオーナーや出資者となっている関連企業であると仮定すると、各銀行は、自身とその貸出先の利得の合計の最大化を目指して行動するようになる。したがって、銀行 i の利得は、プロジェクトが成功した場合、実現したキャッシュフロー Y から短期債の額面 D_i 円を返済した残余金額 $Y - D_i$ (> 0) 円となる一方、プロジェクトが失敗した場合、プロジェクトから得られるキャッシュフローは 0 円となり、銀行のデフォルトが起きる。ただし、有限責任制よりデフォルトが起きた場合の銀行利得の大きさは 0 円になる。以上、モデルの構造を図にしたものが図3–1である。

　第1期末に、銀行 i が中間モニタリングを行うインセンティブを持つための誘因両立条件は、次の (3.1) 式で表される。

$$p_H(Y - D_i) - C \geq p_L(Y - D_i) \tag{3.1}$$

(3.1) 式を変形して、$\Delta p \equiv p_H - p_L > 0$ とおくと、次の (3.2) 式が得られる。

$$D_i \leq D^* \equiv Y - \frac{C}{\Delta p} \tag{3.2}$$

　(3.2) 式より、第1期末に銀行 i が中間モニタリングを行う誘因を持つためには、その銀行が発行した短期債の額面金額 D_i 円が、最大借入れ可能額（Debt Capacity）である D^* 円以下になる必要がある[9]。ここで、(3.2) 式の右辺を見ると、プロジェクトが成功した場合のキャッシュフロー水準 Y が

増加するか、中間モニタリングのコスト C が減少するか、あるいは Δp（つまり中間モニタリングを行った場合と行わなかった場合の間でのプロジェクト成功確率の差）が上昇するかのいずれかが起きると、銀行の最大借入れ可能額 D^* が増加することがわかる。このように、上記三つのいずれかのパラメーター変化が起きた場合、(3.2) 式の不等式が成立し易くなることから、より多くの短期債発行額の異なる銀行が中間モニタリングを行う誘因を持つようになる。

第 1 期末時点で評価すると、第 2 期に銀行がデフォルトを起こすことなく短期債の額面全額を償還できる場合に予想される短期債の期待返済額を $\rho_i \equiv p_H D_i$ 円と定義する。第 1 期末時点で、各銀行は、互いに他の銀行が発行した短期債の額面価値を観察できないと仮定したことから、各銀行による短期債の期待返済額は不確実な確率変数となる。そこで、以下では、短期債務の期待返済額 ρ_i は、すべての銀行間で独立かつ同一の確率密度関数 $g(\rho_i)$ と、分布関数 $G(\rho_i)$ に従う確率変数であると仮定する[10]。ただし、プロジェクトの期待純収益が正となることを保証するために、ρ_i は、下限値 $\underline{\rho} = 0$ と上限値 $\bar{\rho} \equiv p_H Y - C$ の間にある（$\rho_i \in [0, p_H Y - C]$）と仮定する。

第 1 期末に、ある銀行が発行した短期債の額面金額が D^* 円である場合、第 2 期に短期債が償還される際にこの銀行が支払う期待返済額は、$\rho^* = p_H D^*$ 円である。したがって、第 1 期末時点で、短期債の額面金額が D^* 円以下の状態（$D_i \leqq D^*$）にある銀行は中間モニタリングを行う誘因を持つため借換えに成功するが、短期債の額面金額が D^* 円よりも大きい状態にある（$D_i > D^*$）銀行は中間モニタリングを行う誘因を持たないため借換えに失敗する。以上のように、第 2 期の期待返済額 ρ^* の水準は、銀行が借換えに成功するかどうかの閾値となっており、期待返済額が ρ^* 円の時の短期債の額面金額 D^* 円は、中間モニタリングに関する銀行の誘因両立条件を満たす最大借入れ可能額に対応している。

9　(3.2) 式において、$D_i = D^*$ ならば、銀行 i が中間モニタリングを行うことと行わないことが無差別になるが、この場合は中間モニタリングを行うと仮定する。

10　各銀行の債務額 D_i は異なることから、$G(\rho_i)$ は経済全体における各銀行の短期債務額の分布と考えることができる。

短期債の期待返済額が最大期待返済額以下（$\rho_i \leq \rho^*$）の状態にある銀行は、中間モニタリングの誘因を損なうことなく、第1期の借換え時に短期債の期待額面金額を ρ^* 円まで増加させることができることから、この状態にある銀行のことを「借入れ余力のある銀行」と呼ぶことにする（以下、借入れ余力銀行という）。一方、短期債の期待返済額が最大期待返済額よりも大きい（$\rho_i > \rho^*$）状態にある銀行は、すでに発行された短期債の額面金額が大きすぎる借入れ超過（$Debt\ Overhang$）の状態にあるため、中間モニタリングを行う誘因を持たないが、このような状態にある銀行のことを「借入れ超過にある銀行」と呼ぶことにする（以下、借入れ超過銀行という）。

短期債の購入者（銀行に対する資金の貸し手）は、第2期におけるプロジェクトの期待純現在価値がマイナスとなることを予想して、第1期中に短期債の借換えに応じなくなるため、銀行は借換えに失敗しデフォルトが起きる。したがって、「借入れ超過銀行」が第1期中の借換えに成功するためには、第1期初の時点で、借換え可能となる短期債務の期待返済額 ρ^* 円を超過した部分の金額（$\rho_i - \rho^* > 0$）をゼロにする必要があるが、そのためには既存の短期債の期待返済額 ρ_i 円の水準を ρ^* 円まで引き下げる必要がある[11]。

本章のモデルでは、第1期初に、「借入れ超過銀行」が、この銀行が保有する長期ローン債権の一部にあたる $\beta \in [0, 1]$ 単位のローン債権を裏付けとしたローン担保証券を作成し、このローン担保証券を第1期初にローン担保証券市場で外部投資家に売却することで新規調達した資金を用いて、既存の短期債の額面金額の一部を圧縮するケースについて考察する[12,13]。

11　借入れ余力銀行は、レポ取引を用いてレバレッジを拡大することから「投資銀行」に対応し、借入れ超過銀行はレバレッジを圧縮することから、投資銀行以外の金融機関に対応している。

12　本章のモデルでは、ローン担保証券を発行するアセットファイナンスのケースを考察するが、本書第4章のモデルでは、短期債市場において短期債を直接売却するケースを考察している。

13　本章のモデルの中で、銀行が長期ローン債権の一部を証券化することでオフバランス化したとしても、このローン担保証券を新たな外部投資家が購入する限りは、原資産である長期ローン債権の所有者が変更されるだけで、長期ローン債権の貸出先であるプロジェクトが途中で清算されることはないと仮定している点に注意する。また、本章のモデルでは、短期債務の借換えのみに注目しており、銀行が証券化を利用して長期ローン債権の一部を

3 ローン担保証券市場

3.1 ▶ ローン担保証券の個別供給

　ローン担保証券1単位当たりの市場価格を q 円とすると、借入れ超過銀行は、長期ローン債権を1単位だけ証券化することで q 円の資金を得られる一方、長期ローン債権を1単位だけ手放すことにより最大期待借入れ可能額 ρ^* 円を失うという機会費用に直面する。したがって、借入れ超過銀行は、β 単位の長期ローン債権を証券化することで調達できる（機会費用を考慮した）純資金調達額 $(q-\rho^*)\beta$ 円が、既存の短期債の額面金額を借換え可能な水準まで減らすために必要となる金額 $\rho_i - \rho^*$ (>0) 円に等しくなるよう、証券化を用いて売却する長期ローン債権の単位 $\beta \in [0,1]$ を選択する。この時、証券化される長期ローン債権は $\underline{\beta}(\equiv (\rho_i - \rho^*)/(q-\rho^*) \in [0,1])$ 単位になる[14]。

　ただし、長期ローン債権を証券化した場合に得られる純資金調達額が、短期債が借換え可能となるための必要調達金額を下回れば $((q-\rho^*)\beta < \rho_i - \rho^*)$、借入れ超過銀行は借換えに失敗するため、この状態にある借入れ超過銀行は、より多くのローン債権を証券化しようとする。しかし、ローン担保証券の市場価格よりも既存の短期債の期待返済額が大きい状態にある $(q < \rho_i)$ 一部の銀行については、たとえローン担保証券の全額 $(\beta = 1)$ を売却できたとしても、短期債を圧縮するために必要となる必要調達金額のすべてを調達できない $(q-\rho^* < \rho_i - \rho^*)$ ために、借換えに失敗する。この場合に、第1期に、銀行が借換えに失敗しデフォルトが起きるため、長期ローン債権の貸出

オフバランス化することが、第2期における短期債務の期待返済額の大きさを決めるプロジェクトの成功確率やプロジェクト収益の大きさに影響しないと仮定した分析を行っている。厳密に言えば、長期ローン債権の一部を証券化によってオフバランス化することで、銀行が保有する長期ローン債権の元本の一部が減少するため、その分だけ第2期に銀行が受け取ることが予想される貸出先プロジェクトから得られる利得水準 $Y - D_i$ (>0) 円も減少するはずである。しかし、以下では、モデルの計算を単純化するため、長期ローン債権の証券化により銀行の利得水準は変化しないと仮定している。

[14] ここで、本章の中で後出する (3.9) 式より、$q > \rho^*$ が成立している点に注意する。

先であるプロジェクトは清算され、清算価値は1円になる。したがって、個別銀行によるローン担保証券の供給関数 $s_i(q)$ は、次の (3.3) 式で表される。

$$s_i(q) = \min\left[\frac{\rho_i - \rho^*}{q - \rho^*}, 1\right] \tag{3.3}$$

(3.3) 式から、$q > \rho_i$ ならば、借入れ超過銀行によるローン担保証券供給は、ローン担保証券の市場価格 q の減少関数となり、短期債の最大期待返済額である資金流動性 ρ^* の減少関数になる。一方、$q \leqq \rho_i$ ならば、借入れ超過銀行は清算され、清算されたローン債権1単位を証券化したローン担保証券が市場に供給される。

3.2 ▸ ローン担保証券の個別需要

第1期初に開かれるローン担保証券市場におけるローン担保証券の買い手は、既存の短期債に対する期待返済額が最大期待返済額以下（$\rho_i \leqq \rho^*$）の状態にある「借入れ余力のある銀行」である。借入れ余力銀行は、自らの借入れ余力を用いて調達した資金 $\rho^* - \rho_i$（> 0）円を用いて、1単位当たりの市場価格 q 円で d_i 単位のローン担保証券を購入する。ここで、借入れ余力銀行がローン担保証券を購入する原資は、既存の短期債の額面金額に応じて決まる追加調達可能な資金 $\rho^* - \rho_i$（> 0）円に加えて、借入れ余力銀行が、レポ取引を活用して新規に購入したローン担保証券を担保に差し出すことで調達可能となる新規資金も含まれる。

ここで、レポ市場は完全競争的であり、レポ取引における（担保価値割引率以外の）資金調達コストであるレポレートは0であると仮定する[15]。レポ取引における「担保価値割引率」を $1 - \gamma \in [0, 1]$ と表すと、借入れ余力銀行は、レポ取引を利用することで、ローン担保証券市場で購入する資産1単位

---

15 レポ取引は「現金担保付き債券貸借取引」と呼ばれる。また、レポ取引を行う際の貸借レートは「レポレート」と呼ばれる。これは、レポ取引における資金調達者（または債券貸出者）の資金調達コストを意味し、「レポレート ＝（現金への）付利金利 −（担保債券の）貸借料率」となる。

を担保にして γ 単位の資金を新規に調達できる[16]。

以上より、借入れ余力銀行が利用できる総資金流動性は、「追加借入れ可能額：$\rho^* - \rho_i$（> 0）」＋「（$1 -$ 担保価値割引率）：γ」×「（レポ取引の担保となるローン担保証券1単位当たりの）期待最大借入れ可能額：ρ^*」×「購入単位数：d_i」となる。借入れ余力銀行は、この総資金流動性制約の下で、資産1単位当たりの価格が q 円のローン担保証券を d_i 単位購入する。したがって、個別の借入れ余力銀行の予算制約式は、次の (3.4) 式で示される。

$$qd_i = (\rho^* - \rho_i) + \gamma\rho^* d_i \tag{3.4}$$

(3.4) 式を整理すると、借入れ余力銀行によるローン担保証券の個別需要関数は、次の (3.5) 式で表される[17]。

$$d_i(q) = \frac{\rho^* - \rho_i}{q - \gamma\rho^*} \tag{3.5}$$

(3.5) 式から、借入れ余力銀行によるローン担保証券需要は、ローン担保証券の市場価格 q の減少関数、短期債の最大期待返済額である資金流動性 ρ^* の増加関数、担保価値割引率（$1 - \gamma$）の減少関数になる。

3.3 ▶ローン担保証券の市場均衡

本章のモデルが想定する経済では、各銀行 i の短期債の期待返済額 ρ_i 円は、分布関数 $G(\rho_i)$ に従って分布しているので、個別銀行のローン担保証券供給を表す (3.3) 式と、ローン担保証券需要を表す (3.5) 式をすべての銀行の期待返済額 ρ_i について集計すると、ローン担保証券市場全体におけるローン担保証券の総供給関数と総需要関数が得られる。

まず、ローン担保証券の総供給関数 $S(q)$ は、次の (3.6) 式で表される。ただし、ρ^* と γ はモデルのパラメーターである。

---

[16] レポ取引における担保価値割引率はヘヤーカットと呼ばれる。例えば、資産価値100の証券を担保に80の現金を貸付ける場合、ヘヤーカットは20％となる。ヘヤーカットは、レポ取引におけるマージン（証拠金）と考えることもできる。

[17] (3.5) 式の分母では、$q > \rho^*$ と $\gamma \in [0, 1]$ より、$q > \gamma\rho^*$ が必ず成立する点に注意する。

$$S(q:\rho^*,\gamma) = \int_{\rho^*}^{\bar{\rho}} \min\left[\frac{\rho_i - \rho^*}{q - \rho^*}, 1\right] g(\rho_i) d\rho_i$$

$$= \int_{\rho^*}^{q} \frac{\rho_i - \rho^*}{q - \rho^*} g(\rho_i) d\rho_i + \int_{q}^{\bar{\rho}} g(\rho_i) d\rho_i$$

$$= 1 - \frac{1}{q - \rho^*} \int_{\rho^*}^{q} G(\rho_i) d\rho_i \tag{3.6}$$

次に、ローン担保証券の総需要関数 $D(q)$ は、次の (3.7) 式で表される。

$$D(q:\rho^*,\gamma) = \int_{\underline{\rho}}^{\rho^*} \frac{\rho^* - \rho_i}{q - \gamma\rho^*} g(\rho_i) d\rho_i = \frac{1}{q - \gamma\rho^*} \int_{\underline{\rho}}^{\rho^*} G(\rho_i) d\rho_i \tag{3.7}$$

(3.6) 式と (3.7) 式より、ローン担保証券の市場均衡は次の (3.8) 式で示される。

$$\frac{1}{q - \gamma\rho^*} \int_{\underline{\rho}}^{\rho^*} G(\rho_i) d\rho_i = 1 - \frac{1}{q - \rho^*} \int_{\rho^*}^{q} G(\rho_i) d\rho_i \tag{3.8}$$

(3.8) 式を q について解くと、ローン担保証券市場における市場均衡価格 $q^* \in [\rho^*, \bar{q}]$ は、次の (3.9) 式が成立する時の q になる[18]。

$$q^*(\rho^*,\gamma) = \rho^* + \int_{\rho^*}^{q} G(\rho_i) d\rho_i + \frac{q^* - \rho^*}{q^* - \gamma\rho^*} \int_{\underline{\rho}}^{\rho^*} G(\rho_i) d\rho_i \tag{3.9}$$

(3.9) 式の中で、左辺はローン担保証券を限界的に 1 単位売却することによる限界収益を表しており、右辺はローン担保証券を限界的に 1 単位売却することによる限界 (機会) 費用を表している。したがって、(3.9) 式は、ローン担保証券を売却することによる限界収益と限界費用が等しくなる水準に、ローン担保証券の市場均衡価格が決定することを意味している。

4 ｜ 比較静学分析

本節では、本章のモデルの中で外生変数として扱われていた、第 1 項でレ

---

[18] ただし、(3.9) 式では内点解が存在すると仮定する。

ポ取引における担保価値割引率、第2項で経済全体でのレバレッジ比率、第3項で資金流動性、のそれぞれ三つの外生変数が変化した場合に、第1期にローン担保証券市場で成立する市場均衡価格にどのような影響を与えるのかを調べるために、比較静学分析を行う。さらに、比較静学分析の結果を踏まえて、第3項で資金流動性と市場流動性の関係と、第4項で投資プロジェクトの収益性などの実物変数の変化と流動性スパイラルの関係について考察する。

4.1 ▸ レポ取引における担保価値割引率の変化

まず、借入れ余力銀行が、レポ取引を通じてローン担保証券市場で購入するローン担保証券を担保にして短期資金を借入れる際、資金の貸し手（証券の借り手）から課される担保価値割引率 $(1-\gamma)$ が変化した場合について考える。

借入れ余力銀行 $(\rho_i \leqq \rho^*)$ によるローン担保証券の総需要量は、(3.7) 式より担保価値割引率 $(1-\gamma)$ の減少関数（または γ の増加関数）となる一方、借入れ超過銀行 $(\rho_i > \rho^*)$ によるローン担保証券の総供給量は、(3.6) 式より担保価値割引率の変化から影響を受けない。したがって、次の命題 3.1 が成立する。

> **命題 3.1**
> レポ取引における担保価値割引率 $(1-\gamma)$ が上昇（または下落）すると、ローン担保証券の買い手である借入れ余力銀行の資金流動性が悪化する（または改善する）ため、ローン担保証券の総需要量が減少し（または増加し）、ローン担保証券市場の市場均衡価格 q^* は下落（または上昇）する。

命題 3.1 の証明は、補論 3.1 を参照されたい。

4.2 ▸ 経済全体のレバレッジ化

次に、経済全体のレバレッジ化が、ローン担保証券の市場均衡価格に与える影響について考察する。本章のモデルでは、各銀行の短期債の期待返済額

が、分布関数 $G(\rho_i)$ に従って分布していることから、第 0 期に経済全体のレバレッジ比率が上がることは、累積分布関数 $\int G(\rho_i) d\rho_i$ が下側にシフトすることを意味する[19]。この時、次の命題 3.2 が成立する。

> **命題 3.2**
> 経済全体における銀行のレバレッジ比率が上がる（または下がる）と、次の (3.10) 式の不等号条件が成立するならば、ローン担保証券市場の市場均衡価格 q^* は下落する（または上昇する）。
>
> $$1 > G(\rho^*)\left(\frac{q^* - \rho^*}{q^* - \gamma\rho^*} - 1\right) + \frac{(1-\gamma)\rho^*}{(q^* - \gamma\rho^*)^2}\int_{\rho}^{\rho^*} G(\rho_i) d\rho_i \quad (3.10)$$

命題 3.2 の証明は、補論 3.2 を参照されたい。

以上、命題 3.1 と命題 3.2 より、経済全体で銀行のレバレッジ比率が上がると同時に、レポ取引における担保価値割引率の上昇が起きると、ローン担保証券市場で成立する市場均衡価格の下落幅が大きくなることが明らかになった[20]。

4.3 ▸ 資金流動性と市場流動性の関係

最後に、資金流動性 ρ^* の変化がローン担保証券市場の市場均衡価格に与える影響について考える。まず、(3.6) 式で示されたローン担保証券の総供給関数を資金流動性 ρ^* で偏微分すると、次の (3.11) 式が得られる。ここで、(3.11) 式の符号条件は負となるので、借入れ超過銀行（$\rho_i > \rho^*$）によるローン担保証券の総供給量は、資金流動性 ρ^* の減少関数である。

---

[19] 第 0 期において長期ローン債権の金額を 1 円に基準化したため、レバレッジ比率は $1/1-\rho$ で表される。したがって、短期債務額 ρ の増加により、経済全体のレバレッジ比率は上昇する。

[20] これは、本章中で後出する図 3-2 の中にある右上がりの曲線の右方向へのシフトによって示される。

$$\partial \left[1 - \frac{1}{q - \rho^*} \int_{\rho^*}^{q} G(\rho_i) \, d\rho_i \right] / \partial \rho^*$$
$$= -\frac{1}{(q - \rho^*)} \left[\frac{1}{(q - \rho^*)} \int_{\rho^*}^{q} G(\rho_i) \, d\rho_i + G(\rho^*) \right] < 0 \quad (3.11)$$

一方、(3.7) 式で表されたローン担保証券の総需要関数を資金流動性 ρ^* で偏微分すると、次の (3.12) 式が得られる。ここで、(3.12) 式の符号条件は正となるので、借入れ余力銀行 ($\rho_i \leqq \rho^*$) によるローン担保証券の総需要量は、資金流動性 ρ^* の増加関数である。

$$\partial \left[\frac{1}{q - \gamma \rho^*} \int_{\underline{\rho}}^{\rho^*} G(\rho_i) \, d\rho_i \right] / \partial \rho^*$$
$$= \frac{1}{(q - \gamma \rho^*)} \left[\frac{\gamma}{(q - \gamma \rho^*)} \int_{\underline{\rho}}^{\rho^*} G(\rho_i) \, d\rho_i + G(\rho^*) \right] > 0 \quad (3.12)$$

以上の結果より、銀行の直面する資金流動性が高まるほど、ローン担保証券の総供給量が減少すると同時に総需要量が増加するため、ローン担保証券市場において超過需要が発生することから、ローン担保証券の市場均衡価格は上昇するはずである。実際、(3.9) 式を ρ^* で偏微分して整理すると、(3.13) 式が得られる。

$$\rho^* \lessgtr \hat{\rho}^* \Leftrightarrow \frac{\partial q^*}{\partial \rho^*}$$
$$= 1 - \frac{1 - \gamma}{q^* - \gamma \rho^*} \left\{ \rho^* G(\rho^*) + \frac{q^*}{q^* - \gamma \rho^*} \int_{\underline{\rho}}^{\rho^*} G(\rho_i) \, d\rho_i \right\} \gtreqless 0$$
$$(3.13)$$

ここで、(3.13) 式の中にある $\hat{\rho}^*$ は、次の (3.14) 式で定義される資金流動性の閾値を表している[21]。

$$\hat{\rho}^* \equiv \frac{q^*}{\gamma + (1 - \gamma) G(\rho^*)} \left(1 - \frac{1 - \gamma}{q^* - \gamma \rho^*} \int_{\underline{\rho}}^{\rho^*} G(\rho_i) \, d\rho_i \right) > 0 \quad (3.14)$$

---

21 ただし、(3.14) 式において正の ρ^* を保証するために、$1 - \frac{1-\gamma}{q^*-\gamma\rho^*} \int_{\underline{\rho}}^{\rho^*} G(\rho_i) \, d\rho_i \geq 0$ が成立すると仮定する。

(3.13) 式は、資金流動性が (3.14) 式で表される閾値より小さい ($\rho^* < \hat{\rho}^*$) ならば、市場均衡価格 q^* は、資金流動性 ρ^* に関して（強い意味での）増加関数になることを示している[22]。

さらに、担保価値割引率の上昇や、経済全体のレバレッジ比率の上昇が資金流動性の閾値 $\hat{\rho}^*$ に与える影響について、次の命題3.3が成立する。

命題 3.3

レポ取引における担保価値割引率が上がると、資金流動性の閾値 $\hat{\rho}^*$ が上昇する。同様に、経済全体のレバレッジ比率が上がると、資金流動性の閾値 $\hat{\rho}^*$ が上昇する。

命題3.3は、担保価値割引率の上昇や、経済全体のレバレッジ比率の上昇が起きると、銀行の資金流動性が悪化することで、より多くの銀行が借入れ超過銀行になることを意味している。

次に、市場流動性について考える。ローン担保証券の原資産である長期ローン債権の貸出先であるプロジェクトの期待純現在価値は $p_H Y$ 円であることから、ローン担保証券の市場価格の期待値は $\bar{q} \equiv p_H Y$ 円となる。この $\bar{q}$ は、貸出先プロジェクトの期待収益水準を反映しているため、経済のファンダメンタル価値を反映した価格である。ここで、ローン担保証券の期待市場価格と、モデルの中で内生的に決まる市場均衡価格との差（$\bar{q} - q^* > 0$）を「市場の非流動性尺度」と定義する[23]。レポ取引における担保価値割引率の上昇や経済全体のレバレッジ化が進むと、市場均衡価格 q^* が下がるため、市場の非流動性尺度（$\bar{q} - q^* > 0$）が上昇し、市場流動性が低くなる。以上の結果を次の命題3.4にまとめる。

---

[22] 一方、(3.13) 式より資金流動性が (3.14) 式で表される閾値以上（$\rho^* \geq \hat{\rho}^*$）ならば、市場均衡価格 q^* は資金流動性 ρ^* に関して（弱い意味での）減少関数となる。この場合にはローン担保証券市場において超過需要が起きているため、市場均衡価格 q^* は期待値 $\bar{q}$ で一定となり、借入れ余力銀行の一部は資産を購入することができなくなる点に注意する。

[23] Brunnermeier and Pedersen（2009）は、ファンダメンタル価格と市場価格との差を「市場の非流動性尺度」と定義している。

図 3-2　資金流動性・市場流動性と市場均衡価格の関係

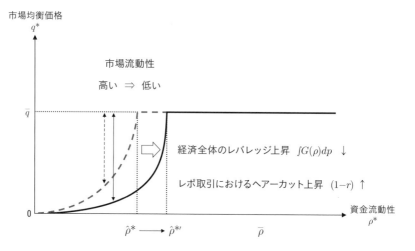

命題 3.4

レポ取引における担保価値割引率が上がるか、または経済全体のレバレッジ化が進むと、ローン担保証券市場の市場流動性が低くなる。

以上、命題 3.1、命題 3.2、命題 3.3、および命題 3.4 の結果を図にしたのが図 3-2 である。

4.4 ▶実物経済変数と流動性スパイラル

最後に、上記モデルの中で与件として扱ってきた実物経済変数が、景気悪化により変化する場合を考察する。まず、(3.2) 式と $\rho^* \equiv p_H D^*$ より、実物経済変数の変化が、最大借入れ可能額 D^* と資金流動性 ρ^* に及ぼす影響は、次の (3.15) 式の中にある符号条件で表される。

$$\rho^*\left(\overset{+}{Y},\overset{-}{C},\overset{+}{p_H},\overset{-}{p_L}\right) \equiv p_H D^*\left(\overset{+}{Y},\overset{-}{C},\overset{+}{p_H},\overset{-}{p_L}\right) \tag{3.15}$$

(3.15) 式より、実物経済変数と流動性の関係に関して次の結果を導ける。

結果：景気悪化が原因となり、プロジェクトの成功収益（Y）の減少、中間モニタリングを行う時とそうでない時との間のプロジェクト成功確率の差（Δp）の拡大、あるいは銀行と借り手との間で情報の非対称性が大きくなることで中間モニタリングコスト（C）の増加が起きると、銀行に課される誘因両立条件を考慮した時の最大借入れ可能額が下がるため、銀行の資金流動性（ρ^*）の悪化を招く。

　景気悪化による各銀行の資金流動性が悪化した結果、借入れ超過銀行が増えることで長期ローン債権の証券化が進むため、ローン担保証券市場においてローン担保証券の供給量が増加する一方、借入れ余力銀行が減ることでローン担保証券の需要量が減少する。したがって、ローン担保証券市場においてローン担保証券市場均衡価格（q^*）が下落し、市場の非流動性尺度（$\bar{q} - q^* > 0$）が大きくなることから、ローン担保証券市場の市場流動性は悪化する。

　特に、好景気時に経済全体のレバレッジ化が進んだ後で、景気後退局面で実物経済変数が悪化した時に、レポ取引において資金の貸し手が要求する担保価値割引率の急上昇が起きると、証券化されたローン担保証券をレポ取引の担保に用いることでレバレッジを効かせた資産運用を行うと同時に、短期債を借換えることで資金調達を行っていた投資銀行やヘッジファンドなどの影の銀行業の資金流動性が悪化し、レバレッジの巻戻しや担保資産の投売りを招くことから、ローン担保証券の市場価格の下落が起きる。

　ローン担保証券の市場価格の下落は、時価評価を通じて影の銀行業の自己資本を直接的に毀損させるだけでなく、レポ取引の担保資産価値を下げることから、影の銀行業の資金流動性をさらに悪化させる。レポ取引における短期資金の貸し手が直面する信用リスクが大きくなることで担保価値割引率のさらなる引き上げが起きるため、影の銀行業の資金流動性がさらに悪化し、ローン担保証券の市場価格のさらなる下落が続く。このような負の流動性スパイラルが続くと、ローン担保証券市場における市場流動性が急速に低下し、最悪の場合には市場流動性の枯渇という事態が起こり得るのである。

5 結論

本章では、レポ取引を利用してローン担保証券を担保にして短期債務を借換えるという証券化銀行業の特徴を考慮し、銀行がローン担保証券の原資産となる長期ローン債権の純現在価値を高めることができる中間モニタリングを行う誘因を考慮したモデルを設定し、短期債の借換えコストであるレポ取引における担保価値割引率の上昇、あるいは経済全体のレバレッジ化の進展などの要因が、ローン担保証券の市場均衡価格や、資金流動性と市場流動性に及ぼす影響について考察した。本章の結論は、以下の三点である。

第1に、レポ取引における担保価値割引率の上昇は、レポ取引における資金の借り手の資金流動性をタイトにして、レバレッジの巻戻しや資産の投売りを引き起こすことから、ローン担保証券の市場均衡価格を下落させる効果がある。

第2に、経済全体でレバレッジ化が進むと、レポ取引における資金の借り手の借入れ余力が低下するため、ローン担保証券の市場均衡価格を下落させる。

第3に、レポ取引における担保価値割引率の上昇や、経済全体でのレバレッジ化が進むと、ローン担保証券市場の市場流動性が低下する。

最後に、本章のモデル分析から、経済におけるレバレッジ化が進んでいる時に景気が悪化し、プロジェクトの期待収益などの実体経済変数が低下すると、担保価値割引率の上昇により、負の流動性スパイラルが起きる可能性があることが示された。

6 補論

補論3.1：命題3.1の証明

(3.9) 式を γ で微分し、$q^* > \rho^*$ であることを用いると、次の (A3.1) 式が成立することから、命題3.1が成立することは明らかである。

$$\frac{\partial q^*}{\partial \gamma} = \frac{(q^* - \rho^*)\rho^*}{(q^* - \gamma\rho^*)^2} \int_{\underline{\rho}}^{\rho^*} G(\rho_i) d\rho_i > 0 \qquad (A3.1)$$

(証明おわり)

補論 3.2：命題 3.2 の証明

(3.9) 式を q^* に関する陰関数と見なして、$F(q^*) = 0$ とおく。$F(q^*)$ を q^* に関して偏微分すると、次の (A3.2) 式が得られる。

$$\frac{\partial F(q^*)}{\partial q^*} = 1 - G(\rho^*)\left(\frac{q^* - \rho^*}{q^* - \gamma\rho^*} - 1\right) - \frac{(1-\gamma)\rho^*}{(q^* - \gamma\rho^*)^2}\int_{\underline{\rho}}^{\rho^*} G(\rho_i)d\rho_i \qquad (A3.2)$$

(A3.2) 式の右辺の符号条件は一般には確定しない。ただし、(3.9) 式より、$G(\rho_i)$ が小さくなると $F(q^*) > 0$ となるので、再び市場を均衡させる（$F(q^*) = 0$）ためには、$F(q^*)$ を小さくする必要がある。そこで、仮に (A3.2) 式の符号条件が正であれば、すなわち (3.10) 式が成立するならば、市場均衡価格 q^* は下落しなければならない。

(証明おわり)

第 4 章

借換えリスクと資金流動性

1 はじめに

　2007〜09年に米国で起きたサブプライム金融危機の特徴の一つに、証券化銀行業と呼ばれる投資銀行やヘッジファンドが主として資金調達を行う手段として利用していた債券レポや資産担保コマーシャルペーパー（$ABCP$）などの短期債を取引する市場において、流動性が枯渇するという「流動性危機」が起きた点が挙げられる[1]。

　サブプライム金融危機では、まず危機の初期段階で、米国の住宅価格バブル崩壊による不動産価格の下落と住宅ローンを担保としたモーゲージ担保証券（MBS）などの証券化商品の市場価格の下落が起きたが、次の段階で、証券化銀行業の資金調達手段として利用されていた債券レポや $ABCP$ などの担保付き短期債に課される担保価値割引率や、担保付き短期債取引に要求される証拠金の上昇が起きたことで、短期債の「借換えリスク」が高まり、証券化銀行業の資金流動性が悪化した[2]。さらに、サブプライム金融危機の最終

---

[1] サブプライム金融危機では、資金流動性と市場流動性が互いに影響を及ぼしながら負のスパイラルに陥った結果として流動性危機が起きたといえる。流動性の概念については、資金流動性と市場流動性の違いを理論的に分析した Brunnermeier and Pedersen (2009) などを参照されたい。

[2] 資金の貸し手のリスク管理のために、資金の借り手が担保に差し入れる資産の市場価格よりも資金調達できる金額の方が小さくなるが、この減額率のことを「担保価値割引率（ヘ

段階では、証券化銀行業の資金流動性の悪化が原因となり、証券化銀行業によるレバレッジの巻戻しや短期債の担保資産の投売りが起きた結果、資産価格がさらに暴落し、最後には資産市場の流動性が枯渇するという事態に至った[3]。

本章の目的は、レポや $ABCP$ などの担保付き短期債を借換えることで資金調達を行うという特徴を持つ証券化銀行業の資金調達行動をモニタリングのあるエージェンシーモデルを用いて描写し、短期債の借換えリスクであるリスクプレミアムの上昇や、担保価値割引率の上昇、あるいは経済全体のレバレッジ化の進展が、短期債の市場価格や市場流動性に及ぼす効果について、ミクロ的基礎付けのある経済モデルを用いて考察することである。本章のモデルの経済的意義は、(担保付) 短期債の借換えリスクの増大が市場流動性に及ぼした影響という観点から、サブプライム金融危機の進行過程を理論的に明らかにする点にある。

本章のモデルと先行研究との関係は、以下の通りである。Adrian and Shin (2010) は、サブプライム金融危機が起きた時期の各経済主体のバランスシート調整過程を調べ、投資銀行部門において総資産成長率とレバレッジ成長率の間に正の相関関係があり、証券化銀行業のバランスシートとレバレッジとの間に景気変動に対してプロシクリカル ($Pro\text{-}Cyclical$) な関係があったという事実発見を行っている。この事実に従うと、景気拡大期に証券化銀行業によるレバレッジの上昇と資金調達の拡大が進んだことから、資金流動性リ

アーカット)」と呼ぶ。サブプライム金融危機時に、この担保価値割引率が急上昇した。例えば、Krishnamurthy (2010b) によると、2007 年春から 2009 年春にかけての 2 年間に、レポ取引の担保証券別の担保価値割引率は、米国短期国債担保が 2％、米国長期国債担保が 5〜6％でほぼ変わらなかった一方で、エージェンシー型のモーゲージ担保証券では 2.5％から 8.5％、社債 (A マイナスまたは A3 以上) で 5％から 20％、モーゲージ担保債務証書 CMO (AAA 以上) で 10％から 40％、資産担保証券 ABS (AA または Aa2 以上) で 10％から 35％へと、それぞれ上昇した。また、Gorton and Metrick (2010a) によると、2008 年秋にサブプライム関連の仕組み商品を担保としたレポ取引における担保価値割引率が 100％まで上昇した。

[3] Gorton and Metrick (2012a) は、サブプライム金融危機では、担保価値割引率の上昇が証券化銀行業のレバレッジの巻戻しと資産の投売りを引き起こした原因であり、担保価値割引率の上昇によりレポ市場において取付けが起きたと論じている。

スクも高まったと考えられる。

　Brunnermeier（2009）によると、証券化銀行業が資金調達する際に、以下の三つの資金流動性リスクが存在する。第1に、購入した資産を担保にして頻繁に短期資金の借換えを行っているが、資金の借換えができなくなる「借換えリスク」の存在。第2に、レポ取引における担保価値割引率（または証拠金）が上昇することで資金調達コストが上がる「担保価値割引率リスク（または証拠金リスク）」の存在。第3に、銀行からの預金流出や投資ファンドからの資金回収（または資産償却）により、資金流動性が不足する「資金回収リスク（または償却リスク）」の存在である。

　第3章では、上で述べた三つの資金流動性リスクの中の2番目の「担保価値割引率リスク」に注目し、証券化銀行業がローン担保証券のファンダメンタル価値を高めることができるモニタリングのあるエージェンシーモデルを用いて、担保価値割引率の上昇や経済全体のレバレッジ化の進展が、ローン担保証券市場における資金流動性と市場流動性に及ぼす影響について理論モデルを用いて考察を行った[4]。これに対して、本章では、証券化銀行業の資金流動性リスクの1番目にあたる短期債の「借換えリスク」に注目し、短期債の借換えリスクの上昇が、証券化銀行業の資金流動性を悪化させることで、短期債の市場価格の下落を招き、その結果として短期債市場の市場流動性が低下し、流動性危機が起きることを経済理論モデルで示すことである[5]。

　本章の以下の構成は、次の通りである。第2節では、モデルの設定を説明する。第3節では、短期債の市場均衡価格を求める。第4節では、モデルの与件である短期債のリスクプレミアム、担保価値割引率、経済全体のレバレッ

---

[4] 第3章のモデルでは、Jensen and Meckling（1976）の「資産代替モラルハザード」が存在するエージェンシーモデルを用いた Acharya and Viswanathan（2011）モデルの設定を、Holmstrom and Tirole（1997）の「モニタリングに関するモラルハザード」が存在するエージェンシーモデルに拡張して、担保価値割引率と市場流動性の関係を考察している。

[5] 本章と同じ問題意識を持つ最近の理論的研究として、Acharya, Gale and Yorulmazer（2011）は、負債の満期構成の短期化による借換えリスクの増大により借入制約が厳しくなり市場流動性が枯渇することを理論モデルで示している。また、Diamond and He（2014）は、負債の満期構成の短期化が過剰債務（Debt Overhang）の問題に及ぼす影響について理論的分析を行っている。

ジ化、および資金流動性の変化が、短期債の市場均衡価格や市場流動性に与える影響について比較静学分析を用いて調べる。最後に、第5節で結論を述べる。

2 モデル

第0期、第1期、および第2期からなる3期間モデルを考える。この経済には、リスク中立的な多数の銀行が存在し、各銀行 i は $[0,1]$ 上で連続して分布していると仮定する[6]。第0期における各銀行 i のバランスシート上には、資産サイドに額面金額1円に基準化された長期ローンが存在し、負債サイドに額面金額 B_i 円（$B_i > 0$）の長期債が存在している。ただし、各銀行 i が保有する長期債の額面金額 B_i 円は、銀行毎に異なると仮定する。モデルを単純化するために、第0期の銀行のバランスシート上には長期ローンと長期債以外の資産は存在せず、長期債の利子率は0であると仮定する[7]。

第0期に銀行が保有するローン債権は同質的なプロジェクトに対する貸付けであり、このプロジェクトが生み出すキャッシュフローは、第1期末には確実に1円となるが、第2期には不確実となり、プロジェクトが成功すれば Y 円（$Y > 1$）、失敗すれば0円になると仮定する。ここで、プロジェクトの成功確率を p、失敗確率を $(1-p)$ と表す（ただし、$1 > p > 0$ である）。

第1期末に、銀行はコスト C 円（$C > 0$）を負担してプロジェクトの中間モニタリングを行うかどうか選択する。第2期のプロジェクトの成功確率 p は、中間モニタリングを行えば高くなる（$p = p_H$）が、中間モニタリングを行わなければ低くなる（$p = p_L$）と仮定する。ここで、$p_H > p_L$ が成立し、それぞれの成功確率の差を $\Delta p \equiv p_H - p_L > 0$ と表す。

第1期末に中間モニタリングを行う直前におけるプロジェクトの期待純現在価値は、中間モニタリングを行う場合には、第1期の清算価値である1円よりも大きくなるが、中間モニタリングを行わない場合には、第1期の清算

---

6 以下、本文中で「銀行」という用語を用いるが、ここで想定している銀行とは、投資銀行やヘッジファンドなどの影の銀行業を営む金融機関を想定している点に注意する。

7 ここで、銀行資本は0と仮定している。

図4-1 モデルの構造

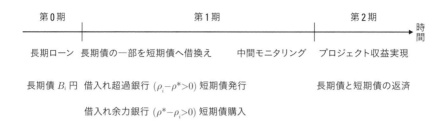

価値である1円よりも小さくなる（$p_H Y > 1 > p_L Y$）と仮定する。つまり、第1期末に、銀行が中間モニタリングを行うと、第2期にプロジェクトから生み出されることが予想される期待キャッシュフローの純現在価値が正となるため、長期ローンは第2期まで継続される。一方で、銀行が中間モニタリングを行わなければ、プロジェクトの期待キャッシュフローの純現在価値が負になるため、プロジェクトは第1期末に清算され、長期ローンから1円の資金しか回収できなくなる。この場合、第0期に保有する長期債の額面金額B_i円が1円よりも大きい銀行は債務不履行を起こすことになる。

第2期に、プロジェクトのキャッシュフローが実現し、銀行と長期債保有者（銀行に対する資金の貸し手）との間で利得が分配される。モデルを単純化するために、銀行の貸出先であるプロジェクトを実施する経済主体は銀行自身がオーナーや出資者となっている関連企業であると仮定すると、各銀行は、自身とその貸出先の利得の合計の最大化を目指して行動する。したがって、銀行iの利得は、プロジェクトが成功した場合、実現したキャッシュフローY円から長期債の額面金額B_i円を返済した残余額$Y - B_i$（>0）円となる一方、プロジェクトが失敗した場合、実現キャッシュフローは0円となるため、銀行iは債務不履行に陥り、有限責任制より銀行iの利得は0になる。以上、モデルの構造を図にしたものが図4-1である。

第1期末に、銀行iに中間モニタリングを行うインセンティブを持たせるための誘因両立条件は、次の(4.1)式で表される。

$$p_H (Y - B_i) - C \geq p_L (Y - B_i) \tag{4.1}$$

(4.1) 式を変形すると、次の (4.2) 式になる。

$$B_i \leq B^* \equiv Y - \frac{C}{\Delta p} \tag{4.2}$$

ただし、(4.2) 式の中で銀行の最大借入れ可能額 ($Debt\ Capacity$) を $B^* \equiv Y - C/\Delta p$ 円と定義している。(4.2) 式は、銀行 i が中間モニタリングを行うための誘因両立条件を表しており、各銀行が発行した長期債の額面金額 B_i 円が、最大借入れ可能額以下 ($B_i \leq B^*$) になる必要があることを意味している[8]。(4.2) 式から、モデルの与件であるプロジェクトが成功した場合のキャッシュフロー水準 Y 円が増加するか、中間モニタリングコスト C 円が減少するか、あるいは Δp が上がる（言い換えると、中間モニタリングを行った場合のプロジェクトの成功確率 p_H が上昇する、または中間モニタリングを行わなかった場合のプロジェクトの成功確率 p_L が下落する）かのいずれかが起きると、銀行の最大借入れ可能額 B^* 円が増加することがわかる。

銀行が中間モニタリングを行う場合、第1期末時点で評価した（第2期での）長期債の期待返済額を $\rho_i \equiv p_H B_i$ と定義すると、銀行 i の期待収益は $p_H Y - \rho_i - C$ と表される。ここで、銀行の期待収益が非負となることを保証するために、期待返済額 ρ_i は、下限 $\underline{\rho} = 0$ と上限 $\bar{\rho} \equiv p_H Y - C$ の間に存在する ($\rho_i \in [0, p_H Y - C]$) と仮定する。さらに、長期債の期待返済額 ρ_i は、すべての銀行間で独立かつ同一の確率密度関数 $g(\rho_i)$ および分布関数 $G(\rho_i)$ に従う確率変数であり、この分布の形状はすべての銀行の間で共有知識であると仮定する[9]。

第1期末に、既存の長期債の額面金額の水準が最大借入れ可能額以下 ($B_i \leq B^*$) となるすべての銀行に対して、中間モニタリングを行う誘因を与えることのできる長期債の期待返済額の上限値を $\rho^* \equiv p_H B^*$ と表すと、この値は銀行にとっての資金流動性の大きさを表している。長期債の期待返済額が、期待返済額の上限値以下 ($\rho_i \leq \rho^*$) の状態にある「借入れ余力のある銀行」（以

---

[8] (4.2) 式において、$B_i = B^*$ ならば、銀行 i が中間モニタリングを行うことと行わないことが無差別になるが、この場合は中間モニタリングを行うと仮定する。

[9] 各銀行の長期債務額 B_i は互いに異なると仮定したことから、$G(\rho_i)$ は経済全体における各銀行の長期債務額の分布と考えることができる。

下、借入れ余力銀行という）は中間モニタリングを行う一方、期待返済額の上限値よりも大きい（$\rho_i > \rho^*$）借入れ超過の状態にある銀行（以下、借入れ超過銀行という）は、中間モニタリングを行う誘因を持たない。そこで、借入れ超過銀行に中間モニタリングを行う誘因を持たせるために、長期債の期待返済額の上限値 ρ^* を超過する部分（$\rho_i - \rho^* > 0$）が 0 になるよう長期債を圧縮する必要がある。

本章のモデルでは、「借入れ超過銀行」（$\rho_i > \rho^*$）に中間モニタリングを行う誘因を持たせるために、借入れ超過銀行が第 1 期初に既存の長期債の額面金額 B_i 円の内の α_i 円の部分を短期債で借換えることで、長期債の期待返済額の上限値を超過する部分（$\rho_i - \rho^* > 0$）を 0 にするケースについて考える[10]。以下では、第 1 期に、銀行間で短期債を売買する市場が開かれる場合を想定し、その市場において決まる短期債 1 単位当たりの市場価格を r 円と書くことにする。

3 短期債市場

3.1 ▶ 短期債の個別供給

まず、短期債市場における短期債の発行者（売り手）は、長期債の期待返済額が、その上限値よりも大きい（$\rho_i > \rho^*$）状態にある「借入れ超過銀行」である。借入れ超過銀行に中間モニタリングを行う誘因を持たせるためには、既存の長期債の期待返済額（ρ_i）を、銀行に中間モニタリングを行う誘因を与えることのできる最大借入れ可能額に対応した期待返済額（ρ^*）まで減らす必要がある。そのために、借入れ超過銀行は、以下の手順で長期債から短期債への借換えを行うと仮定する。

第 1 期初に、借入れ超過銀行は、短期債を市場価格 r 円で s_i 単位発行し、そこで新規に調達した資金 α 円（$\alpha = r \times s_i$）を用いて、長期債の元

---

10 第 3 章では、本章のモデルのような長期債から短期債への借換えではなく、ローン債権を担保にして証券化されたローン担保証券を新規発行して資金調達するアセットファイナンスのケースをモデル化している。

本の一部（$B_i - B^* = (\rho_i - \rho^*)/p_H > 0$）円を短期債に借換える[11]。この際、借入れ超過銀行は、短期債 1 単位当たり ε 円のリスクプレミアムを追加コストとして負担する必要があり、このリスクプレミアムは短期債の市場価格よりも小さい値をとる（$r > \varepsilon$）と仮定する[12]。第 i 銀行が短期債を発行して α_i 円を調達した場合、仮にこの調達金額が必要調達金額に等しくなる（$\alpha_i = \{(\rho_i - \rho^*)/p_H\} + \varepsilon s_i$）ならば、借入れ超過銀行は借換えに成功し、債務不履行は起きない。したがって、個別の借入れ超過銀行が直面する短期債の供給制約条件は、次の (4.3) 式で表される。

$$rs_i = \frac{\rho_i - \rho^*}{p_H} + \varepsilon s_i \tag{4.3}$$

一方、短期債での借換えによる調達金額が、銀行に中間モニタリングの誘因を与えるための必要調達金額を下回る（$\alpha_i < \{(\rho_i - \rho^*)/p_H\} + \varepsilon s_i$）場合、この借入れ超過銀行は借換えに失敗し、債務不履行が起きることが明らかであることから、短期債を発行することはできず、短期債の供給は 0 になる。したがって、(4.3) 式を整理すると、個々の借入れ超過銀行による短期債の個別供給関数 $s_i(r)$ は、次の (4.4) 式で表される。

$$s_i(r) = \max\left[\frac{\rho_i - \rho^*}{(r - \varepsilon)p_H}, 0\right] \tag{4.4}$$

ただし、(4.4) 式では、短期債の個別供給関数が、短期債の市場価格 r に関して減少関数となる点に注意する。

3.2 ▸ 短期債の個別需要

次に、短期債市場における短期債の購入者（買い手）は、「借入れ余力銀行」

---

[11] ただし、個別銀行が発行できる短期債額の上限は、各銀行がすでに保有する既存の長期債の額面額であるので、$s_i \leq B_i$ が成立している。また、本章のモデルでは、借換え後の短期債額の大きさが銀行の中間モニタリングの誘因に影響を与えないと仮定している。

[12] ここで、$r > \varepsilon$ と仮定するが、本章中で後出する (4.11) 式と (4.12) 式では、この仮定が満たされる範囲にモデルのパラメーターを特定する。この仮定の解釈としては、通常、債券のリスクプレミアムは債券利子率に上乗せされるため、債券の発行価格はリスクプレミアム分だけディスカウントされると考えることができる。

である。なぜなら、借入れ余力銀行は、既存の長期債の返済に必要となる期待返済額が、銀行に中間モニタリングの誘因を与えられる期待返済額の上限値以下（$\rho_i \leqq \rho^*$）であることから資金流動性制約に直面しておらず、中間モニタリングを行う誘因が損なうことなく借入れ余力を利用して調達した資金を用いて、短期債を購入することが可能となるからである。

借入れ余力銀行は、第1期初にレポ取引を利用して長期債を担保として新規調達した資金を用いて、短期債を市場価格 r 円で d_i 単位購入する。レポ取引の内容は、借入れ余力銀行が、レポ取引により長期債の借入れ余力部分にあたる金額 $B_i - B^*$ ($= (\rho_i - \rho^*)/p_H > 0$) 円の長期債を担保として差し出し、レポの取引先から担保額1円当たり $1 - \lambda \in (0,1)$ の担保価値割引率を課されるために、借入れ余力銀行が調達可能な資金総額は $\lambda(\rho^* - \rho_i)/p_H$ (> 0) 円となる。したがって、個別の借入れ余力銀行による短期債の需要制約条件は、次の (4.5) 式で表される。

$$rd_i = \frac{\lambda(\rho^* - \rho_i)}{p_H} \tag{4.5}$$

ただし、(4.5) 式では、$\rho^* > \rho_i$ が成立している点に注意する。(4.5) 式を整理すると、借入れ余力のある個別銀行による短期債の個別需要関数 $d_i(r)$ は、次の (4.6) 式で表される。

$$d_i(r) = \max\left[\frac{\lambda(\rho^* - \rho_i)}{rp_H}, 0\right] \tag{4.6}$$

3.3 ▶ 短期債の市場均衡

本章のモデルで想定された経済全体では、各銀行が持つ長期債の期待返済額 $\rho_i \equiv p_H B_i$ は分布関数 $G(\rho_i)$ に従って分布しているので、個別銀行の短期債供給を表す (4.4) 式と個別銀行の短期債需要を表す (4.6) 式を、すべての銀行 i の期待返済額 ρ_i に関して集計すると、経済全体における短期債の総供給関数と総需要関数が得られる。

まず、短期債の総供給関数 $S(r)$ は、次の (4.7) 式で表される。

$$S(r) = \int_{\rho^*}^{\bar{\rho}} \frac{\rho_i - \rho^*}{(r-\varepsilon)p_H} g(\rho_i) d\rho_i = \frac{\hat{\rho} - \rho^*}{(r-\varepsilon)p_H} \tag{4.7}$$

ここで、(4.7) 式の中にある $\hat{\rho}$ は、次の (4.8) 式で定義される。

$$\rho^* < \hat{\rho} \equiv \bar{\rho} - \int_{\rho^*}^{\bar{\rho}} G(\rho_i) d\rho_i \tag{4.8}$$

(4.8) 式の不等号条件は、(4.7) 式で表される総供給関数が正の値となることを保証するための条件である。また、(4.7) 式から、短期債の総供給関数は、短期債の市場価格 r の減少関数（または短期債の市場金利の増加関数）であることがわかる。

次に、短期債の総需要関数 $D(q)$ は、次の (4.9) 式で表される。

$$D(r) = \int_{\underline{\rho}}^{\rho^*} \frac{\lambda(\rho^* - \rho_i)}{rp_H} g(\rho_i) d\rho_i = \frac{\lambda}{rp_H} \int_{\underline{\rho}}^{\rho^*} G(\rho_i) d\rho_i \tag{4.9}$$

(4.9) 式から、短期債の総需要関数は、短期債の市場価格 r の減少関数（または短期債の市場金利の増加関数）であることがわかる。(4.7) 式と (4.9) 式より、短期債の市場均衡は、(4.8) 式の条件が成立する下で、次の (4.10) 式の超過需要関数 $ED(r)$ が 0 となる時に達成される。

$$ED(r^*) = \frac{\lambda}{r^* p_H} \int_{\underline{\rho}}^{\rho^*} G(\rho_i) d\rho_i - \frac{\hat{\rho} - \rho^*}{(r^* - \varepsilon) p_H} = 0 \tag{4.10}$$

(4.10) 式の中にある r^* は、短期債の市場均衡価格を表している。(4.10) 式を r^* について解くと、短期債の市場均衡価格 r^* は、次の (4.11) 式で表される。

$$r^* = \frac{\varepsilon}{1 - \frac{\hat{\rho} - \rho^*}{\lambda \int_{\underline{\rho}}^{\rho^*} G(\rho_i) d\rho_i}} \tag{4.11}$$

(4.11) 式において短期債の市場均衡価格が正となるためには、モデルのパラメーターが次の (4.12) 式の条件を満たしている必要がある。ただし、(4.12) 式の最初の不等号条件は、上記の (4.8) 式の条件を示している点に注意する。

$$0 < \hat{\rho} - \rho^* < \lambda \int_{\rho}^{\rho^*} G(\rho_i) \, d\rho_i \tag{4.12}$$

4 ｜ 比較静学分析

　本節では、第 3 節で求めた短期債の市場均衡を用いて、第 1 項で短期債市場価格のリスクプレミアム ε、第 2 項で担保価値割引率 $(1-\lambda)$、第 3 項で経済全体のレバレッジ比率 $G(\cdot)$、および第 4 項で資金流動性 ρ^*、の四つの外生変数がそれぞれ変化した場合について比較静学分析を行い、借換えリスクの増大が短期債の市場均衡価格にいかなる影響を与えるかを考察する[13]。

　まず、以下で述べる四つの命題が成立するためには、短期債の市場均衡価格とモデルのパラメーターの間に、次の (4.13) 式の条件が成立する必要がある[14]。

$$0 < \hat{\rho} - \rho^* < \left(1 - \frac{\varepsilon}{r^*}\right)^2 \lambda \int_{\rho}^{\rho^*} G(\rho_i) \, d\rho_i \tag{4.13}$$

4.1 ▸ 短期債リスクプレミアムの変化

　本章のモデルでは、短期債リスクプレミアム ε の上昇は、(4.7) 式から短期債の総供給量を増加させる一方で、(4.9) 式から短期債の総需要量には影響しない。ここで、リスクプレミアムの上昇が短期債の総供給量を増加させる理由は、借入れ超過銀行が負担する追加的コストにあたるリスクプレミアムが上がると、必要調達金額（不足資金＋追加的コスト）が増加するためである。したがって、リスクプレミアムの上昇により、短期債市場において超過供給（マイナスの超過需要）が発生する。(4.10) 式の超過需要関数は、(4.13) 式の条件の下で短期債の市場価格 r の減少関数となるので、再び市場均衡を達成

---

[13] 本節の本文中にある各命題の証明は、補論 4.1 を参照されたい。ただし、命題 4.3 が成立することは明らかであるので、この証明は省略する。
[14] (4.13) 式は補論 4.1 の (A4.2) 式と同じである。

するためには、短期債の市場価格 r^* は下落しなければならない。以上の考察より、次の命題 4.1 が成立する。

> **命題 4.1**
> 仮に (4.13) 式の条件が成立するならば、短期債リスクプレミアム ε が上がる（または下がる）と、短期債の市場均衡価格 r^* は下落（または上昇）する。

4.2 ▶ 短期債の担保価値割引率の変化

本章のモデルでは、借入れ余力銀行がレポ取引を通じて短期債の購入資金を調達する際、レポ取引先から要求される担保価値割引率 $(1-\lambda)$ が上昇する（または λ が下落する）と、(4.7) 式から短期債の総供給量には影響を与えない一方で、(4.9) 式から短期債の買い手である借入れ余力銀行の資金流動性を制約するために、短期債の総需要量が減少する。したがって、担保価値割引率が上昇すると、短期債市場において超過供給（マイナスの超過需要）が発生する。(4.13) 式の条件が成立する下では、(4.10) 式の超過需要関数は短期債の市場価格 r の減少関数となるので、再び市場均衡を達成するためには短期債の市場均衡価格 r^* は下落しなければならない。したがって、次の命題 4.2 が成立する。

> **命題 4.2**
> 仮に (4.13) 式の条件が成立するならば、短期債の担保価値割引率 $(1-\lambda)$ が上がる（または下がる）と、短期債の市場均衡価格 r^* は下落（または上昇）する。

4.3 ▶ 経済全体でのレバレッジの拡大

本章のモデルが想定している経済全体では、第 0 期に、各銀行の長期債の期待返済額は分布関数 $G(\rho_i)$ に従って分布している。ここで、経済全体でのレバレッジが拡大すると、累積分布関数 $\int G(\rho_i) d\rho_i$ が下側にシフトする[15]。

この時、(4.7) 式と (4.8) 式から短期債の総供給量が減少すると同時に、(4.9) 式から短期債の総需要量も減少する[16]。したがって、経済全体におけるレバレッジの拡大により、短期債市場において超過供給（マイナスの超過需要）が発生するかどうかは一義的には決まらないが、仮に短期債の需要量の減少分の方が供給量の減少分よりも大きいならば、短期債市場で超過供給が発生する。この時、(4.13) 式の条件の下で、(4.10) 式の超過需要関数は短期債の市場価格 r の減少関数となるので、短期債の市場均衡が再び成立するためには、短期債の市場均衡価格 r^* が下落しなければならない。したがって、次の命題 4.3 が成立する。

> **命題 4.3**
> 仮に (4.13) 式の条件が成立するならば、経済全体でレバレッジ化が進むと、短期債の需要量と供給量のいずれも減少するが、仮に需要量の減少分の方が供給量の減少分よりも大きいならば、短期債の市場均衡価格は下落する。

以上、本章のモデル分析から得られた上記三つの命題（命題 4.1、命題 4.2、および命題 4.3）から、経済全体でレバレッジ化が進んでいる時に、短期債市場のリスクプレミアムの上昇と、レポ取引における担保価値割引率の上昇が同時に起きると、(4.13) 式の条件が成立する下で、短期債の市場均衡価格の下落幅が大きくなることが明らかになった。

4.4 ▶ 短期債の市場流動性

次に、資金流動性 ρ^* の低下が短期債の市場均衡価格に与える影響について考察する。(4.7) 式から、短期債の総供給量は資金流動性 ρ^* の減少関数で

---

[15] 経済全体のレバレッジが拡大すると、より大きな ρ_i が起きる確率が高まるため、ρ_i の分布関数 $G(\rho_i)$ は下方シフトする点に注意する。
[16] 累積分布関数が下方へシフトすると、(4.8) 式では、$\int_{\rho^*}^{\bar{\rho}} G(\rho_i) d\rho_i$ が大きくなる一方で、(4.9) 式では、$\int_{\underline{\rho}}^{\rho^*} G(\rho_i) d\rho_i$ が小さくなる。したがって、(4.8) 式の右辺にある $\hat{\rho}$ が小さくなるので、(4.7) 式から総供給量 $S(r)$ が減少する。

ある一方、(4.9) 式から、短期債の総需要量は資金流動性 ρ^* の増加関数である。したがって、資金流動性が下がる（ρ^* が小さくなる）ほど、短期債の総供給量が増加する一方で短期債の総需要量が減少するため、短期債市場における超過供給（マイナスの超過需要）が拡大する。(4.10) 式の超過需要関数は、(4.13) 式の条件が成立する下で短期債の市場価格 r の減少関数なので、再び市場均衡を達成するためには短期債の市場価格 r^* は下落しなければならない。したがって、次の命題 4.4 が成立する。

> **命題 4.4**
> 仮に (4.13) 式の条件が成立するならば、資金流動性が低くなる（または高くなる）と、短期債の市場均衡価格は下落（または上昇）する。さらに、短期債の市場均衡価格が下落することで、短期債市場の市場流動性が低下する。

命題 4.4 は、資金流動性が悪化した結果として短期債の市場均衡価格が下落すると、短期債を発行する銀行の資産の本来の支払い能力を反映した市場価格と市場均衡価格との乖離が大きくなるため、「市場の非流動性尺度」が上昇し、市場流動性の低下に繋がることを意味する[17]。

5 結論

本章では、証券化銀行業の資金流動性リスクの 1 番目にある短期債の「借換えリスク」に注目し、短期債の借換えリスクの上昇が、証券化銀行業の資金調達コストを上昇させることで短期債の資金流動性を悪化させ、その結果として短期債市場の市場流動性が低下することを理論モデルにより示した。特に、借換えリスク要因である短期債のリスクプレミアム、担保価値割引率、および経済全体のレバレッジ化の進展が、短期債の市場均衡価格に与える影響について比較静学分析を行い、短期債市場を通じて流動性危機が起きる過程を理論的に明らかにした。

---

[17] Brunnermeier and Pedersen (2009) は、ファンダメンタル価格と市場価格との差を「市場の非流動性尺度」と定義している。

本章の主な結論は、証券化銀行業が資金調達を行う $ABCP$ などの担保付き短期債市場における短期債のリスクプレミアムの上昇や、レポ取引における担保価値割引率の上昇などの借換えリスクが増大すると、証券化銀行業の資金流動性が悪化し、短期債の市場均衡価格の下落が進むことである。とりわけ、サブプライム金融危機で経験したように、経済全体のレバレッジ化が進んでいる時にレバレッジの巻戻しが起き、短期債市場のリスクプレミアムの上昇や、レポ取引における担保価値割引率の上昇などが起きることで、借換えリスクが顕在化すると、短期債の市場均衡価格の下落幅が大きくなるため、短期債の市場流動性が大幅に悪化して流動性危機が起きることになる。

6 補論

補論 4.1：命題 4.1、命題 4.2、および命題 4.3 の証明
　まず、(4.10) 式における市場均衡点の周り（$r = r^*$）で評価した超過需要関数を r で偏微分すると、

$$\left.\frac{\partial ED(r)}{\partial r}\right|_{r=r^*} = \frac{1}{p_H}\left[\frac{\hat{\rho} - \rho^*}{(r^* - \varepsilon)^2} - \frac{\lambda \int_{\underline{\rho}}^{\rho^*} G(\rho_i)\, d\rho_i}{r^{*2}}\right] < 0 \quad (A4.1)$$

となり、仮に r^* が次の (A4.2) 式の不等式の範囲内に存在すれば、(A4.1) 式の符号条件は負になる。つまり、(A4.2) 式の下で、超過需要関数は r に関する減少関数となる。

$$0 < \hat{\rho} - \rho^* < \left(1 - \frac{\varepsilon}{r^*}\right)^2 \lambda \int_{\underline{\rho}}^{\rho^*} G(\rho_i)\, d\rho_i \quad (A4.2)$$

(A4.2) 式が成立する時、仮定より $r^* > \varepsilon$ だから (A4.1) 式の不等号条件は明らかに成立する。
　次に、(4.10) 式の超過需要関数をモデルのパラメーターである ε、λ、および ρ^* について偏微分すると、それぞれ

$$\left.\frac{\partial ED(r)}{\partial \varepsilon}\right|_{r=r^*} = -\frac{\hat{\rho} - \rho^*}{(r^* - \varepsilon)^2 p_H} < 0 \quad (A4.3)$$

$$\left.\frac{\partial ED(r)}{\partial \lambda}\right|_{r=r^*} = \frac{\int_{\rho}^{\rho^*} G(\rho_i)\,d\rho_i}{r^* p_H} > 0 \tag{A4.4}$$

$$\left.\frac{\partial ED(r)}{\partial \rho^*}\right|_{r=r^*} = \frac{\lambda}{r^* p_H} G(\rho^*) + \frac{1-G(\rho^*)}{(r^*-\varepsilon)p_H} > 0 \tag{A4.5}$$

となる。したがって、市場均衡点の周り ($r=r^*$) で評価した超過需要関数が 0 となる時の (4.10) 式を r^* と三つのパラメーターに関してそれぞれ微分し、(A4.2) 式が成立するとき $\partial ED(r^*)/\partial r^* < 0$ となることに注意すると、

$$\left.\frac{dr}{d\varepsilon}\right|_{r=r^*} = -\frac{\partial ED(r^*)/\partial \varepsilon}{\partial ED(r^*)/\partial r^*} < 0 \tag{A4.6}$$

$$\left.\frac{dr}{d\lambda}\right|_{r=r^*} = -\frac{\partial ED(r^*)/\partial \lambda}{\partial ED(r^*)/\partial r^*} > 0 \tag{A4.7}$$

$$\left.\frac{dr}{d\rho^*}\right|_{r=r^*} = -\frac{\partial ED(r^*)/\partial \rho^*}{\partial ED(r^*)/\partial r^*} > 0 \tag{A4.8}$$

が成立する。

(証明おわり)

第 5 章

資金回収リスクと資金流動性

1 はじめに

2007～09年に起きたサブプライム金融危機では、米国の住宅価格バブルの崩壊が引き金となりサブプライムローンを裏付けとした証券化商品の価格下落が起きた。さらに、証券化商品の価格下落が、資産担保コマーシャルペーパー（$ABCP$）などの資産担保証券を担保に用いたレポ取引を活用し、短期資金の借換えを繰り返すことで資金調達を行っていた、投資ファンドなどの影の銀行業の資金流動性を急速に悪化させた。その結果、投資ファンドによるレバレッジの巻戻しや、証券化商品市場において資産の投売りが起きたため、市場流動性の著しい低下を招くことになった。さらに、サブプライム金融危機の初期の段階で、投資ファンドによる損失計上の発表から投資ファンド顧客による大量の投資資金の解約が起こり、ファンド解約を一時的に凍結するなどの措置が講じられる事態が生じた[1]。

---

1 2007年6月にベアスターンズ傘下の二つのヘッジファンドがサブプライムローン関連取引による大規模な損失計上を行い、格付け機関がサブプライムローン関連の証券化商品の格付けを大幅に見直したことが引き金となり、投資ファンドの大量解約が起こり、資産担保証券の市場流動性が枯渇する事態が生じた。さらに、2007年8月にはフランスのBNPパリバ傘下の三つのファンドが、市場の混乱を理由として価格算定、募集、および解約や返金などの業務を停止し、資産の一時的な凍結を行った。これらの事例は、投資ファンドによる資金回収リスクの高まりが市場流動性に及ぼす影響の大きさを示している。

本章では、米国で起きたサブプライム金融危機の間に、影の銀行業が直面する資金流動性リスクが高まった原因の一つとして Brunnermeier (2009) が指摘している「資金回収リスク（または償却リスク）」に着目し、投資ファンドの資金回収が引き金となり影の銀行業の資金流動性が悪化し、そのことが流動性危機へと発展したメカニズムついて、ミクロ的基礎付けのある理論モデルを用いて考察する。

　Brunnermeier (2009) によると、証券化手法を用いる影の銀行業が資金調達する際に以下の三つの資金流動性リスクが存在する。第 1 に、購入した資産を担保にして頻繁に短期資金の借換えを行っているが、資金の借換えができなくなる「借換えリスク」の存在、第 2 に、レポ取引における担保価値割引率（または証拠金）が上昇することで資金調達コストが上がる「担保価値割引率リスク（または証拠金リスク）」の存在、第 3 に、銀行からの預金流出や、投資ファンドからの資金回収により、資金流動性が不足する「資金回収リスク（または償却リスク）」の存在である。

　第 4 章では、影の銀行業の資金流動性リスクの 1 番目の「借換えリスク」に注目し、短期債の借換えリスクの上昇が、影の銀行業の資金流動性を悪化させることで、レポや $ABCP$ などの担保付き短期債の市場価格の下落を招き、その結果、担保付き短期債市場の市場流動性が低下して流動性危機が起きることを示した。さらに、第 3 章では、影の銀行業の資金流動性リスクの 2 番目の「担保価値割引率リスク」に注目し、影の銀行業がローン担保証券のファンダメンタル価値を高めることができるモニタリングのあるエージェンシーモデルを用いて、担保価値割引率の上昇が影の銀行業の資金流動性を悪化させることで、資産担保証券（ABS）やモーゲージ担保証券（MBS）などのローン担保証券の市場価格を下落させ、流動性危機が起きることを示した。これら二つの研究に加えて、本章では 3 番目の「資金回収リスク」に着目した理論モデルを展開する。本章で行うモデル分析の経済的意義は、投資ファンドによる資金回収リスクの観点から、影の銀行業で起きた資金流動性リスクの増大が市場流動性リスクに発展したサブプライム金融危機の進行過程を理論的に明らかにする点にある。

　本章の以下の構成は、次の通りである。第 2 節では、モデルの設定を説明

する。第3節では、投資ファンドの資産選択に関する最適化問題を解く。第4節では、投資ファンドによる資金回収リスクと資金流動性との関係について考察する。第5節では、本章のモデルと関連研究の関係について説明する。最後に、第6節で結論を述べる。

2 モデル

　第0期、第1期、および第2期から成る3期間モデルを考える。このモデルには、流動的資産と非流動的資産という2種類の資産が存在する。非流動的資産を運営するリスク中立的な1人の企業経営者（以下、マネージャーという）と、非流動的資産に資金を提供する危険回避的な選好を持つ1社の投資ファンド（以下、ファンドという）が存在する。

　第0期にマネージャーの自己資金は0円であり、マネージャーは非流動的資産を開始するために額面1円の債券を発行して外部から資金調達を行う必要がある。第0期にファンドがこの債券を購入して第2期まで保有すれば、マネージャーが債務不履行を起こさない限り、債券の償還金額（元本＋クーポン）は D 円となる（ただし、$D > 1$ である）。

　第0期に資金調達に成功したマネージャーは、調達した資金1円の内、$(1-x)$ 円を流動的資産に投資し、x 円を非流動的資産に投資する。流動的資産は第0期に1円を投資すると第1期に1円が償還される単純な保蔵技術である。流動性資産に対する利子率は0であり、流動性資産は第2期には持ち越すことができないと仮定する。一方、非流動的資産は第0期に1円の資金を投入すると、第2期にのみキャッシュフローを生み出す資産である。

　第1期末に、各タイプのファンドは、非流動的資産を解約するか継続するかのいずれかを選択する。非流動的資産のキャッシュフローは、第1期末に清算された場合には L 円となるが、この清算価値は初期投資額1円を下回り（$L < 1$）、清算価値の払い戻しは第2期にのみ行われると仮定する。一方、第1期末に継続された場合には、第2期に非流動的資産のキャッシュフローが実現するが、第1期末時点においてベルヌーイ分布に従う確率変数となり、第2期における投資資金1単位当たりのキャッシュフローは、非流動的資産

が成功すれば Y 円 > 1 円となるが、失敗すれば 0 円になる。ここで、非流動的資産の成功確率を p、失敗確率を $(1-p)$ と表す（ただし、$1 > p > 0$ である）。

第 1 期初に、非流動的資産に投資したマネージャーは、金銭的なコスト C 円（$C > 0$）を負担して非流動的資産のモニタリングを行うかどうかを選択する [2]。第 2 期に非流動的資産が成功する確率は、マネージャーがモニタリングを行えば、高くなる（$p = p_H$）が、モニタリングを行わなければ、低くなる（$p = p_L$）と仮定する。ここで、$p_H > p_L$ が成立し、両方の成功確率の差を $\Delta p \equiv p_H - p_L > 0$ と表す。非流動的資産の期待キャッシュフローは、モニタリングを行った場合には、第 1 期の清算価値である L 円よりも大きくなるが、モニタリングが行わなかった場合には、第 1 期の清算価値である L 円よりも小さくなる（$p_H Y > L > p_L Y$）と仮定する。したがって、非流動的資産のネットの期待キャッシュフローを正にするためには、第 1 期初にマネージャーがモニタリングを行う必要がある。

次に、第 1 期中に流動性ショック（例えば、ファンドの顧客による解約など）が起きる。流動性ショックの大きさに応じて、ファンドは、第 1 期に清算される「早死にタイプ」と、第 2 期に清算される「長生きタイプ」の二つのタイプに分けられる。「早死にタイプ」は第 1 期のみ消費し、「長生きタイプ」は第 2 期のみ消費する。第 0 期に投資を開始する時点で、ファンドは、自分がいずれのタイプであるかをわからず、事前確率 q で「早死にタイプ」、事前確率 $1-q$ で「長生きタイプ」になることのみ知っている（ただし、$1 > q > 0$ である）。ただし、事前確率 q は、すべてのタイプのファンド間において共通知識であり、第 1 期中に流動性ショックが起きた時点で、ファンドは、自分が「早死にタイプ」または「長生きタイプ」のいずれのタイプであるかをわかる、と仮定する。

第 1 期中に流動性ショックが起きた時点で、「早死にタイプ」であることがわかったファンドは、非流動的資産を解約する。第 1 期時点で非流動的資産

---

[2] モニタリングの具体的な内容として、例えば、ファンドのマネージャーによる資産査定や経営改善要求など、非流動的資産の価値を高める一連の活動を挙げることができる。

から「早死にタイプ」のファンドへの払い戻しは行われないと仮定したことから、「早死にタイプ」は、第1期に流動的資産の償還金額 $(1-x)$ 円のみを消費する（$c_1 = 1 - x$）。他方で、「長生きタイプ」であることがわかったファンドは、第1期中に流動性ショックが起きた後、第1期末に、二つのタイプのシグナル（$\sigma = I$ または U）のどちらか一つのシグナルを受け取る。シグナル $\sigma = I$ を受け取ったファンドは、第2期に非流動的資産が成功する（$\Phi = 1$）か失敗する（$\Phi = 0$）かのいずれが起きるかを知ることのできる「情報を持つ長生きタイプ」になる。一方、シグナル $\sigma = U$ を受け取ったファンドは、第2期に非流動的資産が成功する（$\Phi = 1$）か失敗する（$\Phi = 0$）かのいずれが起きるかを知ることのできない「情報を持たない長生きタイプ」になる[3]。ここで、シグナル（$\sigma = I$）を受け取る事前確率を θ とし、シグナル（$\sigma = U$）を受け取る事前確率を $(1 - \theta)$ とする。事前確率 θ は、すべてのタイプのファンドの間で共通知識である。

第1期末に、「長生きタイプ」のファンドは、非流動的資産を清算するかどうかを決定する。まず、「情報を持つ長生きタイプ」のファンドは、第1期末に非流動性資産が失敗することがわかった場合（$\Phi = 0$）にはファンドを解約するが、この場合には非流動性資産が途中で清算されるため、「情報を持つ長生きタイプ」のファンドへの払い戻し額 c_2^I は Lx 円となる。一方、「情報を持つ長生きタイプ」のファンドは、第1期末に非流動性資産が成功することがわかった場合（$\Phi = 1$）にはファンドを継続する。この場合、ファンドは第2期まで継続されるため、ファンドが回収できる金額は、投資資金1単位当たり D 円となることから、$c_2^I = Dx$ 円となる。

次に、「情報を持たない長生きタイプ」のファンドは、第1期末にファンドを継続すると、第2期に受け取ることが予想される金額は、$c_2^U = p_j Dx$ 円 $(j = H, L)$ となる。「情報を持たない長生きタイプ」のファンドは、第2期に非流動的資産が成功する（$\Phi = 1$）か失敗する（$\Phi = 0$）かのいずれの状態が起きるかを区別できないため、$\Phi = 1$ となる信念を確率 μ、$\Phi = 0$ となる信念を確率 $1 - \mu$ で形成し、これらの信念を用いて、第1期末にファンドを

---

[3] この仮定はファンドの情報収集能力の違いを反映している。

図5–1 モデルの構造

継続するか解約するかを選択する。

最後に、第2期に非流動的資産の収益が実現し、マネージャーからファンドに対して債券1単位当たりの満期金額 D 円が支払われる。両者間での（投資資金1円当たりの）利得の分配は、非流動的資産が成功した場合、投資資金1単位当たりの実現キャッシュフロー Y 円から債券の償還金額 D 円を除いた $Y-D\,(>0)$ 円がマネージャーの取り分となり、D 円がファンドの取り分となる。一方、失敗した場合には実現キャッシュフローは0円となるためおのおのの取り分は0円となる。以上のモデルの構造を図5–1に示しておく。

第1期初に、非流動的資産のマネージャーにモニタリングを行うインセンティブを持たせるための誘因両立条件は、次の (5.1) 式で表される。

$$p_H(Y-D) - C \geq p_L(Y-D) \tag{5.1}$$

(5.1) 式を変形すると、次の (5.2) 式の条件式が得られる。

$$D \leq D^* \equiv Y - \frac{C}{\Delta p} \tag{5.2}$$

(5.2) 式の右辺で、非流動的資産を運営するマネージャーが債券を発行することで外部調達できる最大借入れ可能額（Debt Capacity）を D^* 円（$D^* \equiv Y - C/\Delta p$）と定義している。(5.2) 式は、非流動的資産のマネージャーにモニタリングを行う誘因を持たせるための条件を表しているが、この条件式が

成立するためには、マネージャーが債券発行によって調達する債務額が最大借入れ可能額以下（$D \leq D^*$）となる必要がある[4]。(5.2) 式の右辺を見ると、モデルの与件である非流動的資産が成功した場合のキャッシュフロー水準 Y 円が増加するか、モニタリングコスト C 円が減少するか、あるいは Δp（モニタリングを行った場合と行わなかった場合との間のプロジェクトの成功確率の差）が大きくなると、最大借入れ可能額 D^* 円が増加することがわかる。

3 投資ファンドの資産選択問題

第 2 節のモデル設定の下、ファンドは、第 0 期に以下の最大化問題を解く。次の (5.3) 式はファンドの目的関数で、(5.4) 式〜(5.6) 式は、それぞれファンドが直面する制約条件である。すなわち、(5.4) 式は「早死にタイプ」のファンド、(5.5) 式は「情報を持つ長生きタイプ」のファンド、(5.6) 式は「情報を持たない長生きタイプ」のファンドの予算制約式である。

$$\max_{\{c_1, c_2^I, c_2^U, x\}} qu(c_1) + (1-q)\{\theta u(c_2^I) + (1-\theta)u(c_2^U)\} \tag{5.3}$$

s.t.

$$c_1 = 1 - x \tag{5.4}$$

$$c_2^I = \left\{\Phi \frac{\rho^*}{p_H} + (1-\Phi)L\right\} x \tag{5.5}$$

$$c_2^U = \Phi \rho^* x \tag{5.6}$$

(5.5) 式と (5.6) 式にある ρ^* は、ファンドがプロジェクトのマネージャーから受け取ることが期待される償還金額（$\rho^* = p_H D^*$）を表しており、以下では $\rho^* > L$ になると仮定する。また、Φ は 0 または 1 のいずれかの値になる点に注意する。すなわち、$\Phi = 1$ は「情報を持つ長生きタイプ」のファンドが第 1 期末に非流動的資産が成功することがわかるケースに対応し、$\Phi = 0$ は「情報を持つ長生きタイプ」のファンドが第 1 期末に非流動的資産が失敗

---

[4] (5.2) 式において、仮に $D = D^*$ ならばマネージャーがモニタリングを行うことと行わないことが無差別になるが、この場合はモニタリングを行うと仮定する。

することがわかるケースに対応している。

　(5.4)～(5.6) 式の各制約条件の意味は、以下の通りである。まず、(5.4) 式では、「早死にタイプ」のファンドは、第 1 期末にファンドを解約し、流動的資産から $(1-x)$ 円を消費する。次に、(5.5) 式の右辺 { } の中は、$\Phi = 1$ ならば $D^* = \rho^*/p_H$ 円となり、$\Phi = 0$ ならば L 円となる。すなわち、$\Phi = 0$ のケースでは、「情報を持つ長生きタイプ」は、非流動性資産が将来失敗することを知りファンドを解約するため、投資資金 1 単位当たり L 円しか回収できないことを意味する。一方、$\Phi = 1$ のケースでは、「情報を持つ長生きタイプ」が、非流動性資産が将来成功することを知りファンドを継続するため、債務不履行が起きず契約通りに債券が償還されることから、投資資金 1 単位当たり D^* 円がファンドへ払い戻されることを意味している。

　最後に、(5.6) 式の右辺は、「情報を持たない長生きタイプ」が、第 1 期末に、非流動的資産が成功するか失敗するかをわからないケースに対応している。「情報を持たない長生きタイプ」は、仮に真の状態が $\Phi = 1$ ならば D^* 円の償還金を受け取ることができ、仮に真の状態が $\Phi = 0$ ならば償還金は 0 円となるため、予想受取り額は $p_H D^*$ 円となる[5]。

　この最大化問題を解くと、次の (5.7)～(5.11) 式で示される最適条件が得られる。

① $\Phi = 1$ の時

$$qu'(c_1^*) = \frac{\rho^*(1-q)}{p_H}\left\{\theta u'\left(c_2^{I*}\right) + (1-\theta)u'\left(p_H c_2^{I*}\right)\right\} \tag{5.7}$$

② $\Phi = 0$ の時

$$qu'(c_1^*) = (1-q)\theta L u'\left(c_2^{I*}\right) \text{ かつ } c_2^{U*} = 0 \tag{5.8}$$

$$c_1 = 1 - x^* \tag{5.9}$$

$$c_2^I = \{\Phi(\rho^*/p_H) + (1-\Phi)L\}x^* \tag{5.10}$$

---

[5] ここで、第 1 期末にファンドを解約するかどうかを選択する際、非流動的資産が成功するという「情報を持つ長生きタイプ」のファンドの受取り額 D^* の方が「情報を持たない長生きタイプ」のファンドの受取り額 $p_H D^*$ よりも大きくなる点に注意する。すなわち、$\Phi = 1$ の場合には不確実性が取り除かれるため、期待返済額が $\rho^* = p_H D$ 円ではなく D 円となり、非流動的資産の成功確率の逆数倍 $(1/p_H)$ だけレバレッジが上がることになる。

$$c_2^U = \Phi \rho^* x^* \tag{5.11}$$

以下では、上記の最大化問題における明示的な最適解を求めるために、相対的危険回避度一定の $CRRA$ 型効用関数に特定化して議論を進める。モデルの中で、$u(c) = \log c$ とおくと、(5.7)〜(5.11) 式の最適条件は、① $\Phi = 1$ または ② $\Phi = 0$ となるケース別に場合分けすると、次のように書き換えられる。

① $\Phi = 1$ の時

$$\frac{q}{c_1} = \frac{\rho^*(1-q)}{p_H}\left\{\frac{\theta}{c_2^I} + \frac{1-\theta}{c_2^I}\right\} \tag{5.12}$$

$$c_1 + \frac{p_H c_2^I}{\rho^*} = 1, \quad c_2^U = p_H c_2^I \tag{5.13}$$

(5.12) 式と (5.13) 式より、最適消費水準 c^* と、非流動性資産への最適投資額 x^* は、次の (5.14) 式で表される。

$$c_1^* = q, c_2^{U^*} = (1-q)\rho^*, c_2^{I^*} = \frac{(1-q)\rho^*}{p_H}, x^* = 1-q \tag{5.14}$$

② $\Phi = 0$ の時

$$\frac{q}{c_1} = \frac{(1-q)\theta L}{c_2^I} \tag{5.15}$$

$$c_1 + \frac{c_2^I}{L} = 1, \quad c_2^U = 0 \tag{5.16}$$

(5.15) 式と (5.16) 式より、最適消費水準 c^* と、非流動性資産への最適投資額 x^* は、次の (5.17) 式で表される。

$$c_2^{U^*} = 0, c_1^* = \frac{q}{q+(1-q)\theta}, c_2^{I^*} = \frac{(1-q)\theta L}{q+(1-q)\theta}, x^* = \frac{(1-q)\theta}{q+(1-q)\theta} \tag{5.17}$$

上で求めた最適消費配分の解釈は、以下の通りである。(5.14) 式は、長生きタイプが第 2 期に非流動的資産が成功することがわかる場合について、(5.17) 式は、長生きタイプが第 2 期に非流動的資産が失敗することがわかる場合に

ついて、それぞれのケースにおけるファンドの最適消費配分を表している。以下では、ファンドのタイプ別に最適消費配分の内容について説明する。

まず、「情報を持つ長生きタイプ」のファンドが、第1期末に将来（第2期に）非流動的資産が成功するという事実を知った（$\Phi = 1$）場合について考える。このファンドは、第0期に初期資金1円の内の $1 - x^* = q$ 円を流動的資産に、$x^* = 1 - q$ 円を非流動的資産に投資する。第1期に「早死にタイプ」になるファンドは、第1期に投資元本1円を下回る解約金 $c_1^* = q$ 円を消費する。他方、「長生きタイプ」になるファンドは、「情報を持つ長生きタイプ」になる場合には第2期に $c_2^{I*} = (1-q)\rho^*/p_H$ 円を消費する一方、「情報を持たない長生きタイプ」になる場合には第2期に $c_2^{U*} = (1-q)\rho^*$ 円を消費する[6]。

次に、「情報を持つ長生きタイプ」のファンドが、第2期に非流動的資産が失敗するという事実を知った（$\Phi = 0$）場合について考える。このファンドは、第0期に、初期資金1円の内、$1 - x^* = q/\{q+(1-q)\theta\}$ 円を流動的資産に、$x^* = (1-q)\theta/\{q+(1-q)\theta\}$ 円を非流動的資産に投資する。「早死にタイプ」のファンドは、第1期に $c_1^* = q/\{q+(1-q)\theta\}$ 円を消費する。$\Phi = 1$ の場合と同様に、「早死にタイプ」のファンドの顧客は、投資元本1円を下回る解約金しか得ることができない[7]。最後に、「情報を持つ長生きタイプ」のファンドは、第2期に $c_2^{I*} = (1-q)\theta L/\{q+(1-q)\theta\}$ 円を消費するが、「情報を持たない長生きタイプ」のファンドの取り分は0となるため、$c_2^{U*} = 0$ 円となる。

4 投資ファンドによる資金回収リスクと資金流動性

本節では、第3節の中で示した投資ファンドの資産選択から導かれるタイプ毎の最適消費配分である (5.14) 式と (5.17) 式を用いて、投資ファンドによる資金回収リスクについて考察する。

6　$\Phi = 1$ の場合、$0 < p_H < 1$ かつ $\rho^* = p_H D^*$ より、$c_2^{I*} = (1-q)\rho^*/p_H > (1-q)\rho^* = c_2^{U*}$ となるため、$c_2^{I*} > c_2^{U*}$ が必ず成立する。

7　$\Phi = 0$ の場合、仮定の $L < 1$ かつ $q/\{q+(1-q)\theta\} < 1$ より、$c_1^* < 1$ が必ず成立する。

まず、(5.14) 式の結果を用いると、「情報を持つ長生きタイプ」のファンドが第 2 期に成功することがわかると（$\Phi = 1$ のケース）、事後的な最適消費水準の大小関係は、q の閾値 $\bar{q}$ を (5.18) 式のように定義すると、q と $\bar{q}$ の大小関係に応じて、次の (5.19) 式と (5.20) 式になる。

$$\bar{q} \equiv \frac{1}{1 + (1/\rho^*)} \tag{5.18}$$

$$q \leq \bar{q} \quad \text{ならば、} \quad c_1^* \leq c_2^{U^*} < c_2^{I^*} \tag{5.19}$$

$$q > \bar{q} \quad \text{ならば、} \quad c_2^{U^*} < c_1^* < c_2^{I^*} \tag{5.20}$$

(5.19) 式より、各タイプのファンドの事後的な最適消費水準は、$q \leq \bar{q}$ ならば、水準の小さい方から「早死にタイプ」、「情報を持たない長生きタイプ」、「情報を持つ長生きタイプ」の順に大きくなる。他方、(5.20) 式より、$q > \bar{q}$ ならば、事後的な最適消費水準は、水準の小さい方から「情報を持たない長生きタイプ」、「早死にタイプ」、「情報を持つ長生きタイプ」の順に大きくなる。すなわち、q と $\bar{q}$ の大小関係により、「情報を持たない長生きタイプ」と「早死にタイプ」の最適消費水準の大小関係が入れ替ることになる。

次に、(5.17) 式の結果を用いると、「情報を持つ長生きタイプ」のファンドが第 2 期に失敗することがわかると（$\Phi = 0$ のケース）、事後的な最適消費水準の大小関係は、q の閾値 $\underline{q}$ を (5.21) 式のように定義すると、q と $\underline{q}$ の大小関係に応じて、次の (5.22) 式と (5.23) 式になる。

$$\underline{q} \equiv \frac{1}{1 + (1/\theta L)} \tag{5.21}$$

$$q \leq \underline{q} \quad \text{ならば、} \quad c_2^{U^*} = 0 < c_1^* \leq c_2^{I^*} \tag{5.22}$$

$$q > \underline{q} \quad \text{ならば、} \quad c_2^{U^*} = 0 < c_2^{I^*} < c_1^* \tag{5.23}$$

(5.22) 式より、各タイプのファンドの事後的な最適消費水準は、$q \leq \underline{q}$ ならば、小さい方から「情報を持たない長生きタイプ」、「早死にタイプ」、「情報を持つ長生きタイプ」の順に大きくなる。他方、(5.23) 式より、$q > \underline{q}$ ならば、「情報を持たない長生きタイプ」、「情報を持つ長生きタイプ」、「早死にタイプ」の順に大きくなる。すなわち、q と $\underline{q}$ の大小関係により、「情報を持

つ長生きタイプ」と「早死にタイプ」の最適消費水準の大小関係が入れ替ることになる。

第 0 期において、ファンドは将来自分がいずれのタイプになるかわからないが、第 1 期中に流動性ショックが起きた時点で「早死にタイプ」か「長生きタイプ」であるかがわかる。さらに、第 1 期末にシグナルを観察した時点で、「情報を持つ長生きタイプ」か「情報を持たない長生きタイプ」のいずれであるかがわかる。第 1 期末時点で、「情報を持つ長生きタイプ」になるファンドは、第 2 期に非流動性資産が成功するかどうかがわかるため、非流動的資産が成功するという情報を得た場合（$\Phi = 1$ のケース）には、ファンドを継続することを常に選択する一方で、非流動的資産が失敗するという情報を得た場合（$\Phi = 0$ のケース）には、$q \leq \underline{q}$ ならば、ファンドを継続することを選択し、$q > \underline{q}$ ならば、ファンドを解約することを選択する。

他方、「情報を持たない長生きタイプ」は、第 1 期末にファンドを解約するかどうかを選択する際に、第 2 期に非流動性資産が成功するかどうかがわからないため、成功する（$\Phi = 1$ のケース）という信念を μ、失敗する（$\Phi = 0$ のケース）という信念を $(1 - \mu)$ で評価して、ファンドを解約するかどうかを選択する。以上の設定の下、次の命題 5.1 が導かれる [8]。

> **命題 5.1**
> 第 0 期に、ファンドが非流動的資産に投資する際、第 1 期に「情報を持たない長生きタイプ」になった場合、非流動的資産が成功する（$\Phi = 1$ のケース）信念を μ、非流動的資産が失敗する（$\Phi = 0$ のケース）信念を $(1 - \mu)$ とする。この信念 μ が、次の (5.24) 式で示された閾値 $\hat{\mu}$ を下回ると、「情報を持たない長生きタイプ」のファンドは、第 1 期時点で非流動的資産への投資をすべて解約する。
>
> $$\mu < \hat{\mu} \equiv \frac{1}{1 + \frac{(\rho^* - L)\{q + (1-q)\theta\}}{\theta L}} \tag{5.24}$$

---

[8] 命題 5.1 の証明は、補論 5.1 を参照されたい。

命題 5.1 の含意は、たとえ非流動的資産が成功する（$\Phi = 1$ のケース）ことが真の状態であったとしても、「情報を持たない長生きタイプ」のファンドが、非流動的資産が失敗するという信念を強く持つ場合には、資金回収リスクに直面することを恐れてファンドを解約するために、非流動的資産が清算されることを意味する。これは、経済厚生の観点から見て非効率な結果であるといえる。

次に、命題 5.1 で導出した信念の閾値 $\hat{\mu}$ が、モデルのパラメーターが変化した時にどのように変化するかを調べることで、次の命題 5.2 が導かれる[9]。

> **命題 5.2**
> 以下の三つのいずれのケースにおいても、第 1 期末に「情報を持たない長生きタイプ」のファンドが解約を行う基準となる信念の閾値 $\hat{\mu}$ が上がることから、ファンドが解約され易くなるため、資金回収リスクが高くなる。
> ① 「早死にタイプ」のファンドになる事前確率 q が下がる。
> ② 非流動的資産の清算価値 L が上がる。
> ③ シグナル $\sigma = I$ を受け取る事前確率 θ が上がる。
> ④ 最大借入れ可能額 ρ^* が下がる。

命題 5.2 の解釈は以下の通りである。まず、命題 5.2 の ① 〜 ④ の四つのケースのすべてにおいて信念の臨界値 $\hat{\mu}$ が上がるため、$\mu < \hat{\mu}$ となる信念 μ の領域が拡大することから、第 1 期末に「情報を持たない長生きタイプ」のファンドによる解約が起き易くなり、資金回収リスクが増大する。

次に、命題 5.2 の ①、②、および ③ のいずれのケースでも、「情報を持たない長生きタイプ」のファンドは、第 1 期末にファンドを解約することが有利となる。特に重要なのは ④ のケースであり、最大借入れ可能額 ρ^* が下がることは資金流動性が悪化することを意味するため、この資金流動性の悪化が引き金となり資金回収リスクが高まることで、「情報を持たない長生きタイプ」のファンドによる解約がより起き易くなることを意味している。

9　命題 5.2 の証明は、補論 5.2 を参照されたい。

5 関連研究

本節では、投資ファンドによる資金回収リスクと流動性に関する最近の理論および実証の研究内容を手短に概観し、本章のモデルとの関連について説明する[10]。

まず、影の銀行業ではないが預金を取扱う商業銀行の資金回収リスクを扱う経済理論モデルの代表として Diamond and Dybvig (1983) を挙げることができる。このモデルは複数均衡の一つとして預金取付けが起きることを説明できるが、以下の三つの理由から投資ファンドによる資金回収リスクのモデルにそのまま応用することが困難となる。

第1に、影の銀行業は、預金ではなくレポや $ABCP$ などの担保付短期債で資金を調達している点である。影の銀行業の資金の貸し手は、同じ銀行内にあるローン債権のような共通の資金プールを担保にするのではなく、別々のローン債権を担保にしていることから、預金のような「逐次サービス制約 ($Sequential\ Service\ Constraint$)」をそのまま適用することができない点である。第2に、影の銀行業における資金調達では短期間で借換えの必要が生じるが、預金の場合には金融危機などが起きない限りは預金取付けが起きないため、借換える必要がない点である。第3に、預金の場合には預金保険による政府保証があるのに対して、影の銀行業の資金調達手段である MMF や $ABCP$ には政府保証がない点である。このため、預金者は情報収集を行う誘因が低いのに対して、影の銀行業への資金の出し手は情報分析能力に優れたプロの投資ファンドなどが多いことから、情報収集の誘因が高まるというインセンティブ上の違いが生じる。したがって、預金者は常に情報劣位であるため情報環境の変化にあまり反応しない一方で、プロの投資ファンドは情報優位にあるため情環境報の変化に敏感に反応するようになる[11]。

---

[10] 本節の以下の議論は丸茂 (2013) の第6節を参照している。紙面の都合上で内容の一部を割愛しているので、詳しくは上記論文を参照されたい。

[11] Gorton and Ordonez (2012) は、担保付き短期債の買い手が、景気が上昇局面にある間は、担保資産価値に関する情報生産を行わないため、担保付き短期債は「情報に反応し

本章のモデルでは、影の銀行業の特徴として、逐次サービス制約を用いていない点、借換えの可能性を一部考慮している点、預金保険が存在しない点などを考慮したモデルを設定し、投資ファンドによる資金回収リスクの増大が資金流動性の悪化を招くことを理論的に明らかにした。

　さらに、次に紹介する二つの理論モデルでは、本章のモデルと同様、影の銀行業の資金回収リスクの特徴を考慮したモデルを設定して「レポ取付け（Repo Run）」が起きることを示すことに成功している。

　まず、Brunnermeier and Oehmke (2013) は、複数の貸し手から資金を借入れる金融機関による満期構成の選択を内生的に導出するモデルを構築し、「満期生存競争（Maturity Rat Race）」が起きることを示している。ここで、満期生存競争とは、金融機関に対して資金を貸出す個々の貸し手が、他の貸し手よりも先に資金を回収し貸出満期を短縮化する誘因を持つことで、協調の失敗が起きるために生じる。次に、Acharya, Gale and Yorulmazer (2011) は、銀行が担保付き短期債を用いて資金調達可能な最大借入れ可能額に関する決定問題について動学的モデルによる分析を行っている。このモデルでは、比較的信用リスクの小さい資産を担保とした最大借入れ可能額が突然収縮することを示すことができ、レポ取付けを説明することに成功している。

　さらに、資金回収リスクに関する実証研究についても簡単に概観しておく。Gorton と Metrick は、サブプライム金融危機前後のレポ市場について一連の研究論文 Gorton and Metrick（2010a, 2010b, 2012a, 2012b）の中で詳細な分析を行った結果、商業銀行において預金引出しが一斉に起きた場合に生じる預金取付けと同様に、レポ市場においても資金の貸し手である MMF や貸株業者による資金借換えが起きず、資金回収が一斉に起きるレポ取付けが起きたと主張している。実際、Gorton and Metrick（2012b）は、2007 年第 2 四半期から 2009 年第 1 四半期までの間、米国の商業銀行と影の銀行業に対して供与されたネットで見たレポ資金調達額は約 1 兆 3,000 億ドル減少した

ない負債」になる一方、景気が下落局面にある間は、担保価値に関する情報生産を始めるため、担保付き短期債が「情報に反応する負債」に変わることで、わずかな経済ショックが情報環境の大きな修正を引き起こすことで、金融危機が発生することを説明する経済理論モデルを提示している。

という事実を報告し、レポ取付けが起きたと主張しているが、このようなレポ取付けが起きた原因として、主に米国以外の海外金融機関、ヘッジファンド、および MMF や貸株業者などの規制のない現金プールからの資金逃避を指摘している。

一方、Krishnamurthy, Nagel and Orlov（2014）は、MMF と貸株業者から影の銀行業に対して供給されたレポ資金調達（量、担保割引率、および担保種類別のレポレート）を計測している。サブプライム金融危機以前では、レポのほとんどが公債やエージェンシー債などの政府保証債を担保にしていたため、民間資産の資金調達に際してレポはわずかな役割しか果たしていなかった点、サブプライム金融危機の間に民間資産の担保付きレポは収縮したが、その程度は $ABCP$ の収縮ほどは大きくなかった事実を報告した上で、サブプライム金融危機では伝統的な預金者による銀行取付けが起きたのではなく、取引先リスク（カウンターパーティーリスク）が増大したことでレポ市場においてディーラー間の信用収縮が起きたと結論づけている。

以上をまとめると、レポ取付けが起きた考える Gorton and Metrick による一連の研究と、レポ取付けが起きなかったと考える Krishnamurthy 他との間に主張の違いがあるが、今後より詳細なデータ整備と実証研究が進み、いずれの主張が正しいのかが明らかにされることが期待される[12]。

6 結論

本章では、2007～09 年に米国で起きたサブプライム金融危機の原因の一つとして考えられている投資ファンドによる資金回収リスクに着目し、投資ファンドの資金回収が引き金となり、影の銀行業の資金流動性が悪化し、それが流動性危機へと発展したメカニズムについて理論モデルを用いて考察した。本章の結論は、以下の通りである。

第 1 に、投資ファンドによる資産選択問題について理論モデルを用いて分

---

[12] Adrian, Begalle, Copeland and Martin（2013）は、レポ市場に関するデータ不備の問題を指摘している。

析し、投資ファンドによるファンド解約の意思決定基準となる信念の閾値をモデルの中で導出した。とりわけ「情報を持たない長生きタイプ」のファンド、すなわち情報劣位の立場にある投資ファンドによるファンド解約が起きる条件を導出し、資金回収リスクの存在をモデルの均衡として内生的に導出した。

　第2に、本章のモデルを用いて比較静学分析を行い、投資ファンドによるファンド解約の意思決定基準となる信念の閾値に対して、モデルのパラメーターが及ぼす影響について調べた。その結果、投資ファンドが直面する資金流動性の悪化が引き金となり、情報生産能力が乏しい投資のファンドによる投資回収リスクが高まることで、流動性危機が起きることをモデルの中で示すことができた。

7 補論

補論 5.1：命題 5.1 の証明

　「情報を持たない長生きタイプ」になるファンドが、非流動的資産が成功する（または失敗する）という信念 μ（または $1-\mu$）に従い、ファンドを継続することを選択した時の期待消費水準は、(5.14) 式と (5.17) 式を用いて、

$$\mu c_2^{U^*}(\Phi=1) + (1-\mu)c_2^{U^*}(\Phi=0) = \mu x^*(\Phi=1)\rho^* = \mu(1-q)\rho^* \tag{A5.1}$$

となる。同様に、非流動的資産が成功する（または失敗する）という信念 μ（または $1-\mu$）に従い、「情報を持たない長生きタイプ」になるファンドが、ファンドを解約することを選択した時の期待消費水準は、(5.14) 式と (5.17) 式を用いて、

$$\begin{aligned}
&\mu c_2^{U^*}(\Phi=1) + (1-\mu)c_2^{U^*}(\Phi=0) \\
&= \mu x^*(\Phi=1)L + (1-\mu)x^*(\Phi=0)L \\
&= \mu(1-q)L + (1-\mu)\frac{(1-q)\theta}{q+(1-q)\theta}L
\end{aligned} \tag{A5.2}$$

となる。したがって、非流動的資産を継続するか解約するかのいずれが有利となるかを決める条件は、次の (A5.3) 式で示される。

$$\mu(1-q)\rho^* \gtreqless \mu(1-q)L + (1-\mu)\frac{(1-q)\theta L}{q+(1-q)\theta} \tag{A5.3}$$

(A5.3) 式を整理すると、

$$\mu \gtreqless \hat{\mu} \equiv \frac{1}{1+\dfrac{(\rho^*-L)\{q+(1-q)\theta\}}{\theta L}} \tag{A5.4}$$

が得られる。したがって、$\mu < \hat{\mu}$ ならば、「情報を持たない長生きタイプ」のファンドはファンドを解約し、非流動的資産が清算される。

（証明おわり）

補論 5.2：命題 5.2 の証明

モデルのパラメーターである q、θ、L、および ρ^* が変化した時、(5.24) 式の $\hat{\mu}$ に与える影響を調べる。ここで、(5.24) 式の分母第 2 項にある分数の項を次の (A5.5) のように定義する。

$$\Omega = \frac{(\rho^*-L)\{q+(1-q)\theta\}}{\theta L} \tag{A5.5}$$

したがって、$\hat{\mu} = 1/(1+\Omega)$ と表せる。(A5.5) 式をモデルの各パラメーターで偏微分すると、以下の (A5.6)〜(A5.9) 式が得られる。

$$\frac{\partial \Omega}{\partial q} = \frac{(\rho^*-L)(1-\theta)}{\theta L} > 0 \tag{A5.6}$$

$$\frac{\partial \Omega}{\partial L} = -\frac{\rho^*\{q+(1-q)\theta\}}{\theta L^2} < 0 \tag{A5.7}$$

$$\frac{\partial \Omega}{\partial \rho^*} = \frac{q+(1-q)\theta}{\theta L} > 0 \tag{A5.8}$$

$$\frac{\partial \Omega}{\partial \theta} = -\frac{(\rho^*-L)q}{\theta^2 L} < 0 \tag{A5.9}$$

したがって、モデルの各パラメーターが信念の閾値に与える影響は、以下の

ようになる。

$$\frac{d\hat{\mu}}{dq} < 0, \quad \frac{d\hat{\mu}}{dL} > 0, \quad \frac{d\hat{\mu}}{d\rho^*} < 0, \quad \frac{d\hat{\mu}}{d\theta} > 0 \quad\quad\quad (\text{A5.10})$$

（証明おわり）

第 6 章

投資主体間の情報格差と市場流動性

1　はじめに

　2007年にサブプライム金融危機が起きるまでの数年間に、資産担保証券（ABS）やモーゲージ担保証券（MBS）などの証券化商品への重要が高まり、機関投資家やヘッジファンドなどのプロの投資家だけでなく、個人投資家による証券化商品需要も増加していた。個人投資家の多くは、証券化商品の質に関する内部情報を持たず、市場価格などの公開情報から真の証券価値を推定して、戦略的に証券を売買することで利益をあげることを目的とした取引を行っている。サブプライム金融危機の前後に、証券化商品を含む資産市場全体が不安定化した原因の一つに、情報上不利な立場にあるが戦略的に証券売買を行う個人投資家の存在が、証券化商品市場の効率性や安定性に何らかの影響を及ぼした可能性があると考えられる。

　本章では、二つのタイプのトレーダー（「情報トレーダー」と「ノイズトレーダー」）が存在する Kyle (1985) モデルに、証券の真の価値に関する私的情報を持たないが、マーケットメーカーが提示した証券価格を観察して、その価格情報から証券の真の価値をベイズ推定する「価格から情報を推定するトレーダー」という新たなタイプのトレーダーを挿入したモデルを構築する。

　本章の目的は、価格情報から推定するトレーダーの存在が、均衡において

マーケットメーカーが設定する証券価格や、情報を持つトレーダーや流動性トレーダーなどの他のタイプのトレーダーの売買戦略に及ぼす影響について、厚生水準を踏まえて考察することである[1]。

まず、Kyle（1985）モデルの背景について概観する。効率市場仮説では、市場参加者が利用可能な情報は瞬時に市場価格に織り込まれるため、証券市場において裁定機会は存在せず、市場は常に効率性になることが主張される。しかし、現実の証券市場で成立する市場価格は、公開情報に対して即時に反応する一方で、非公開情報に対して市場価格は即時に反応せず、市場参加者の学習過程を通じて時間をかけて私的情報が市場価格に織り込まれていく。

Brunnermeier（2001）は、証券市場において情報に対する市場価格の反応が緩慢になる原因として、ノイズトレーダーの存在、情報を持つトレーダーの戦略的行動、および売買単位のようにトレーダーがある一定の量しか取引できないような外生的な制度上の制約の存在を挙げている。

証券市場のマイクロストラクチャーの研究分野では、証券市場における売買注文の方法や、価格設定ルール、あるいは市場参加者の情報構造が、市場価格に与える影響に関する研究が行われている[2]。その中でも、情報と価格の関係について分析した静学的なマイクロストラクチャーモデルは、同時手番モデルと逐次手番モデルに分けることができる[3]。逐次手番モデルは、さらにシグナリングモデル（情報を持つトレーダーが先に手番をとる）とスクリーニングモデル（情報を持たないトレーダーが先に手番をとる）に分けられる[4]。

---

[1] 本章のモデルは、丸茂（2009a）の中に収められた「非合理的なトレーダーと証券市場の効率性」（第4章、pp.91–110）と同じ内容である。市場流動性に関する研究であることから、本書第6章として再掲している。本書への掲載を承諾いただいた晃洋書房に感謝申し上げる。

[2] 証券市場のマイクロストラクチャーに関する最近の研究に関する包括的なサーベイは、Madhavan（2000）を参照されたい。また、Constantinides, Harris and Stulz（2003）による研究書 *Handbook of the Economics of Finance* の中に収められた、Easley and O'Hara（2003）と Stoll（2003）による展望論文なども参考になる。

[3] さらに、同時手番モデルは、合理的期待均衡（REE）モデルとベイジアンナッシュ均衡（BNE）モデルに分けることができる。これらの詳しい説明については、Brunnermeier（2001）の第3章や、de Jong and Rindi（2009）の第3章が参考になる。

シグナリングモデルの代表的な論文がKyle（1985）である。Kyle（1985）のモデルには、一つの証券が存在し、その証券の価格を設定する一人のマーケットメーカーが存在し、その証券を売買する一人の「情報を持つトレーダー（*Informed Trader*）」と、その他多数の「流動性トレーダー（*Liquidity Trader*）」という2タイプのトレーダーが存在する。「情報を持つトレーダー」とは、証券の本源的価値に関する真の情報を持つ内部者のことで、彼は私的情報を利用して戦略的に証券を売買することで利益をあげようとする。他方、「流動性トレーダー」とは、証券の本源的価値に関する情報を全く持たず、自分の流動性ニーズのみで証券を売買するノイズトレーダー（*Noise Trader*）を指しており、ノイズトレーダーによる取引は、正規分布に従う確率変数として外生的にモデル挿入されている。

　Kyle（1985）モデルのタイミングは、まず、情報を持つトレーダーと流動性トレーダーが売買注文を選択し、両者の注文を集計した純注文フローが決まる[5]。次に、証券の真の価値を知らないマーケットメーカーは、どのタイプのトレーダーによる売買注文であるかを知らずに、純注文フローの総額のみを観察して、ある証券の真の価値をベイズ推定し、証券価格を設定する。このような設定の下、マーケットメーカーが設定する証券価格と「情報を持つトレーダー」の証券売買戦略が線形関数になるという条件の下で、ベイジアンナッシュ均衡（以下、BN均衡という）が導出される。

　本章では、このKyle（1985）モデルに「価格から情報を推定するトレーダー」という新たなプレーヤーを加えて拡張したモデルを設定して分析を行う[6]。

4　スクリーニングモデルの代表的な論文に、マーケットメーカーが総供給関数を提示する「単一価格付け（*Uniformed Pricing*）モデル」のGlosten（1989）や、マーケットメーカーが1単位の証券の売り価格と買い価格を提示する設定で、情報の非対称性がビット・アスク・スプレッドに与える影響を分析したGlosten and Milgrom（1985）がある。

5　Kyle（1985）のモデルは、情報を持つプレーヤーが先手番をとるシグナリングゲームの一種であるが、手番の順序を変えて同時手番にしてもモデルの結果は変わらない。詳しくはVives（1995）を参照のこと。

6　本章のモデルと同様に「価格から情報を推定する」トレーダーが存在するモデルにWang（2010）があるが、このモデルはノイズに反応するナイーブな投機家の行動が考察されており、本章のモデルとは異なる内容が扱われている。

本章の以下の構成は、次の通りである。第 2 節では、モデルの設定について説明する。第 3 節では、各トレーダーの最適投資戦略を求め、モデルの BN 均衡を導出する。第 4 節では、「価格から情報を推定するトレーダー」の存在が、他のトレーダーの投資戦略やトレーディング利益に与える影響ついて考察する。最後に、第 5 節で結論を述べる。

2 　証券トレーディングのモデル

1 種類の証券が存在する経済を考える。この証券の真の価値 v は、不確実な確率変数で、平均 $\bar{v}$、分散 σ_v^2 の正規分布に従う（$v \sim N(\bar{v}, \sigma_v^2)$）と仮定する。この経済には、証券の市場価格を設定する 1 人のマーケットメーカーと、証券の売買を行う複数のトレーダーが存在し、すべての経済主体はリスク中立的な選好を持つと仮定する。

トレーダーには三つのタイプがあり、第 1 に、証券の真の価値を知っており、その私的情報を用いて投資利益の獲得を目指して取引を行う「情報を持つトレーダー」、第 2 に、証券の真の価値に関する私的情報を一切持たないが、市場で成立する市場価格を用いて証券の真の価値を推定して取引を行う「価格から情報を推定するトレーダー」、第 3 に、流動性ニーズからランダムに取引を行う「流動性トレーダー」、のそれぞれ一人ずつ存在する。

「情報を持つトレーダー」の注文する株式枚数を x_I、「価格から情報を推定するトレーダー」の注文する株式枚数を x_p、「流動性トレーダー」の注文する株式枚数を x_U とおく。ただし、買い注文ならば $x > 0$、売り注文ならば $x < 0$ である。すべての売買注文を集計した後における買い枚数と売り枚数の差額枚数で表される純注文フロー X は、次の (6.1) 式で表される。

$$X = x_I + x_p + x_U \tag{6.1}$$

各タイプのトレーダーの証券需要を以下のように定式化する。まず、「情報を持つトレーダー」は、証券の真の価値 v を知っており、証券の市場価格が真の価値を下回る（または上回る）場合、x_I 単位の株式を購入する（または売却する）ことで利益を獲得できる。したがって、「情報を持つトレーダー」

は、次の (6.2) 式のように v の実現値の条件付き最大化問題を解く。

$$\max_{\{x_I\}} E_u\left[(v-p)x_I|v\right] \tag{6.2}$$

次に、「価格から情報を推定するトレーダー」は、証券の真の価値を知らない。そこで、マーケットメーカーが提示する証券の市場価格 p を観察して、証券の真の価値をベイズ推定し、売買の意思決定を行う。つまり、証券の市場価格 p が推定価値 $E[v|p]$ を下回れば（または上回れば）、x_p 単位の株式を購入する（または売却する）ことで利益をあげることができる。したがって、「価格から情報を推定するトレーダー」は、次の (6.3) 式の最大化問題を解く。

$$\max_{\{x_p\}} E_u\left[(E_v[v|p]-p)x_p\right] \tag{6.3}$$

最後に、「流動性トレーダー」は、証券の真の価値に関する情報を持たない点は価格から情報を推定するトレーダーと同じであるが、市場価格に関わらず自身の流動性ニーズのみで取引を行う点が異なる。ここで、流動性トレーダーの証券需要 x_U は、平均 0、分散 σ_u^2 の正規分布に従う（$x_U \sim N(0, \sigma_u^2)$）と仮定する。

マーケットメーカーは、証券の真の価値を知らず、各タイプのトレーダーが注文した株式枚数の内訳をわからない。マーケットメーカーは、次の (6.4) 式で表されるように、集計された純注文フローのみを観察し、その情報を用いて証券価値をベイズ推定し、その推定値 $E[v|X]$ と等しくなるように価格を設定する。

$$p = E[v|X] \tag{6.4}$$

上記の設定の下で、各プレーヤーの戦略を線形戦略に限定して、モデルの BN 均衡を導出する。マーケットメーカーの設定する証券の市場価格は、純注文フロー X の偏差に関して線形関数であると仮定すると、次の (6.5) 式で表される。ただし、λ は純注文フローの偏差に対する証券市場価格の反応度を表している[7]。

---

[7] これは、「Kyle の λ」と呼ばれる指標で、$1/\lambda$ は「市場の厚み」を表す指標である。詳細については第 4 節の中で説明する。

$$p = E[v] + \lambda(X - E[X]) \tag{6.5}$$

さらに、「情報を持つトレーダー」と「価格から情報を推定するトレーダー」の証券需要戦略は、証券の真の価値の偏差について線形関数であると仮定する。ここで、α_j と β_j は、モデルの係数で、後で BN 均衡として導出される。

$$x_I = \alpha_I(v - E[v]) + \beta_I \tag{6.6}$$

$$x_p = \alpha_p(E[v|p] - E[v]) + \beta_p \tag{6.7}$$

3 各タイプのトレーダーの投資戦略

3.1 ▸情報を持つトレーダー

(6.5) 式を (6.2) 式に代入すると、「情報を持つトレーダー」の期待効用は、次の (6.8) 式で表される。

$$\max_{\{x_I\}} E_u\left[\{v - \bar{v} - \lambda(x_I + x_p + x_U) + \lambda(\bar{x}_I + \bar{x}_p + \bar{x}_U)\} x_I | v\right] \tag{6.8}$$

ここで、$\bar{x}_j$ (ただし、$j = I, P, U$) は期待値を表し、x_U は平均 0 の正規分布に従うという仮定から $\bar{x}_U = 0$ である。

(6.8) 式を x_I に関して微分して 0 とおくと、「情報を持つトレーダー」の最適証券需要は次の (6.9) 式で表される。

$$x_I = \frac{v - \bar{v}}{2\lambda} + \frac{\bar{x}_I + \bar{x}_p - x_p}{2} \tag{6.9}$$

3.2 ▸価格から情報を推定するトレーダー

(6.5) 式を (6.3) 式に代入すると、「価格から情報を推定するトレーダー」の最大化問題は、次の (6.10) 式で表される。

$$\max_{\{x_p\}} E_u \left[\{ E[v|p] - \bar{v} - \lambda \left(x_I + x_p + x_U \right) + \lambda \left(\bar{x}_I + \bar{x}_p + \bar{x}_U \right) \} x_p \right] \tag{6.10}$$

(6.10) 式を x_p に関して微分して 0 とおくと「価格から情報を推定するトレーダー」の証券需要は次の (6.11) 式で表される。

$$x_p = \frac{E[v|p] - \bar{v}}{2\lambda} + \frac{\bar{x}_p + \bar{x}_I - x_I}{2} \tag{6.11}$$

(6.9) 式と (6.11) 式を連立させて解くと、「情報を持つトレーダー」の最適証券需要関数は、

$$x_I = \frac{2v - \bar{v} - E[v|p]}{3\lambda} + \frac{\bar{x}_I + \bar{x}_p}{3} \tag{6.12}$$

となり、「価格から情報を推定するトレーダー」の最適証券需要関数は、

$$x_p = \frac{2E[v|p] - v - \bar{v}}{3\lambda} + \frac{\bar{x}_I + \bar{x}_p}{3} \tag{6.13}$$

となる。

3.3 ▶ マーケットメーカー

(6.4) 式で表したように、マーケットメーカーは、各タイプのトレーダーが注文した株式枚数をわからないが、純注文フロー X のみを観察して、その情報を用いて証券の真の価値をベイズ推定する。線形戦略を考えているため、v と x_u が正規分布に従うことから、結合定理（$Projection\ Theorem$）を用いて (6.4) 式を書き直すと、

$$E[v|X] = E[v] + \frac{Cov[v, X]}{Var[X]} \{X - E[X]\} \tag{6.14}$$

となる[8]。(6.14) 式を計算すると、

$$p = E[v|X] = \bar{v} + \frac{3\lambda \sigma_v^2}{\sigma_v^2 + 9\lambda^2 \sigma_u^2} \left(X - E[X] \right) \tag{6.15}$$

---

8 Greene（2000）の p.81 を参照されたい。

が得られる。(6.15) 式の導出については、補論 6.1 を参照のこと。

3.4 ▸ モデルの BN 均衡

以上の設定の下、本章のモデルの BN 均衡は、次の命題 6.1 で示される。

> **命題 6.1：BN 均衡**
> 「情報を持つトレーダー」と「流動性トレーダー」に加えて、「価格から情報を推定するトレーダー」が存在する本モデルの BN 均衡は、以下の (6.16)～(6.18) の三つの式で表される。
>
> $$\lambda = \frac{\sqrt{2}}{3}\sqrt{\frac{\sigma_v^2}{\sigma_u^2}} \tag{6.16}$$
>
> $$\alpha_I = \frac{5}{3\sqrt{2}}\sqrt{\frac{\sigma_u^2}{\sigma_v^2}}, \quad \beta_I = -\frac{1}{3}x_U + \frac{\bar{x}_I + \bar{x}_p}{3} \tag{6.17}$$
>
> $$\alpha_p = \frac{-1}{3\sqrt{2}}\sqrt{\frac{\sigma_u^2}{\sigma_v^2}}, \quad \beta_p = \frac{2}{3}x_U + \frac{\bar{x}_I + \bar{x}_p}{3} \tag{6.18}$$

命題 6.1 の証明は、補論 6.2 を参照のこと。命題 6.1 より、BN 均衡において、マーケットメーカーの設定する価格は次の (6.19) 式で示され、純注文フローは次の (6.20) 式で示される。

$$p = \frac{v + 2\bar{v}}{3} + \frac{\sqrt{2}}{3}\sqrt{\frac{\sigma_v^2}{\sigma_u^2}}x_U \tag{6.19}$$

$$X = \frac{4}{3\sqrt{2}}\sqrt{\frac{\sigma_u^2}{\sigma_v^2}}(v - \bar{v}) + \frac{4}{3}x_U + \frac{2(\bar{x}_I + \bar{x}_p)}{3} \tag{6.20}$$

さらに、BN 均衡における「情報を持つトレーダー」の最適需要は、

$$x_I = \frac{5}{3\sqrt{2}}\sqrt{\frac{\sigma_u^2}{\sigma_v^2}}(v - \bar{v}) - \frac{1}{3}x_U + \frac{\bar{x}_I + \bar{x}_p}{3} \tag{6.21}$$

となり、「価格から情報を推定するトレーダー」の最適需要は、

$$x_p = \frac{-1}{3\sqrt{2}}\sqrt{\frac{\sigma_u^2}{\sigma_v^2}}(v-\bar{v}) + \frac{2}{3}x_U + \frac{\bar{x}_I + \bar{x}_p}{3} \qquad (6.22)$$

となる。

4 価格から情報を推定するトレーダーが存在することからの影響

第1節の中で説明したように、Kyle（1985）モデルには「情報を持つトレーダー」と「流動性トレーダー」しか存在しない。本節では、「価格から情報を推定するトレーダー」が追加的に存在するケースにおいて、マーケットメーカーが設定する証券の市場価格、他のトレーダーのトレーディング戦略、および期待トレーディング利益にどのような影響を与えるのかを考察する。以下では、第1項でKyle（1985）モデルの BN 均衡を示した後に、第2項で本章のモデルの BN 均衡と比較する。

4.1 ▸ Kyle（1985）モデルの BN 均衡

「価格から情報を推定するトレーダー」が存在しないKyle（1985）モデルにおける BN 均衡は次の (6.23) 式で表される[9]。

$$\lambda^K = \frac{1}{2}\sqrt{\frac{\sigma_v^2}{\sigma_u^2}}, \quad \alpha_I^K = \frac{1}{2\lambda^K} = \sqrt{\frac{\sigma_u^2}{\sigma_v^2}}, \quad \beta_I^K = 0 \qquad (6.23)$$

ここで、上付き添え字の K はKyleの均衡を意味する。この BN 均衡においてマーケットメーカーの設定する市場価格は、次の (6.24) 式で示される。

$$p^K = \frac{v+\bar{v}}{2} + \frac{1}{2}\sqrt{\frac{\sigma_v^2}{\sigma_u^2}}x_U \qquad (6.24)$$

さらに、純注文フローは、次の (6.25) 式で示される。

---

[9] Kyle（1985）の BN 均衡については、Brunnermeier（2001）の第3章およびde Jong and Rindi（2009）の第3章の中に明解な解説がある。

$$X^K = x_I^K + x_U = \sqrt{\frac{\sigma_u^2}{\sigma_v^2}}(v - \bar{v}) + x_U \tag{6.25}$$

最後に、「情報を持つトレーダー」の最適需要は、次の (6.26) 式で示される。

$$x_I^K = \sqrt{\frac{\sigma_u^2}{\sigma_v^2}}(v - \bar{v}) \tag{6.26}$$

4.2 ▶ Kyle（1985）モデルの BN 均衡との比較

本章のモデルと Kyle（1985）モデルにおける各プレーヤーの BN 均衡を比較することで、「価格から情報を推定するトレーダー」の存在が、市場の厚み、取引頻度、および各トレーダーのトレーディング戦略に与える影響について、次の命題 6.2〜6.5 の四つの命題が成立する。

> **命題 6.2：市場の厚み**
> 市場に「価格から情報を推定するトレーダー」が存在する方が、そうでない場合と比べて「市場の厚み」が増す[10]。
>
> $$\frac{1}{\lambda} = \frac{3}{\sqrt{2}}\sqrt{\frac{\sigma_u^2}{\sigma_v^2}} > \frac{1}{\lambda^K} = 2\sqrt{\frac{\sigma_u^2}{\sigma_v^2}} \tag{6.27}$$

(6.16) 式の λ と (6.23) 式の λ^K を比較すれば、(6.27) 式が成立することを容易に示すことができる。命題 6.2 は、「価格から情報を推定するトレーダー」が加わることで証券市場に参加するトレーダーのタイプが増えるほど、「市場の厚み」が増して、証券売買から生じる市場価格の変化（マーケットインパクト）が小さくなることを意味する。

---

[10] ここで、「市場の厚み」が増すとは、追加注文に対して価格があまり大きく反応しないという意味である。

命題 6.3：情報を持つトレーダー」の取引頻度

市場に「価格から情報を推定するトレーダー」が存在する方が、そうでない場合と比べて、「情報を持つトレーダー」による売買注文が、証券の真の価値に関してより大きく反応する。

$$\alpha_I = \frac{5}{3\sqrt{2}}\sqrt{\frac{\sigma_u^2}{\sigma_v^2}} > \alpha_I^K = \sqrt{\frac{\sigma_u^2}{\sigma_v^2}} \tag{6.28}$$

(6.28) 式から、「価格から情報を推定するトレーダー」が存在する場合、それが存在しない場合と比べて「情報を持つトレーダー」の最適需要関数の係数 α_I の値がより大きくなることがわかる。これは、「情報を持つトレーダー」がより頻繁に取引を行うことを意味する。

次に、「価格から情報を推定するトレーダー」の BN 均衡戦略について、以下の二つの命題が成立する。

命題 6.4：「価格から情報を推定するトレーダー」の逆張り戦略

証券の真の価値 v の偏差が正 $(v - \bar{v} > 0)$ ならば、本章のモデルと Kyle モデルの両方のモデルにおいて、「情報を持つトレーダー」の証券需要 x_I には正（買い）の効果があるが、「価格から情報を推定するトレーダー」の証券需要 x_p には負（売り）の効果がある。

命題 6.5：「価格から情報を推定するトレーダー」の順張り戦略

「流動性トレーダー」の証券需要 x_U が増えた場合、「情報を持つトレーダー」の証券需要 x_I は減少する一方、「価格より情報を推定するトレーダー」の証券需要 x_p は増加する[11]。

命題 6.4 と命題 6.5 の証明は、(6.21) 式、(6.22) 式、および (6.26) 式より明らかであるため省略する。これら二つの命題から得られる興味深い点は、価格から情報を推定するトレーダーは、証券の真の価値が市場予想以上（偏差

---

[11] ただし、Kyle（1985）モデルでは、「情報を持つトレーダー」の証券需要は変化しない。

が正）ならば売り注文を出す一方で、ノイズ取引である流動性トレーダーの買い注文に対して追従して買い注文を出すことである。つまり、価格から情報を推定するトレーダーは、証券の真の価値を知らないため、合理的プレーヤーである情報を持つトレーダーの BN 均衡戦略に対して逆張り戦略を選択し、ノイズである流動性トレーダーに対しては順張り戦略を選択することで、命題 6.2 で示されたように「市場の厚み」を増すことに貢献しているのである。

4.3 ▶ Kyle（1985）モデルのトレーダーの厚生水準との比較

トレーディングに関わる期待利益と期待費用に関して厚生分析を行うと、次の命題 6.6 と命題 6.7 が得られる。

> 命題 6.6：各トレーダーの厚生水準の比較
> 「価格から情報を推定するトレーダー」は正の期待トレーディング利益を得ることができない。「情報を持つトレーダー」のみが正の期待トレーディング利益を得ることができるが、その大きさは Kyle モデルの時の期待トレーディング利益よりも大きくなる。

$$E_u\left[(E[v|p]-p)\,x_p\right] = 0 < E\left[(v-p^K)\,x_I^K|v\right] = \frac{1}{2}\sqrt{\sigma_v^2\sigma_u^2}$$
$$< E\left[(v-p)\,x_I|v\right] = \frac{4}{3\sqrt{2}}\sqrt{\sigma_v^2\sigma_u^2} \tag{6.29}$$

命題 6.6 の証明は、本章末の補論 6.3 を参照のこと。「価格から情報を推定するトレーダー」が存在する本章のモデルでは、「情報を持つトレーダー」のみが正のトレーディング利益をあげることができる。さらに、そのトレーディング利益の水準は、Kyle のケースよりも大きくなる。つまり、「情報を持つトレーダー」は「価格より情報を推定するトレーダー」が市場に参加することで、より大きな期待トレーディング利益を実現できるのである。

命題 6.7：「流動性トレーダー」の期待トレーディング費用
「価格から情報を推定するトレーダー」が存在する場合、そうでない場合と比べて「流動性トレーダー」が負担する期待トレーディング費用は大きくなる。

$$E\left[(v-p)\,x_I|v\right] + E_u\left[(E[v|p]-p)\,x_p\right]$$
$$= \frac{4}{3\sqrt{2}}\sqrt{\sigma_v^2 \sigma_u^2} > E\left[(v-p^K)\,x_I^K|v\right] = \frac{1}{2}\sqrt{\sigma_v^2 \sigma_u^2} \quad (6.30)$$

マーケットメーカーの利潤は常に 0 であるため、(6.30) 式の左辺の「情報を持つトレーダー」と「価格から情報を推定するトレーダー」の期待トレーディング利益の和が、「流動性トレーダー」の負担する期待トレーディング費用となる。「価格から情報を推定するトレーダー」が存在する場合、彼の期待トレーディング利益はゼロになるが、命題 6.6 から「情報を持つトレーダー」の期待トレーディング利益が増えるため、結果として「流動性トレーダー」が負担する期待トレーディング費用はより大きくなる。

5 │ 結論

本章では、証券市場において、証券価値に関する私的情報を持たず、市場価格のみを用いて証券の真の価値を推定する「非合理的なトレーダー」の存在が、証券市場の効率性に与える影響について考察した。特に、マーケットメーカーの提示する市場価格から証券価値をベイズ推定し、それを用いて戦略的に売買を行うという非合理的なトレーダーの存在が、マーケットメーカーの設定する市場価格、各トレーダーの投資戦略、および各トレーダーが獲得できる超過収益に与える影響について、理論モデルを用いて分析した。

本章のモデル分析から得られた結論は、以下の四つにまとめられる。

第 1 に、非合理的なトレーダーが存在することで「市場の厚み」が増して、マーケットインパクトが小さくなる。

第 2 に、非合理的なトレーダーは、証券の真の価値がわからないので、本

当は正または負の超過収益機会が存在する局面で、私的情報を持つ合理的トレーダーの投資戦略とは逆張りの投資戦略を選択する傾向がある。

第3に、非合理的なトレーダーは、証券の真の価値がわからないので、流動性ニーズのみで投資を行うノイズトレードが大きくなると、そのノイズトレードに対して順張りの投資戦略を選択する傾向がある。

第4に、非合理的なトレーダーは、合理的トレーダーとノイズトレーダーが存在する市場に参加することで正の超過収益を得ることができない。非合理的なトレーダーが市場に参入することで、合理的トレーダーが得られる正の超過収益が増加する一方で、ノイズトレーダーの負担するトレーディング費用が増加する。

6 補論

補論 6.1： (6.15) 式の導出

(6.1) 式の純注文フローを表す式の中に、(6.12) 式と (6.13) 式をそれぞれ代入して、

$$X = x_I + x_p + x_U$$
$$= \frac{2v - \bar{v} - E[v|p]}{3\lambda} + \frac{2E[v|p] - v - \bar{v}}{3\lambda} + x_U + \frac{2(\bar{x}_I + \bar{x}_p)}{3} \quad (A6.1)$$

が得られる。(A6.1) 式を整理すると、次の (A6.2) 式が得られる。

$$X = \frac{E[v|p] + v - 2\bar{v}}{3\lambda} + x_U + \frac{2(\bar{x}_I + \bar{x}_p)}{3} \quad (A6.2)$$

ここで、純注文フロー X の期待値、偏差、分散、および共分散は、それぞれ

$$E[X] = \frac{E[v|p] - \bar{v}}{3\lambda} + \frac{2(\bar{x}_I + \bar{x}_p)}{3} \quad (A6.3)$$

$$X - E[X] = \left\{\frac{E[v|p] + v - 2\bar{v}}{3\lambda} + x_U + \frac{2(\bar{x}_I + \bar{x}_p)}{3}\right\}$$
$$- \left\{\frac{E[v|p] - \bar{v}}{3\lambda} + \frac{2(\bar{x}_I + \bar{x}_p)}{3}\right\} = \frac{v - \bar{v}}{3\lambda} + x_U \quad (A6.4)$$

$$Var[X] = E\left[\{X - E[X]\}^2\right] = E\left[\left\{\frac{v-\bar{v}}{3\lambda} + x_U\right\}^2\right] = \frac{\sigma_v^2}{9\lambda^2} + \sigma_u^2 \tag{A6.5}$$

$$Cov(v, X) = E\left[(v-\bar{v})(X - E[X])\right] = E\left[(v-\bar{v})\left(\frac{v-\bar{v}}{3\lambda} + x_U\right)\right]$$
$$= \frac{\sigma_v^2}{3\lambda} \tag{A6.6}$$

となる。(6.14) 式に、(A6.3) 式、(A6.5) 式、および (A6.6) 式を代入して整理すると、

$$p = E[v|X] = \bar{v} + \frac{\frac{\sigma_v^2}{3\lambda}}{\frac{\sigma_v^2}{9\lambda^2} + \sigma_u^2}(X - E[X])$$
$$= \bar{v} + \frac{3\lambda\sigma_v^2}{\sigma_v^2 + 9\lambda^2\sigma_u^2}(X - E[X]) \tag{A6.7}$$

が得られるが、(A6.7) 式は (6.15) 式と同値である。

(証明おわり)

補論 6.2：命題 6.1 の証明

(6.5) 式と (6.15) 式を比べると、

$$\lambda = \frac{3\lambda\sigma_v^2}{\sigma_v^2 + 9\lambda^2\sigma_u^2} \tag{A6.8}$$

となる。この式を整理して $\lambda > 0$ を求めると、次の (A6.9) 式になる。

$$\lambda = \frac{\sqrt{2}}{3}\sqrt{\frac{\sigma_v^2}{\sigma_u^2}} \tag{A6.9}$$

ここで、(A6.9) 式は (6.16) 式と同値である点に注意する。(A6.4) 式と (A6.9) 式を (6.5) 式に代入して整理すると、

$$p = E[v] + \lambda(X - E[X]) = \bar{v} + \frac{\sqrt{2}}{3}\sqrt{\frac{\sigma_v^2}{\sigma_u^2}}\left(\frac{v-\bar{v}}{3\lambda} + x_U\right)$$

$$= \frac{v + 2\bar{v}}{3} + \frac{\sqrt{2}}{3}\sqrt{\frac{\sigma_v^2}{\sigma_u^2}}x_U \tag{A6.10}$$

が得られる。(A6.10) 式は (6.19) 式と同値である。

次に、(A6.10) 式を用いて、BN 均衡における市場価格の平均、偏差、分散、および共分散を計算すると、それぞれ

$$E[p] = E\left[\frac{v + 2\bar{v}}{3} + \frac{\sqrt{2}}{3}\sqrt{\frac{\sigma_v^2}{\sigma_u^2}}x_U\right] = \bar{v} \tag{A6.11}$$

$$p - E[p] = \left\{\frac{v + 2\bar{v}}{3} + \frac{\sqrt{2}}{3}\sqrt{\frac{\sigma_v^2}{\sigma_u^2}}x_U\right\} - \bar{v} = \frac{v - \bar{v}}{3} + \frac{\sqrt{2}}{3}\sqrt{\frac{\sigma_v^2}{\sigma_u^2}}x_U \tag{A6.12}$$

$$Var[p] = E\left[\{p - E[p]\}^2\right] = E\left[\left\{\frac{v - \bar{v}}{3} + \frac{\sqrt{2}}{3}\sqrt{\frac{\sigma_v^2}{\sigma_u^2}}x_U\right\}^2\right]$$
$$= \frac{\sigma_v^2}{9} + \frac{2\sigma_v^2}{9} = \frac{\sigma_v^2}{3} \tag{A6.13}$$

$$Cov[v, p] = E\left[(v - E[v])(p - E[p])\right]$$
$$= E\left[(v - \bar{v})\left\{\frac{v - \bar{v}}{3} + \frac{\sqrt{2}}{3}\sqrt{\frac{\sigma_v^2}{\sigma_u^2}}x_U\right\}\right] = \frac{\sigma_v^2}{3} \tag{A6.14}$$

となる。(A6.11) 式〜(A6.14) 式を用いると、価格の条件付きの証券価値の期待値は、p と v が線形かつ v と x_U が正規分布に従うので、結合定理を用いて、

$$E[v|p] = E[v] + \frac{Cov[v, p]}{Var[p]}\{p - E[p]\} = \bar{v} + \frac{\frac{\sigma_v^2}{3}}{\frac{\sigma_v^2}{3}}\left\{\frac{v - \bar{v}}{3} + \frac{\sqrt{2}}{3}\sqrt{\frac{\sigma_v^2}{\sigma_u^2}}x_U\right\}$$
$$= \frac{v + 2\bar{v}}{3} + \frac{\sqrt{2}}{3}\sqrt{\frac{\sigma_v^2}{\sigma_u^2}}x_U \tag{A6.15}$$

となる。ここで、(A6.9) 式より、

$$\frac{1}{3\lambda} = \frac{1}{\sqrt{2}}\sqrt{\frac{\sigma_u^2}{\sigma_v^2}} \tag{A6.16}$$

となるから、(A6.16) 式を λ について整理すると、(6.16) 式が得られる。

次に、(A6.15) 式と (A6.16) 式を (6.12) 式と (6.13) 式にそれぞれ代入して整理すると、

$$\begin{aligned}
x_I &= \frac{2v - \bar{v} - E[v|p]}{3\lambda} + \frac{\bar{x}_I + \bar{x}_p}{3} \\
&= \frac{1}{\sqrt{2}}\sqrt{\frac{\sigma_u^2}{\sigma_v^2}}\left[2v - \bar{v} - \left\{\frac{v + 2\bar{v}}{3} + \frac{\sqrt{2}}{3}\sqrt{\frac{\sigma_v^2}{\sigma_u^2}}x_U\right\}\right] + \frac{\bar{x}_I + \bar{x}_p}{3} \\
&= \frac{5}{3\sqrt{2}}\sqrt{\frac{\sigma_u^2}{\sigma_v^2}}(v - \bar{v}) - \frac{1}{3}x_U + \frac{\bar{x}_I + \bar{x}_p}{3} \tag{A6.17}
\end{aligned}$$

$$\begin{aligned}
x_p &= \frac{2E[v|p] - v - \bar{v}}{3\lambda} + \frac{\bar{x}_I + \bar{x}_p}{3} \\
&= \frac{1}{\sqrt{2}}\sqrt{\frac{\sigma_u^2}{\sigma_v^2}}\left[2\left\{\frac{v + 2\bar{v}}{3} + \frac{\sqrt{2}}{3}\sqrt{\frac{\sigma_v^2}{\sigma_u^2}}x_U\right\} - v - \bar{v}\right] + \frac{\bar{x}_I + \bar{x}_p}{3} \\
&= \frac{-1}{3\sqrt{2}}\sqrt{\frac{\sigma_u^2}{\sigma_v^2}}(v - \bar{v}) + \frac{2}{3}x_U + \frac{\bar{x}_I + \bar{x}_p}{3} \tag{A6.18}
\end{aligned}$$

が得られるので、(6.21) 式と (6.22) 式が成立する。ここで、(6.21) 式と (6.22) 式より、(6.17) 式と (6.18) 式が得られる。(A6.17) 式と (A6.18) 式を (6.1) 式に代入すると、

$$\begin{aligned}
X &= x_I + x_p + x_U = \left\{\frac{5}{3\sqrt{2}}\sqrt{\frac{\sigma_u^2}{\sigma_v^2}}(v - \bar{v}) - \frac{1}{3}x_U + \frac{\bar{x}_I + \bar{x}_p}{3}\right\} \\
&\quad + \left\{\frac{-1}{3\sqrt{2}}\sqrt{\frac{\sigma_u^2}{\sigma_v^2}}(v - \bar{v}) + \frac{2}{3}x_U + \frac{\bar{x}_I + \bar{x}_p}{3}\right\} + x_U \\
&= \frac{4}{3\sqrt{2}}\sqrt{\frac{\sigma_u^2}{\sigma_v^2}}(v - \bar{v}) + \frac{4}{3}x_U + \frac{2(\bar{x}_I + \bar{x}_p)}{3} \tag{A6.19}
\end{aligned}$$

が得られる。(A6.19) 式は (6.20) 式と同値である。

（証明おわり）

補論 6.3：命題 6.6 の証明

「情報を持つトレーダー」の最適需要は (6.21) 式となるので、これを (6.2) 式に代入して計算すると、期待トレーディング利益は、次の (A6.20) 式になる。

$$E\left[(v-p)x_I|v\right] = E\left[\left\{v - \left(\frac{v+2\bar{v}}{3} + \frac{\sqrt{2}}{3}\sqrt{\frac{\sigma_v^2}{\sigma_u^2}}x_U\right)\right\}x_I\right]$$

$$= E\left[\left(\frac{2(v-\bar{v})}{3} - \frac{\sqrt{2}}{3}\sqrt{\frac{\sigma_v^2}{\sigma_u^2}}x_U\right)\left(\frac{5}{3\sqrt{2}}\sqrt{\frac{\sigma_u^2}{\sigma_v^2}}(v-\bar{v}) - \frac{1}{3}x_U + \frac{\bar{x}_I + \bar{x}_p}{3}\right)\right]$$

$$= \frac{10}{9\sqrt{2}}\sqrt{\frac{\sigma_u^2}{\sigma_v^2}}E[(v-\bar{v})^2] + \frac{\sqrt{2}}{9}\sqrt{\frac{\sigma_v^2}{\sigma_u^2}}E\left[x_U^2\right] = \frac{4}{3\sqrt{2}}\sqrt{\sigma_v^2\sigma_u^2} \quad \text{(A6.20)}$$

次に、「価格から情報を推定するトレーダー」の最適需要は (6.22) 式となるので、これを (6.3) 式に代入すると、(6.15) 式より期待トレーディング利益は 0 になる。

$$E_u\left[(E[v|p]-p)x_p\right] = E_u\left[\left\{E[v|p] - \left(\frac{v+2\bar{v}}{3} + \frac{\sqrt{2}}{3}\sqrt{\frac{\sigma_v^2}{\sigma_u^2}}x_U\right)\right\}x_p\right]$$

$$= 0 \quad \text{(A6.21)}$$

最後に、Kyle (1985) モデルにおける「情報を持つトレーダー」の期待トレーディング利益は、次の (A6.22) 式になる。

$$E\left[(v-p^K)x_I^K|v\right] = E\left[\left\{v - \left(\frac{v+\bar{v}}{2} + \frac{1}{2}\sqrt{\frac{\sigma_v^2}{\sigma_u^2}}x_U\right)\right\}x_I^K\right]$$

$$= \frac{1}{2}\sqrt{\frac{\sigma_u^2}{\sigma_v^2}}E\left[(v-\bar{v})^2\right] = \frac{1}{2}\sqrt{\sigma_v^2\sigma_u^2} \quad \text{(A6.22)}$$

（証明おわり）

第 7 章

投資主体間の取引手法の違いと市場流動性

1　はじめに

　本章の目的は、サブプライム金融危機の中で起きた資産担保証券（ABS）などの証券化商品の市場価格暴落や、レポ取引や資産担保コマーシャルペーパー（$ABCP$）市場で流動性の枯渇が起きた原因を探るために、証券化商品が取引される市場に参加している投資主体間での取引手法の違いが市場流動性に及ぼす影響について理論的に明らかにして、レバレッジ規制やヘッジファンド規制に関する政策的含意を導くことである[1]。

　証券化商品が取引される危険資産市場に参加する投資家を取引手法の違いに応じて分類すると、パッシブトレーダー、アクティブトレーダー、アービトレージャー、およびノイズトレーダーの四つのタイプに分けられる。これら四つのタイプの投資家間には、ポートフォリオ運用スタイルが積極的か消極的か、レバレッジを効かせた取引を行うか、裁定取引を行うか、などさまざまな取引手法の違いが存在する。

　各タイプの投資家による取引手法を具体的に説明すると、まず、パッシブ

---

[1]　サブプライム金融危機時における流動性の問題に関するサーベイは、Brunnermeier（2009）などが参考になる。また、市場流動性と資金流動性の相互関係については Brunnermeier and Pedersen（2009）のモデルと Vayanos and Wang（2013）による展望論文が参考になる。

トレーダーは、レバレッジ取引を行わず、マーケットインデックスなどの同一の資産ポートフォリオを中長期に保有する消極型投資スタイルの機関投資家（年金基金やミューチュアルファンド）などの金融機関である。次に、アクティブトレーダーは、レバレッジを効かせた取引を行い、頻繁に資産ポートフォリオを組み替える積極型投資スタイルの投資銀行（証券ブローカーやディーラー）などの金融機関である。アービトレージャーは、資産間の価格差に着目し、裁定取引により利益をあげることを目的としたヘッジファンドなどの金融機関である。最後に、ノイズトレーダーは、ランダムに取引を行う個人投資家である。

本章のモデルの特徴は、パッシブトレーダー、アクティブトレーダー、アービトレージャー、およびノイズトレーダーという四つのタイプの投資家が同時に存在する資産市場モデルを用いて、レバレッジ取引や裁定取引など投資主体間での取引手法の違いが、証券化商品市場における市場流動性に及ぼす影響について分析している点にある[2]。

本章のモデルと先行研究の関係は、以下の通りである。Adrian and Shin (2010) は、サブプライム金融危機時に起きたバランスシート調整の特徴を調べるために、総資産成長率とレバレッジ成長率に関する経済主体別のデータを調べ、家計部門において両者に負の相関がある一方で、投資銀行部門において正の相関があることを指摘した[3]。また、He, Khang and Krishnamurthy (2010) は、サブプライム金融危機後に資産価格が下落する間に、主にレポ取引を通じてレバレッジを効かして資金調達を行っていた投資銀行の資産規模が大きく減少したという事実を指摘している[4]。

これらの事実は、投資銀行部門においてアクティブなバランスシート調整

---

[2] 本章のモデルは、本章のモデルと同様の四つのタイプの投資家が存在する資産市場を扱った丸茂 (2012a) のモデルに、アービトレージャーによる空売りの可能性を加えて拡張している。

[3] Adrian and Shin (2010) は、その他にも商業銀行部門と非金融（および非農業）企業部門についても資産成長率とレバレッジ成長率の関係を調べたが、両者間の有意な相関結果は得られなかった。

[4] その一方で、預金で資金調達していた商業銀行の資産規模はむしろ増加したという事実を He, Khang and Krishnamurthy (2010) が報告している。

が行われていたことの証拠であり、レバレッジと市場流動性の間にプロシクリカル（*Pro-Cyclical*）な関係が存在することを示唆している[5]。さらに、裁定と市場流動性との関係について、Gromb and Vayanos（2010）は、裁定取引による現実の市場価格と理論価格との間の乖離（ミスプライシング）の修正や、裁定取引による市場流動性の提供を妨げる要因の一つとして、裁定取引を行う市場参加者に課されるレバレッジ制約の問題を指摘している。

　本章で用いるモデルは、Shin（2010）のモデルと Gromb and Vayanos（2010）のモデルを元に拡張している。Shin（2010）は、バーゼルⅡの規制下で銀行が採用していたバリュー・アット・リスク（*VaR*）というリスクマネジメント手法が金融システムの安定性に及ぼす影響について理論モデルを用いて分析しているが、このモデルにはパッシブトレーダーとアクティブトレーダーの2種類の投資家しか存在しない[6]。一方、Gromb and Vayanos（2010）のモデルでは、アービトレージャーとノイズトレーダーの2種類の投資家のみが存在する設定の下、「裁定取引の限界（*Limit of Arbitrage*）」が論じられている。本章のモデルは、4種類の投資家が同時に存在する設定の下、資産市場の均衡を導出している点、および市場流動性の問題を考察している点、が上記二つのモデルとの違いである。

　本章の以下の構成は、次の通りである。第2節で、モデルの設定を説明する。第3節で、レバレッジと裁定を伴う資産市場で成立する市場均衡価格を導出する。第4節で、モデルのパラメーターの変化が、市場均衡価格に与える影響について比較静学分析を行う。第5節で、本章のモデル分析結果を踏まえて、レバレッジ規制とヘッジファンド規制に関する政策的含意を論じる。

---

[5] バランスシートが時価で評価される場合、資産価格が上昇すると、バランスシート上で総資産の名目価値が増加するが、負債の名目価値は一定であるため、自己資本は総資産以上のスピードで増加するはずである。つまり、家計や機関投資家のように資産価格の変動に対して受動的に資産運用を行う部門では、総資産が増加するとレバレッジ比率が低下する。一方、投資銀行のように積極的に資産運用を行う部門では、資産価格の上昇により自己資本に余裕ができレバレッジ比率が下がると、短期借入れを増やしてさらに資産を購入するために、レバレッジ比率の成長率を引き上げることになる。

[6] *VaR* が金融システムの安定性に与えた影響については、Shin（2009, 2010）を参照されたい。

最後に、第 6 節で結論を述べる。

2 モデル

第 0 期と第 1 期の 2 期間から成る経済を考える。この経済には 1 種類の安全資産と 1 種類の危険資産が存在する。

安全資産が取引される市場は完全競争市場であると仮定すると、各期における安全資産の価格を 1 円に基準化すれば、安全資産の利子率は 0 となる。

危険資産市場には、パッシブトレーダー、アクティブトレーダー、アービトレージャー、およびノイズトレーダーの四つのタイプの投資家が存在する。各タイプの投資家は、第 0 期に安全資産と危険資産への投資を行い、第 1 期に危険資産の収益が実現し、その成果を配当として受け取る。危険資産市場には 1 人のマーケットメーカーが存在し、マーケットメーカーは、各タイプの投資家が提示した売買注文計画(取引を希望する価格と数量の組み合わせ)を集計して、危険資産の総需要と総供給を一致させるよう市場価格を決定する。各タイプの投資家がマーケットメーカーに対してあらかじめ提示した売買注文計画の中から、マーケットメーカーが最終的に設定した市場均衡価格に対応した売買数量が決定される。

危険資産の収益は第 0 期には不確実であるため、危険資産の収益を確率変数 $\tilde{r}$ で表す。ここで、$\tilde{r}$ は、平均 $\bar{r}$ の周りで左右対称に $\pm\sigma$ の範囲のすべての実数値をとり $\tilde{r} \in [\bar{r}-\sigma, \bar{r}+\sigma]$ (ただし、$\bar{r} > \sigma > 0$ と仮定する)、すべての連続した収益水準はそれぞれ同確率で起きると仮定する。したがって、$\tilde{r}$ は一様分布に従う確率変数になり、$\tilde{r}$ の平均は $E[\tilde{r}] = \bar{r}$、分散は $V[\tilde{r}] = \sigma^2/3$ となる。

投資家は、第 0 期に初期資産を w_0 円保有し、危険資産 1 単位当たりの市場価格 p_0 円で x_0 単位の危険資産を購入する。ただし、危険資産 1 単位当たりの市場価格は、危険資産収益の下限値よりも大きくなる $(p_0 > \bar{r} - \sigma)$ と仮定する。投資家が安全資産に投資する資金を $b_0 \equiv w_0 - p_0 x_0$ 円と表記すると、仮に $b_0 > 0$ $(w_0 > p_0 x_0)$ ならば、投資家は安全資産を b_0 単位購入する一方で、仮に $b_0 < 0$ $(w_0 < p_0 x_0)$ ならば、投資家は銀行借入れを $|b_0|$ 単

位行う。ここで、安全資産の市場価格を1円に基準化したので、安全資産の購入単位数 b_0 単位を金額表示すると b_0 円になる点に注意する。さらに、銀行借入れ市場は完全競争的で、銀行借入れ利子率は0であると仮定する[7]。

危険資産は完全競争市場で取引されるため、投資家は、第0期に市場で決まる危険資産価格 p_0 円を所与として、安全資産と危険資産の間で資産選択を行う。第1期に危険資産の収益 r が実現し、投資家に rx_0 円のペイオフが支払われる。したがって、第1期末の投資家の最終的な資産額 w_1 円は、次の (7.1) 式で表される。

$$w_1 = (w_0 - px_0) + rx_0 \tag{7.1}$$

危険資産市場には、パッシブトレーダー、アクティブトレーダー、アービトレージャー、およびノイズトレーダーの4種類の投資家が存在する。以下、各タイプ別の投資家の主体均衡問題を解き、危険資産の個別需要を導出する。

2.1 ▶パッシブトレーダー

第1にパッシブトレーダーは、レバレッジを効かせた資産運用を全く行わず ($b_0^P = w_0^P - p_0 x_0^P > 0$)、危険資産の空売りを行わないことから、買いポジションのみを形成し ($x^P > 0$)、第0期と第1期の間に資産運用ポートフォリオの組み替えを行わない金融機関である。パッシブトレーダーに対応する現実の金融機関として、年金基金や保険会社などの機関投資家を挙げることができる。パッシブトレーダーはリスク回避的で、絶対的危険回避度 (α) 一定 $CARA$ 型効用関数を持つと仮定すると、パッシブトレーダーは、第0期に次の (7.2) 式で表される期待効用を最大化するよう資産選択を行う。

$$EU\left(w_1^P\right) = E\left[w_1^P\right] - \frac{\alpha}{2} V\left[w_1^P\right] = \left(w_0^P - px_0^P\right) + \bar{r} x_0^P - \frac{\alpha}{2} \times \frac{\sigma^2}{3} \left(x_0^P\right)^2 \tag{7.2}$$

---

[7] 本章の中で後述するように、本章のモデルには VaR 制約が存在するため負債の債務不履行が起きないことから、銀行借入れ利子率は安全利子率と同じ0になると仮定することに矛盾はない。

(7.2) 式の最大化問題を x_0^P について解くと、パッシブトレーダーの危険資産需要 x_0^P は、次の (7.3) 式で表される。

$$x_0^P = \max\left(\frac{3(\bar{r} - p_0)}{\alpha\sigma^2}, 0\right) \tag{7.3}$$

(7.3) 式から、パッシブトレーダーの危険資産需要が正になるためには、危険資産の市場価格が危険資産の期待収益よりも小さくなる（$\bar{r} > p_0 > \bar{r} - \sigma$）という条件が成立しなければならない。

2.2 ▶ アクティブトレーダー

第 2 に、アクティブトレーダーは、レバレッジを効かせた資産運用を行い、危険資産の空売りを行わず買いポジションのみを形成し（$x^A > 0$）、第 0 期と第 1 期の間に資産運用ポートフォリオの組み替えを行わない金融機関である。アクティブトレーダーは、借入れ $|b_0^A|$ 円を利用することで初期資産額を超える危険資産を購入することができる（$-b_0^A = px_0^A - w_0^A > 0$）。アクティブトレーダーに対応する現実の金融機関には、証券会社や投資銀行などが考えられる。アクティブトレーダーは、多数の資産からなるポートフォリオを保有することで、危険資産の価格変動リスクを分散させることが可能になることから、本章のモデルでは、アクティブトレーダーはリスク中立的な選好を持つと仮定する。

アクティブトレーダーが危険資産を x_0^A 単位購入した場合、将来実現する可能性のある最低収益水準は $(\bar{r} - \sigma)x^A$ 円である。ここで、以下の (7.5) 式が示すように、負債の額面金額 $|b_0^A|$ 円が危険資産の最低収益水準 $(\bar{r} - \sigma)x_0^A$ 円以下ならば、仮に第 1 期に危険資産の収益水準が最低になったとしても、アクティブトレーダーは負債の返済を確実に行えることから、債務不履行は起きない。したがって、(7.5) 式が成立する場合、負債の信用リスクは存在せず、負債は無リスク資産となる[8]。ここで、信用リスクが存在しないことか

---

[8] Shin (2010) は、この制約条件式を「VaR 制約」と定義した。本章のモデルにおけるアクティブトレーダーの部分は、Shin (2010) の VaR 型モデルを参考にしている。

ら、借入利子率は安全資産利子率と同じ 0 となる点に注意する。

以上の設定の下、アクティブトレーダーは、次の (7.5) 式の VaR 制約下で、(7.4) 式で表される期待効用を最大にするように資産選択を行う。

$$E[w^A] = -(p_0 x_0^A - w_0^A) + \bar{r} x_0^A = w_0^A + (\bar{r} - p_0) x_0^A \tag{7.4}$$

$$p_0 x_0^A - w_0^A \leq (\bar{r} - \sigma) x_0^A \tag{7.5}$$

(7.4) 式より $\bar{r} > p_0 > \bar{r} - \sigma$ である限り、x_0^A を増加させた方がアクティブトレーダーの期待効用が高くなる。(7.5) 式を変形すると、$\{p_0 - (\bar{r} - \sigma)\} x_0^A \leq w_0^A$ となるから、x^A を増やしていくと、いずれ (7.5) 式の VaR 制約が有効になる。したがって、次の (7.6) 式で表されるように、アクティブトレーダーの危険資産需要 x_0^A は、(7.5) 式の VaR 制約の条件式が等号で成立する水準に決まる。

$$x_0^A = \max\left(\frac{w_0^A}{p_0 - (\bar{r} - \sigma)}, 0\right) \tag{7.6}$$

仮定より、危険資産の市場価格が次の (7.7) 式の範囲にあるならば、アクティブトレーダーの危険資産需要が正になる（$x^A > 0$）。

$$\bar{r} > p_0 > \bar{r} - \sigma \tag{7.7}$$

(7.7) 式で $p_0 \geq \bar{r}$ とならない理由は、(7.4) 式にあるアクティブトレーダーの期待効用水準を見ると、仮に危険資産の市場価格が期待収益水準以上（$p_0 \geq \bar{r}$）ならば、危険資産を保有する分だけ損失が発生するため、危険資産需要は 0 単位になるからである。

2.3 ▶ アービトレージャー

第 3 に、アービトレージャーは、同じ危険資産に関する現在価格と将来価格の価格差を利用し、空売りを組み合わせた裁定取引を行うことで利益をあげることを目的とした金融機関である[9]。この金融機関は、裁定取引を行う

---

[9] 本章のモデルにおけるアービトレージャーの部分は、Gromb and Vayanos (2010) の「異時点間の裁定モデル (*Intertemporal Arbitrage Model*)」を参考にしている。

ヘッジファンドに対応している。

いま、第 0 期と第 1 期の間に第 0.5 期があり、アービトレージャーのみが、第 0.5 期に新しいニュースなどの追加的情報 $\Omega_{0.5}$ を得て、その情報を利用して第 0.5 期に先物市場で危険資産を売買可能であると仮定する。さらに、この追加的情報は、第 0.5 期の先物市場価格に反映されると仮定する。

第 0 期において危険資産収益 r は確率変数 $\tilde{r}$ となり、第 0 期に利用できる情報 Ω_0 の条件付きの期待収益は $\bar{r}_0 \equiv E[\tilde{r}|\Omega_0]$ となり、第 0.5 期に利用できる情報 $\Omega_{0.5}$ の条件付きの期待収益は $\bar{r}_{0.5} \equiv E[\tilde{r}|\Omega_{0.5}]$ となる。ただし、第 0.5 期に追加的情報が得られた結果、危険資産収益の値がとり得る範囲の上限値と下限値が、それぞれ ε (ただし、$\sigma > \varepsilon > 0$ と仮定する) ずつ狭まる ($\tilde{r}_{0.5} \in [\bar{r} - \sigma + \varepsilon, \bar{r} + \sigma - \varepsilon]$) と仮定する。つまり、アービトレージャーは、第 0.5 期に新たな追加的情報 $\Omega_{0.5}$ を得ることで、第 1 期に実現する危険資産収益に関してより精度の高い予想を行うことが可能となることから、危険資産収益のボラティリティが低下する。

以上の設定の下、第 0 期時点での危険資産収益の期待値は $\bar{r}_0 \equiv E[\tilde{r}|\Omega_0]$ となり、分散は $V[\tilde{r}|\Omega_0] = \sigma^2/3$ となる一方、第 0.5 期時点での危険資産収益の期待値は $\bar{r}_{0.5} \equiv E[\tilde{r}|\Omega_{0.5}]$ となり、分散は $V[\tilde{r}|\Omega_{0.5}] = (\sigma - \varepsilon)^2/3$ となる[10]。

アービトレージャーが第 0 期に初期資産の w_0^S 円を担保に、第 0 期の現物取引では価格 p_0 円で x_0^S 単位の危険資産を売買し、第 0.5 期の先物取引では価格 $p_{0.5}$ 円で $x_{0.5}^S$ 単位の危険資産を売買する。したがって、第 1 期のアービトレージャーの最終的な資産額は次の (7.8) 式で表される

$$w_1^S = w_0^S + (r_0 - p_0)\,x_0^S + (r_{0.5} - p_{0.5})\,x_{0.5}^S \tag{7.8}$$

ここで、次の三つの点が成立すると仮定する。第 1 に、危険資産の売買時点が第 0 期または第 1 期のいずれであるかに関わらず、同一の資産が売買されることから、第 1 期における危険資産収益の実現値は同じ r になる。

---

[10] ただし、(7.15) 式で示されるように、第 0 期における危険資産収益の分散 $V[\tilde{r}|\Omega_0] = \sigma^2/3$ よりも第 0.5 期の追加的情報の条件付分散 $V[\bar{r}|\Omega_{0.5}] = (\sigma - \varepsilon)^2/3$ の方が小さくなる点に注意する。

$$r \equiv r_0 = r_{0.5} \tag{7.9}$$

第 2 に、次の (7.10) 式で示されるように、第 0.5 期の先物市場価格 $p_{0.5}$ 円は外生的に一定の値をとり、第 0.5 期に得られた追加的情報の条件付きの期待収益水準 $\bar{r}_{0.5}$ 円と同じ値になると仮定する。ただし、第 0 期における危険資産の現物市場価格は、モデルの中で内生的に決定される。

$$p_{0.5} = E[\tilde{r}|\Omega_{0.5}] \equiv \bar{r}_{0.5} \tag{7.10}$$

第 3 に、第 0.5 期にアービトレージャーのみが危険資産を売買できるが、(7.10) 式より、第 0.5 期における危険資産の先物市場価格は、第 0.5 期に利用できる情報に関する条件付きの期待収益水準に等しいので、仮にアービトレージャーが第 0.5 期から新たにポジションを形成してリスクを負ったとしても、裁定取引を通じて利益をあげることができない。したがって、アービトレージャーは、第 0.5 期の総ポジションを 0 に戻すために、第 0 期に行った売買に対して反対売買を行う。つまり、第 0 期に x_0^S 単位の買いポジション（または売りポジション）を形成した場合は、第 0.5 期に同じ $x_{0.5}^S$ 単位の売りポジション（または買いポジション）をとる反対売買を行うことで、第 0.5 期の総ポジションを 0 にする。したがって、次の (7.11) 式が成立する。

$$x_0^S + x_{0.5}^S = 0 \tag{7.11}$$

以上の三つの仮定から、(7.9) 式、(7.10) 式、および (7.11) 式を (7.8) 式に代入して整理すると、次の (7.12) 式が得られる。

$$w_1^S = w_0^S + (\bar{r}_{0.5} - p_0)x_0^S \tag{7.12}$$

アービトレージャーはリスク回避的で、絶対的危険回避度 (β) 一定の $CARA$ 型効用関数を持つと仮定すると、アービトレージャーは、第 0 期に利用可能な情報 Ω_0 の条件付きの期待効用 $EU[w_1^S|\Omega_0]$ を最大化するために、次の (7.13) 式の最大化問題を解く[11]。

---

[11] (7.13) 式の中で、$V[r|\Omega_0] = E[V(r|\Omega_{0.5})|\Omega_0] + V[E(r|\Omega_{0.5})|\Omega_0]$ となることを用いている。

$$E[w_1^S|\Omega_0] - \frac{\beta}{2}V[w_1^S|\Omega_0]$$
$$= (w_0^S - p_0 x_0^S) + E[E(r|\Omega_{0.5})|\Omega_0]x_0^S - \frac{\beta}{2}E[V(r|\Omega_{0.5})|\Omega_0](x_0^S)^2$$
$$= w_0^S + \{E[E(r|\Omega_{0.5})|\Omega_0] - p_0\}x_0^S$$
$$\quad - \frac{\beta}{2}\{V[r|\Omega_0] - V[E(r|\Omega_{0.5})|\Omega_0]\}(x_0^S)^2$$
$$= w_0^S + (\bar{r} - p_0)x_0^S - \frac{\beta}{2} \times \frac{\varepsilon(2\sigma - \varepsilon)}{3}(x_0^S)^2 \tag{7.13}$$

(7.13) 式を x_0^S について解くと、アービトレージャーの危険資産需要 x_0^S は、次の (7.14) 式で表される。

$$x_0^S = \frac{3(\bar{r} - p_0)}{\beta\varepsilon(2\sigma - \varepsilon)} \gtreqless 0 \tag{7.14}$$

ただし、(7.14) 式では、アービトレージャーは空売りを行うことが可能であることから、第 0 期の危険資産の市場価格が期待収益水準以上ならば、アービトレージャーが売りポジションをとる点（$x_0^S < 0$）に注意する。

危険回避的なリスク選好を持つアービトレージャーとパッシブトレーダーの目的関数である (7.2) 式と (7.13) 式の中にある分散を表す部分を比べると、

$$\frac{\sigma^2}{3} - \frac{\varepsilon(2\sigma - \varepsilon)}{3} = \frac{(\sigma - \varepsilon)^2}{3} > 0 \tag{7.15}$$

が成立することから、危険資産収益の分散は、パッシブトレーダーの直面する分散よりも、アービトレージャーの直面する分散の方が、より小さくなることがわかる。さらに、(7.3) 式と (7.14) 式を比べると、

$$\bar{r} > p_0 \quad \text{かつ} \quad \alpha > \beta\{\varepsilon(2\sigma - \varepsilon)/\sigma^2\} \quad \text{ならば、}$$
$$x_0^P = \max\left(\frac{3(\bar{r} - p_0)}{\alpha\sigma^2}, 0\right) < x_0^S = \frac{3(\bar{r} - p_0)}{\beta\varepsilon(2\sigma - \varepsilon)} \tag{7.16}$$

が成立する。つまり、仮にパッシブトレーダーの方がアービトレージャーよりも危険回避的ならば、言い換えると、パッシブトレーダーよりもアービトレージャーの方がより高いリスク許容度を持つならば、アービトレージャーは積極的に裁定取引を行えるため、より多くの危険資産を売買できる。

2.4 ▸ ノイズトレーダー

最後に、ノイズトレーダーは、ランダムに取引を行う個人投資家である。ノイズトレーダーの危険資産需要 $x_0^N = u$ は、市場価格に関して完全非弾力的に供給され、外生的に一定のパラメーターであると仮定する。ただし、ノイズトレーダーの危険資産需要は、正または負のいずれの値もとり得ると仮定する。

$$x_0^N = u \gtreqless 0 \tag{7.17}$$

3 レバレッジと裁定を伴う資産市場均衡

危険資産の総需要は、四つのタイプの投資家の個別資産需要である (7.3) 式、(7.6) 式、(7.14) 式、および (7.17) 式を合計することで得られる。一方で、危険資産の総供給 X は市場価格に関して非弾力的で、外生的に一定である。したがって、危険資産市場の均衡は、次の (7.18) 式で表される。

$$x_0^P + x_0^A + x_0^S + x_0^N = X \tag{7.18}$$

以下では、危険資産市場の市場均衡価格がとり得る範囲について、① $\bar{r} - \sigma < p_0 < \bar{r}$、② $p_0 < \bar{r} - \sigma$、および ③ $\bar{r} < p_0$ の三つのケースに分けて、危険資産の市場均衡価格を導出する。

① $\bar{r} - \sigma < p_0 < \bar{r}$ のケース

まず、(7.7) 式の不等号条件 ($\bar{r} > p_0 > \bar{r} - \sigma$) が成立しており、アクティブトレーダーの危険資産需要が正となる ($x^A > 0$) 場合について考える。ここでは、危険資産の市場価格は期待収益よりも低いので、パッシブトレーダーの危険資産需要も正である ($x^P > 0$)。したがって、危険資産市場には四つのタイプのトレーダーのすべてが参加している。

危険資産の市場均衡を示した (7.18) 式に、(7.3) 式、(7.6) 式、(7.14) 式、および (7.17) 式を代入して整理すると、次の (7.19) 式が示すように、危険資

産の超過需要関数 $F(p)$ が 0 ならば、危険資産の市場均衡が成立する。

$$F(p_0) \equiv \frac{3(\bar{r}-p_0)}{\alpha\sigma^2} + \frac{w_0^A}{p_0-(\bar{r}-\sigma)} + \frac{3(\bar{r}-p_0)}{\beta\varepsilon(2\sigma-\varepsilon)} + u - X = 0 \quad (7.19)$$

(7.19) 式を p_0 について解くと、第 0 期における危険資産の市場均衡価格 p_0^* は、次の (7.20) 式で表される [12]。

$$p_0^* = \bar{r} - \frac{\{(X-u)+(A+B)\sigma\} - \sqrt{\{X-u-(A+B)\sigma\}^2 + 4(A+B)w_0^A}}{2(A+B)} < \bar{r} \quad (7.20)$$

ここで、(7.20) 式の中にある A と B は、次の (7.21) 式と (7.22) 式で定義される。

$$A \equiv \frac{3}{\alpha\sigma^2} \quad (7.21)$$

$$B \equiv \frac{3}{\beta\varepsilon(2\sigma-\varepsilon)} \quad (7.22)$$

(7.20) 式の p_0^* が、$\bar{r}-\sigma < p_0^* < \bar{r}$ の範囲に存在するためには、次の (7.23) 式の不等号条件が成立する必要がある [13]。

$$X - (A+B)\sigma < u < X - \frac{w_0^A}{\sigma} \quad (7.23)$$

② $p_0 < \bar{r} - \sigma$ のケース

次に、危険資産の市場価格が、危険資産収益の下限値よりも低いケース ($p_0 < \bar{r} - \sigma$) について考える。ここでは、(7.7) 式の不等号条件が成立しないため、アクティブトレーダーの危険資産需要は 0 となる ($x^A = 0$) 一方で、危険資産の市場価格は期待収益よりも低いので、パッシブトレーダーの危険資産需要は正である ($x^P > 0$)。したがって、危険資産市場に参加するトレーダーは、パッシブトレーダー、アービトレージャー、およびノイズト

---

[12] (7.20) 式の導出については補論 7.1 を参照のこと。
[13] (7.23) 式の導出については補論 7.2 を参照のこと。

レーダーの3種類である。

危険資産の市場均衡を示した (7.18) 式に、各タイプのトレーダーの最適需要である (7.3) 式、(7.6) 式、(7.14) 式、および (7.17) 式を代入して整理すると、次の (7.24) 式が得られ、ここで危険資産の超過需要関数 $G(p)$ が 0 になると、危険資産の市場均衡が成立する。

$$G(p_0) \equiv \frac{3(\bar{r} - p_0)}{\alpha \sigma^2} + \frac{3(\bar{r} - p_0)}{\beta \varepsilon (2\sigma - \varepsilon)} + u - X = 0 \tag{7.24}$$

(7.24) 式を p_0 について解くと、第 0 期における危険資産の市場均衡価格 p_0^* は、次の (7.25) 式で表される。

$$p_0^* = \bar{r} - \frac{X - u}{A + B} < \bar{r} - \sigma \tag{7.25}$$

ただし、(7.25) 式において、p_0^* が $p_0 < \bar{r} - \sigma$ の範囲に存在するためには、次の (7.26) 式の不等号条件が成立する必要がある。

$$u < X - (A + B)\sigma \tag{7.26}$$

③ $\bar{r} < p_0$ のケース

最後に、危険資産の市場均衡価格が、危険資産の期待収益よりも大きいケース（$p_0 > \bar{r}$）について考える。ここでは、上の②のケースと同様に (7.7) 式の不等号条件が成立しないため、アクティブトレーダーの危険資産需要は 0（$x^A = 0$）となる。さらに、危険資産の市場価格は期待収益よりも高いため、パッシブトレーダーの危険資産需要も 0 になる（$x^P = 0$）。したがって、危険資産市場に参加するトレーダーは、アービトレージャーとノイズトレーダーの2種類のみである。アービトレージャーによる空売りの可能性をモデルに取り入れたことで、危険資産の市場均衡価格が期待収益よりも大きいケースでも、市場で売買が成立する（正の市場均衡価格が存在する）ことから、売買成立の容易さという意味において、空売りがないケースよりも市場流動性が向上することを意味している。

危険資産の市場均衡を示す (7.18) 式に、(7.3) 式、(7.6) 式、(7.14) 式、お

図7–1 (X, u) 平面上での市場均衡価格 ($w_0^A > (A+B)\sigma^2$ のケース)

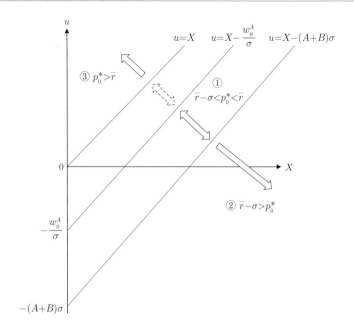

よび (7.17) 式を代入して整理すると、次の (7.27) 式が示すように、危険資産の超過需要関数 $H(p)$ が 0 になると、危険資産の市場均衡が成立する。

$$H(p_0) \equiv \frac{3(\bar{r} - p_0)}{\beta\varepsilon(2\sigma - \varepsilon)} + u - X = 0 \tag{7.27}$$

(7.27) 式を p_0 について解くと、第 0 期における危険資産の市場均衡価格 p_0^* は、次の (7.28) 式になる。

$$p_0^* = \bar{r} + \frac{u - X}{B} > \bar{r} \tag{7.28}$$

ただし、(7.28) 式の p_0^* が、$\bar{r} < p_0$ の範囲に存在するためには、次の (7.29) 式の不等号条件が成立する必要がある。

$$u > X \tag{7.29}$$

(7.20) 式、(7.25) 式、および (7.28) 式の危険資産の市場均衡価格と、(7.23)

式、(7.26) 式、および (7.29) 式のモデルのパラメーターの制約条件の関係を、(X, u) 平面上に描いたのが図 7–1 である。図中、点線太矢印の範囲（$X - \frac{w_0^A}{\sigma} < u < X$）に X と u が存在する場合は、正の市場均衡価格が存在しない点に注意する。

4 比較静学分析

本節では、モデルの与件である五つの外生変数が変化した場合に、(7.20) 式、(7.25) 式、および (7.28) 式で導出した危険資産の市場均衡価格 p^* がどのように変化するのかを比較静学分析を用いて調べる。五つの外生変数とは、危険資産のボラティリティ σ、第 0.5 期の追加情報によるボラティリティの低下幅 ε、パッシブトレーダーの危険回避度 α の上昇、アービトレージャーの危険回避度 β の上昇、およびアクティブトレーダーの初期資産額 w_0^A の増加である。

第 1 に、危険資産収益のボラティリティが上昇するほど、第 3 節の ① と ③ のケースでは、危険資産の市場均衡価格は上昇する。他方、② のケースでは、危険資産の市場均衡価格は下落する。

第 2 に、アービトレージャーの情報精度が高まるほど（第 0.5 期に追加情報を得たことによるボラティリティの低下が大きくなるほど）、① と ③ のケースでは市場均衡価格は上昇する。他方、② のケースでは市場均衡価格は下落する。

第 3 に、パッシブトレーダーの危険回避度が上昇するほど、① のケースでは市場均衡価格が上昇する一方、② のケースでは市場均衡価格は下落する。ただし、③ のケースではパッシブトレーダーは危険資産市場に参加しないため、市場均衡価格に影響しない。

第 4 に、アービトレージャーの危険回避度が上昇するほど、① と ③ のケースでは市場均衡価格が上昇する一方で、② のケースでは市場均衡価格は下落する。

第 5 に、アクティブトレーダーの初期資産額が増加するほど、① のケースでは市場均衡価格が上昇する。ただし、② と ③ のケースではアクティブト

表 7–1　モデルの各パラメーターが危険資産の市場均衡価格へ与える影響

p_0^*	(X, u)	σ	ε	α	β	w_0^A
① $\bar{r} - \sigma < p_0^* < \bar{r}$	$X - (A+B)\sigma < u < X - w_0^A/\sigma$	+	+	+	+	+
② $p_0^* < \bar{r} - \sigma$	$u < X - (A+B)\sigma$	−	−	−	−	0
③ $\bar{r} < p_0^*$	$u > X$	+	+	0	+	0

レーダーは危険資産市場に参加しないため、市場均衡価格に影響しない。

以上、本章におけるモデルパラメーターの変化が市場均衡価格に及ぼす影響に関する比較静学分析の結果は、表 7–1 のようにまとめられる。

5　政策的含意
　　――レバレッジ規制とヘッジファンド規制

　本節では、本章のモデル分析から得られた結果を用いて、レバレッジ規制とヘッジファンド規制に関する政策的含意について論じる。

　サブプライム金融危機が起きる直前までの数年間、投資銀行による証券化商品のレバレッジ取引が急増したことが金融危機発生直後の資産市場価格の急落を招いたという反省から、米国のボルカールールに代表されるように、各国の政府や金融監督機関の間では、投資銀行によるレバレッジ取引や自己売買に関する規制を強化する方向性が打ち出されている。これらの点について、本章のモデル分析から解釈すると、以下の結論が導ける。

　まず、レバレッジ規制強化について、アクティブトレーダーのレバレッジ水準 $(-b^A = px^A - w_0^A > 0)$ を引き下げることは、アクティブトレーダーの自己資本水準 w_0^A を引き上げることを意味する。第 4 節の比較静学分析結果（表 7–1 を参照）から、危険資産の総供給量 X とノイズトレーダーの需要 u の組み合わせ (X, u) が ① の範囲にある場合、アクティブトレーダーの自己資本水準 w_0^A を引き上げることで、市場均衡価格が上昇する。① のケースでは市場均衡価格は危険資産の期待収益水準よりも低いため、レバレッジ取引を規制することで、市場均衡価格を危険資産の期待収益水準に近づけるこ

とができる。一方で、図 7–1 からわかるように、アクティブトレーダーの自己資本水準 w_0^A を引き上げていくと、危険資産の市場均衡価格が (7.20) 式になる (X, u) の範囲 ① が次第に小さくなる。つまり、危険資産の市場均衡価格が存在しない範囲（図 7–1 中の点線太矢印の部分）が広がることになるが、これは、危険資産市場で、より多くの (X, u) のパラメーターの組み合わせに関して売買が成立しなくなる（または正の市場均衡価格が存在しない）ことを意味する。したがって、市場において取引成立の容易さや即時性が損なわれるために、危険資産市場における市場流動性が低下することになる。

次に、サブプライム金融危機の間に資産市場価格の乱高下が起きた原因の一つとして、絶対収益の獲得を目的として投機的取引を行うヘッジファンドの存在が問題視され、ボルカールールの中でもヘッジファンド規制を強化する方向性が定められた。一般的には、ヘッジファンドの投資スタイルは複雑な計量モデルを駆使したものが多く、その内容も非公開で匿名性が高いため、一概に論じることはできないが、ロング・ショート戦略などのマーケット中立な投資スタイルのヘッジファンドは資産間の価格の歪みを利用した裁定取引を行うため、本章のモデルのアービトレージャーに対応していると考えることができる。

第 4 節の比較静学分析の結果（表 7–1 を参照）から、(X, u) が ② の範囲にある場合、(7.25) 式より危険資産の市場均衡価格は危険資産収益の下限よりも低い水準にあるが、危険資産のボラティリティの上昇、アービトレージャーの情報精度の上昇、パッシブトレーダー、およびアービトレージャーの危険回避度の上昇、のいずれのケースにおいても、市場均衡価格は下落する。つまり、② の範囲では、もともとは市場均衡価格が危険資産の期待収益よりも低いため、これらのパラメーターの変化により、危険資産の市場均衡価格と期待収益水準とのマイナスの乖離（ミスプライシング）がより広がるため、市場流動性が悪化する。

さらに、(X, u) が ③ の範囲にある場合、危険資産の市場均衡価格が期待収益よりも高い水準にあるが、危険資産のボラティリティの上昇、アービトレージャーの情報精度の上昇、およびアービトレージャーの危険回避度の上昇により、市場均衡価格が上昇する。つまり、③ の範囲では、もともとは市

場均衡価格が危険資産の期待収益よりも高いため、これらのパラメーターの変化により、危険資産の市場均衡価格と期待収益水準とのプラスの乖離（ミスプライシング）がさらに広がるため、買い手の希望価格で危険資産を購入できなくなるという意味において市場流動性が悪化する。

アービトレージャーが市場に存在する時、(7.27) 式で明らかにしたように、① ノイズトレーダーの売り（$u < 0$）が起きた場合には、アービトレージャーが反対に買い（$x^S > 0$）を行うことから、ノイズトレーダーにより引き起こされるファンダメンタル価値を無視した非合理的な流動性ショックに対して、アービトレージャーは市場流動性を提供し、資産価格のミスプライシングの程度を小さくする役割を果たしている。

したがって、ヘッジファンド規制を強化する際には、モメンタム型投資など市場価格のミスプライシングを増大させる投資スタイルのヘッジファンドは規制すべきであるが、マーケット中立的な投資スタイルのヘッジファンドを規制することは、市場の裁定機会を奪うことで、かえって資産価格のミスプライシングの増大と、取引成立の容易性と即時性が損なわれるという意味で、市場流動性の低下を招くデメリットがある点に注意しなければならない。

6 結論

本章では、パッシブトレーダーやノイズトレーダーだけでなく、レバレッジを効かせた投資を行うアクティブトレーダーや、裁定取引を行うアービトレージャーが同時に存在する資産市場モデルに、アービトレージャーによる空売りの可能性を加えて拡張したモデルを設定し、流動性ショックが生じた際に、レバレッジや裁定などの取引を行う投資家の存在が資産市場の流動性に及ぼす影響について分析を行った。

本章の分析から得られた政策的含意として、レバレッジ規制を強化することで、資産市場価格をファンダメンタル価格に近づける効果が期待できる一方で、資産市場の市場流動性が低下することが示された。すなわち、金融安定化のために導入されたレバレッジ規制には、資産市場において市場価格の情報効率性を高めるメリットがある一方で、市場流動性を低下させるデメリッ

トが存在することから、市場価格の情報効率性と市場流動性との間にトレードオフ関係が存在している。さらに、ヘッジファンド規制については、投機的取引は規制すべきである一方で、裁定取引機会の余地は残すべきである点を指摘した。ただし、ヘッジファンドの投資内容は非公開で市場における匿名性が高いため、実務上、裁定取引以外の取引のみを規制することは困難であることから、裁定取引の余地を残して投機的取引のみを抑制することを可能とする規制構築に向けた制度設計を考察することが今後の課題となる。

7 補論

補論7.1：(7.20) 式の導出

(7.21) 式と (7.22) 式を用いて (7.19) 式を書き直して整理すると、次の (A7.1) 式になる。

$$(A+B)p^2 + \{(X-u) - 2(A+B)\bar{r} + (A+B)\sigma\}p \\ + [\{(A+B)\bar{r} - (X-u)\}(\bar{r}-\sigma) - w_0^A] = 0 \tag{A7.1}$$

(A7.1) 式を p に関する2次方程式と見なして p について解くと、(7.20) 式が得られる。ただし、(7.20) 式では解の候補がもう一つあるが、これはモデルのパラメーター条件 $(\bar{r} > p_0 > \bar{r} - \sigma)$ を満たさないことが示されるが、この部分の証明は省略する。

（証明おわり）

補論7.2：(7.23) 式の導出

(7.20) 式では、$\bar{r} > p_0^* > \bar{r} - \sigma$ が成立する必要がある。そのために、(7.20) 式の右辺第2項が、次の (A7.2) 式を満たす必要がある。

$$0 < \frac{\{(X-u)+(A+B)\sigma\} - \sqrt{\{X-u-(A+B)\sigma\}^2 + 4Aw_0^A}}{2(A+B)} < \sigma \tag{A7.2}$$

(A7.2) 式の不等号条件を整理すると、次の (A7.3) 式の不等号条件が得ら

れる。

$$(X-u)-(A+B)\sigma < \sqrt{\{(X-u)-(A+B)\sigma\}^2 + 4(A+B)w_0^A}$$
$$< (X-u)+(A+B)\sigma \qquad (A7.3)$$

(A7.3) 式の最初の不等号条件が成立することは自明であるため、(A7.3) 式の 2 番目の不等号条件の両辺を 2 乗して整理すると、次の (A7.4) 式が得られる。

$$X - \frac{w_0^A}{\sigma} > u > X - (A+B)\sigma \qquad (A7.4)$$

最後に、(A7.4) 式は、(7.23) 式と同じになる。

（証明おわり）

第 8 章

証券化商品市場と個人投資家

1 はじめに

　1990年代に起きた日本の不良債権問題の反省から、伝統的に間接金融を中心として形成されてきた日本の金融システムを「市場型間接金融システム」へと変革する必要性があることが指摘されている[1]。伝統的な間接金融中心の金融システムでは、銀行部門に金融リスク負担が過度に集中することになるため、間接金融と直接金融が複線的に存在する金融システムを構築し、個人投資家による株式や債券の保有量を増やすことで、経済全体の中で金融リスクを広く薄く分担する仕組みに変えていく必要がある。そのためには、銀行部門が保有するローン債権の流動化を促進し、BIS規制の観点から銀行資産のオフバランス化を進めると同時に、ローン債権を証券化して発行されたローン担保証券などの証券化商品を、投資信託などを通じて多数の個人投資家が保有できる環境を整備することが求められる。
　しかし、近年、米国で起きたサブプライム金融危機の中で、証券化商品に対する信用格付けの甘さや、証券化商品の市場価格の暴落などのさまざまな問題が生じた。証券化商品には、ローン担保証券の一種であるモーゲージ担保証券（MBS）や資産担保証券（ABS）だけでなく、複数の債権を組み合わ

---

[1] 日本の市場型間接金融に関する研究については、池尾（2006）が参考になる。

せて優先劣後構造を用いて作成された債務担保証券（CDO）などの複雑な証券化商品も関係していたため、格付け機関や機関投資家などのプロの金融機関ですら証券化商品が持つ真のファンダメンタル価値を正確に予測することが困難であったと考えられる。

今後、日本において市場型間接金融システムを発展させていくためには、銀行ローン債権の流動化を進めると同時に、ローン債権を裏付けとした発行された証券化商品を購入する個人投資家の数が増加することで、証券化市場全体の「市場の厚み（$Market\ Depth$）」を増していく必要がある。

本章の目的は、ローン担保証券が取引される証券化商品市場において個人投資家などの情報を持たない投資主体の数が増加することが、ローン担保証券市場で成立する市場価格や、銀行が流動化するローン債権の質にどのような影響を及ぼすのかという問題を設定し、ミクロ的基礎付けのある経済理論モデルを用いて考察することである[2]。

本章で用いるモデルは、証券市場における情報効率性を分析した Grossman(1976)による証券市場のマイクロストラクチャーモデルを基本にしている[3]。本章のモデルには、Grossman (1976) モデルと同様、銀行が持つローン債権の真の価値を知っている機関投資家などの「情報を持つトレーダー」と、銀行ローン債権の真の価値を知らない個人投資家などの「情報を持たないトレーダー」の2種類の投資家が存在し、ローン担保証券の供給量に関する不確実性が存在する「ノイズのある合理的期待均衡モデル」の設定が用いられ

---

[2] 本章のモデルは、丸茂（2010a）、同志社大学人文科学研究所叢書の中に収められた「証券化と資産担保証券市場」第3章（pp.59-86）を加筆修正したものである。証券化商品市場に関する論文であることから、本書第8章に再掲している。本書への掲載を承諾いただいた晃洋書房に感謝申し上げる。

[3] 効率市場仮説によると、投資家が利用できる情報のタイプが、証券の市場価格に大きな影響を与える。情報と市場価格の関係について分析した静学的なマイクロストラクチャーモデルは、取引が一度だけ行われる「同時手番モデル」と、取引が時間を通じて行われる「逐次手番モデル」に分けることができる。さらに、同時手番モデルは、トレーダーが、合理的に予測した市場価格を所与として競争的に取引を行う「合理的期待均衡モデル」と、市場で得られた情報を用いて証券価値を予測し、証券価値に関する信念を形成した上で、その信念の下で自らの取引が市場価格に影響することを考慮して戦略的に取引を行う「ベイジアンナッシュ均衡モデル」に分けることができる。

ている[4]。

　本章のモデルは、以下の二つの点について Grossman（1976）モデルの設定とは異なる特徴がある[5]。第 1 に、ローン担保証券が複数の投資家により保有されているという特徴を表すために、Grossman（1976）モデルでは、1 種類の証券を保有する投資家の数が 1 人であったが、本章のモデルでは、1 種類の証券を n 人の投資家が均等に分割して保有するケースに拡張している。第 2 に、ローン担保証券の原資産であるローン債権の真の価値について、情報を持つトレーダーと情報を持たないトレーダーとの間の情報の非対称性だけでなく、担保となるローン債権のオリジネーターである銀行はローン債権の真の価値を知り得る立場にあるため、本章のモデルでは、銀行とトレーダーとの間に存在するローン債権の質に関する情報の非対称性も同時に考慮している。

　本章の以下の構成は、次の通りである。第 2 節では、モデルの設定を説明する。第 3 節では、ローン担保証券の市場均衡を導出するために、第 1 項で情報を持つトレーダーについて、第 2 項で情報を持たないトレーダーについて、それぞれの個別需要を求めた後に、ローン担保証券市場において成立する市場均衡価格を求める。第 4 節では、本章のモデルにおいて与件である情報を持たないトレーダーの数が増えることが、ローン担保証券市場で成立する市場均衡価格や、銀行が流動化するローン債権の質に与える影響について、比較静学分析を用いて考察する。最後に、第 5 節で結論を述べる。

---

[4] 本章のモデルは、トレーダーが市場価格を所与として行動する合理的期待均衡モデルである。トレーダーが市場価格を所与として行動しないケースは、本書第 6 章の中で、ベイジアンナッシュ均衡モデルを用いて分析している。de Jong and Rindi（2009）の第 2 章に、ノイズがない場合とノイズがある場合の合理的期待均衡モデルの違いに関するわかりやすい説明がある。

[5] 本章のモデルは、Grossman（1976）を説明した細江（1987）による 1 証券とトレーダーが 1 人のモデルを、1 証券を n 人の投資家で均等分割して保有するケースに拡張している。また、ノイズのある合理的期待均衡の解法については、Brunnermeier（2001）の第 3 章や、de Jong and Rindi（2009）の第 3 章が参考になる。

2 モデル

第 0 期（$t=0$）と期 1 期（$t=1$）からなる 2 期間モデルを考える。この経済には、1 種類のローン担保証券（危険資産）と 1 種類の国債（安全資産）が存在している。国債は無リスク資産で、国債 1 単位当たりの価格を 1 円に基準化し、国債利子率は 0 であると仮定する。

この経済には、ローン担保証券の原資産となるローン債権を保有する（オリジネーターにあたる）1 行の銀行、証券化を行う 1 社の特別目的事業体（以下、SPV という）、およびローン担保証券を購入する n 人の投資家（以下、トレーダーという）が存在する[6]。銀行とトレーダーは、危険回避的な選好を持つと仮定する。

銀行が保有するローン債権は、第 0 期に 1 円の資金を投入すると、第 1 期に総キャッシュフロー $\tilde{R}$ 円（$\tilde{R}=1+\tilde{v}$）を生み出す同質的な債権で、第 0 期初に銀行は X^S 単位のローン債権を保有している。ここで、第 1 期初におけるローン債権 1 単位当たりの価格を 1 円に基準化すると、ローン債権総額は X^S 円になる。第 0 期に、銀行が組成したローン債権が銀行から SPV に販売され、SPV が銀行から買い取ったローン債権を証券化し、ローン担保証券を作成する。第 0 期と第 1 期の間に第 0.5 期が存在し、第 0.5 期にローン担保証券が取引される市場が開かれ、SPV を通じて証券化されたローン担保証券が n 人の投資家に販売される。

第 0 期初の時点で、各トレーダーは、初期資産 w_0 円を保有しており、この初期資産のすべてを用いて、ローン担保証券を x 単位と国債 y 単位を購入し、第 1 期にそれぞれの金融資産から生まれたキャッシュフローを受け取る。第 1 期に実現するローン債権 1 単位当たりの純キャッシュフロー v 円は、第 0 期時点で不確実な確率変数（$\tilde{v}$）となり、ローン債権のファンダメンタル価値（真の価値）にあたる部分である $\tilde{\theta}$ 円と、その他要因（以下、ノイズという）にあたる部分である $\tilde{\varepsilon}$ 円の和になる（$\tilde{v}=\tilde{\theta}+\tilde{\varepsilon}$）と仮定する。ただし、ローン

---

[6] ただし、本章のモデルの以下の議論の中で、SPV は明示的な役割を果たさない。

債権のファンダメンタル価値とノイズは互いに独立で（$E[\tilde{\theta}\tilde{\varepsilon}] = E[\tilde{\theta}]E[\tilde{\varepsilon}] = 0$）、ローン債権のファンダメンタル価値 $\tilde{\theta}$ は、平均 $\bar{\theta}$、分散 σ_θ^2 の正規分布に従い（$\tilde{\theta} \sim N(\bar{\theta}, \sigma_\theta^2)$）、ノイズ $\tilde{\varepsilon}$ は、平均 0、分散 σ_ε^2 の正規分布に従う（$\tilde{\varepsilon} \sim N(0, \sigma_\varepsilon^2)$）と仮定する。さらに、ローン債権の供給量は第 1 期に確実に X^S となるが、第 0 期時点で不確実な確率変数 $\tilde{X}^S$ となり、平均 $\bar{X}$、分散 σ_X^2 の正規分布に従う（$\tilde{X}^S \sim N(\bar{X}, \sigma_X^2)$）と仮定する。ただし、$\tilde{X}^S$、$\tilde{\theta}$、および $\tilde{\varepsilon}$ とは互いに独立であると仮定する。

次に、モデルの情報構造について説明する。第 0 期にローン担保証券の原資産であるローン債権に関するファンダメンタル価値を知っているのは銀行のみである。銀行ローン債権は、第 0 期に SPV によって証券化され、ローン担保証券になる。ローン担保証券を購入するトレーダーは、第 0.5 期にローン担保証券を購入する際、ローン担保証券の原資産となる銀行ローン債権の真のファンダメンタル価値（θ）を知る者が $(n-\lambda)$ 人、知らない者が λ 人ずつ存在する。一方、ノイズについては、銀行とトレーダーのどちらも観察できない。ただし、第 0 期において、ファンダメンタル価値、ノイズ、およびローン債権の供給量に関する各確率密度関数の形状は、銀行とトレーダーの間で共通知識であると仮定する。

第 0.5 期に、ローン担保証券市場が開かれ、ローン担保証券の市場価格 p が決まるが、ここで決まった市場価格は第 1 期まで変化しないと仮定する[7]。ローン債権のオリジネーターである銀行は、第 0 期に、自行が保有するローン債権の真のファンダメンタル価値（θ）を知った上で、第 0.5 期に市場で成立するローン担保証券の市場価格（p）を予想し、自らのローン債権を SPV に売却するかどうかの意思決定を行う。SPV は、銀行から買い取ったローン債権を証券化し、ローン債権を均等に分割（$1/n$）した後に、n 人のトレーダーに対して市場で成立している価格 p 円でローン担保証券を販売する。したがって、銀行が保有するローン債権 1 円を元に証券化して作られたローン担保証券を n 人のトレーダーが購入することになるので、トレーダー 1 人当たりがローン担保証券から受け取ることが期待できるキャッシュフロー額は、$\tilde{v}/n$

---

7 この市場価格 p は、本章第 3 節の中で、内生的に決定される。

円となる。

　各トレーダーは、絶対的危険回避度一定 (a) の $CARA$ 型効用関数を持つと仮定すると、次の (8.1) 式で表されるように、各トレーダーは第1期末の資産総額 w_1 を最大化するよう資産を選択する。

$$U(w_1) = -exp(-aw_1) \tag{8.1}$$

　次に、銀行は、絶対的危険回避度一定 (b) の効用関数を持つと仮定し、第1期末の資産総額を最大化するように資産選択を行う。ただし、銀行はローン債権の真の価値を知っているので、銀行がローン債権を流動化するためには、ローン債権を第2期まで保有して得ることが期待される（不確実な）効用水準よりも、第0期時点でローン債権を価格 p 円で SPV に売却することで得られる（確実な）効用水準の方が大きくなる必要がある。そのための条件は、次の (8.2) 式で表される。

$$EU(\tilde{v}|\theta) = U\left(\theta - \frac{b}{2}\sigma_\varepsilon^2\right) < U(p) \tag{8.2}$$

(8.2) 式より、銀行が銀行ローン債権を売却するためには、次の (8.3) 式で示されるように、ローン担保証券市場で成立する市場価格 p 円が、閾値となる価格水準 $\hat{p}(\theta)$ 円よりも高くなる必要がある。

$$p > \hat{p}(\theta) \equiv \theta - \frac{b}{2}\sigma_\varepsilon^2 \tag{8.3}$$

3 ローン担保証券市場

　情報を持つトレーダーは、第0.5期に原資産である銀行ローン債権のファンダメンタル価値を知っているので、ファンダメンタル価値が市場均衡価格を上回る場合のみローン担保証券を購入する。他方、情報を持たないトレーダーは、原資産である銀行ローン債権のファンダメンタル価値を知らないため、ローン担保証券市場で成立する市場均衡価格の情報のみを用いて、銀行ローン債権のファンダメンタル価値を予測し、ローン担保証券を購入するか

どうかを選択する。

そこで、以下では、ローン担保証券を購入するトレーダーが、第1項で原資産の真の（ファンダメンタル）価値を観察できるケースと、第2項で原資産の真の（ファンダメンタル）価値を観察できないケースの二つに分けて、それぞれのケースにおける各トレーダーの個別需要関数を求めた後、第3項でローン担保証券の市場均衡価格を導出する。

3.1 ▸ トレーダーが原資産の真の価値を観察できるケース

まず、ベンチマークのケースとして、すべてのトレーダーがローン担保証券の原資産である銀行ローン債権のファンダメンタル価値を観察できる完全情報のケースを考える。各トレーダーは、第0期時点で銀行ローン債権の真のファンダメンタル価値 (θ) を知っているので、次のプログラム $[P1]$ で表されるように、(8.5)式と(8.6)式で表される第0期と第1期の予算制約の下、銀行ローン債権の真のファンダメンタル価値 θ に関する条件付きの期待効用水準を表す(8.4)式を最大化するよう資産選択を行う。

$[P1]$

$$\max_{\{x,y\}} \quad EU(\tilde{w}_1|\theta) = -exp\left[-a\left\{E[\tilde{w}_1|\theta] - \frac{a}{2}Var[\tilde{w}_1|\theta]\right\}\right] \quad (8.4)$$

$$\text{s.t.} \quad px + y = w_0 \quad (8.5)$$

$$\frac{\theta + \tilde{\varepsilon}}{n}x + ry = \tilde{w}_1 \quad (8.6)$$

(8.5)式と(8.6)式より y を消去すると、次の異時点間の予算制約(8.7)式が得られる。

$$\tilde{w}_1 = rw_0 + \left(\frac{\theta + \tilde{\varepsilon}}{n} - rp\right) \quad (8.7)$$

(8.7)式を用いて、(8.4)式の中にある θ に関する条件付きの期待値と分散をそれぞれ書き直すと、

$$E[\tilde{w}_1|\theta] = rw_0 + \left(\frac{\theta}{n} - rp\right)x \quad (8.8)$$

$$Var\left[\tilde{w}_1|\theta\right] = \sigma_\epsilon^2 \frac{x^2}{n^2} \tag{8.9}$$

となる。したがって、プログラム［P1］は、(8.8) 式と (8.9) 式を (8.4) 式に代入して得られる次の (8.10) 式を（制約条件なしで）最大化する問題を解くことと同じになる。

$$\max_{\{x\}} EU\left(\tilde{w}_1|\theta\right) = rw_0 + \left(\frac{\theta}{n} - rp\right)x - \frac{a}{2}\sigma_\varepsilon^2 \frac{X^2}{n^2} \tag{8.10}$$

(8.10) 式の最大化問題を解くと、（情報を持つ）トレーダーによるローン担保証券の個別需要関数 x_I^D は、次の (8.11) 式で表される。

$$x_I^D\left(p|\theta\right) = \frac{n\left(\theta - nrp\right)}{a\sigma_\varepsilon^2} \tag{8.11}$$

(8.11) 式では、ローン担保証券を購入するトレーダーの数 n が増えると、ノイズに関するリスクの分散化効果が働くため、情報を持つトレーダーの個別需要が増加することを意味している。

市場全体には $(n-\lambda)$ 人の情報を持つトレーダーが存在するため、情報を持つトレーダーのローン担保証券の総需要 X_I^D は、次の (8.12) 式になる。

$$X_I^D \equiv (n-\lambda) x_I^D \tag{8.12}$$

3.2 ▶ トレーダーが原資産の真の価値を観察できないケース

次に、すべてのトレーダーが、ローン担保証券の原資産である銀行ローン債権の真のファンダメンタル価値を観察できない不完全情報のケースについて考える。各トレーダーは、第 0.5 期に銀行ローン債権の真のファンダメンタル価値 (θ) を知らず、ローン担保証券市場で成立する市場価格 (p) の実現値のみを観察して、銀行ローン債権の真のファンダメンタル価値を予測して、ローン担保証券を購入するかどうかの意思決定を行う。

したがって、次のプログラム［P2］のように、(8.14) 式と (8.15) 式で表された第 0 期と第 1 期の予算制約の下、ローン担保証券の市場価格の実現値

($\tilde{p} = p$) に関する条件付きの期待効用水準 (8.13) 式を最大化するように、各トレーダーは個別需要量を決定する。

[P2]

$$\max_{\{x,y\}} EU\left(\tilde{w}_1 | \tilde{p} = p\right)$$
$$= -exp\left[-a\left\{E\left[\tilde{w}_1 | \tilde{p} = p\right] - \frac{a}{2} Var\left[\tilde{w}_1 | \tilde{p} = p\right]\right\}\right] \tag{8.13}$$

$$\text{s.t.} \quad px + y = w_0 \tag{8.14}$$

$$\frac{\tilde{\theta} + \tilde{\varepsilon}}{n} x + ry = \tilde{w}_1 \tag{8.15}$$

(8.14) 式と (8.15) 式より y を消去すると、次の異時点間の予算制約 (8.16) 式が得られる [8]。

$$\tilde{w}_1 = rw_0 + \left(\frac{\tilde{\theta} + \tilde{\varepsilon}}{n} - rp\right) x \tag{8.16}$$

(8.16) 式を用いて、(8.13) 式の中にあるローン担保証券の市場価格 (p) に関する条件付きの期待値と分散をそれぞれ書き直すと、

$$E\left[\tilde{w}_1 | \tilde{p} = p\right] = rw_0 + \left(\frac{E\left[\tilde{v} | \tilde{p} = p\right]}{n} - rp\right) x \tag{8.17}$$

$$Var\left[\tilde{w}_1 | \tilde{p} = p\right] = Var\left[\tilde{v} | \tilde{p} = p\right] \frac{x^2}{n^2} \tag{8.18}$$

となる。したがって、(8.17) 式と (8.18) 式を (8.13) 式に代入して得られる次の (8.19) 式を（制約条件なしで）最大化する問題を解けばよい。

$$\max_{\{x\}} EU\left(w_1 | \tilde{p} = p\right)$$
$$= rw_0 + \left(\frac{E\left[\tilde{v} | \tilde{p} = p\right]}{n} - rp\right) x - \frac{a}{2} Var\left[\tilde{v} | \tilde{p} = p\right] \frac{x^2}{n^2} \tag{8.19}$$

(8.19) 式を解くと、(情報を持たない) 各トレーダーによるローン担保証券

8　(8.7) 式では、情報を持つトレーダーは、ローン債権の真のファンダメンタル価値を知っていたのに対して、(8.16) 式では、情報を持たないトレーダーは、ローン債権の真のファンダメンタル価値を知らないため、(8.16) 式の中にある θ は確率変数になっている点に注意する。

の個別需要 x_U^D は、次の (8.20) 式で表される。

$$x_U^D(p) = \frac{n\left(E\left[\tilde{v}|\tilde{p}=p\right] - nrp\right)}{aVar\left[\tilde{v}|\tilde{p}=p\right]} \tag{8.20}$$

全部で λ 人の同質的な情報を持たないトレーダーが市場に存在するため、ローン担保証券の総需要 X_U^D は、次の (8.21) 式で表される。

$$X_U^D \equiv \lambda x_U^D \tag{8.21}$$

3.3 ▸ ローン担保証券の市場均衡

ローン担保証券市場において、情報を持つトレーダーの数が $(n-\lambda)$ 人、情報を持たないトレーダーの数が λ 人だけ存在するので、ローン担保証券市場全体の総需要は、$(n-\lambda)x_I^D + \lambda x_U^D$ となる。他方、ローン担保証券の総供給は X^S である。したがって、(8.11) 式と (8.20) 式を用いると、ローン担保証券市場の事後的な需給均衡式は、次の (8.22) 式で表される。

$$(n-\lambda)\frac{n(\theta - nrp)}{a\sigma_\varepsilon^2} + \lambda \frac{n\left(E\left[\tilde{v}|\tilde{p}=p\right] - nrp\right)}{aVar\left[\tilde{v}|\tilde{p}=p\right]} = X^S \tag{8.22}$$

(8.22) 式を p について解くと、次の命題 8.1 が得られる。

命題 8.1
ローン担保証券の市場均衡価格が、$\tilde{\theta}$ と $\tilde{X}^S$ に関して線形関数であると仮定する。この時、ローン担保証券の市場均衡価格 p^* は、次の (8.23) 式で示される [9]。

$$p^*\left(\theta, X^S\right) = \alpha + \beta\theta + \gamma X^S \tag{8.23}$$

ただし、(8.23) 式の中にある係数 α、β、および γ は、次の (8.24) 式〜(8.26) 式の三つの式で定義される。

9　命題 8.1 の証明は、補論 8.1 を参照のこと。

$$\alpha \equiv \frac{na\lambda\sigma_\varepsilon^2\left\{n\left(n-\lambda\right)\sigma_\theta^2\bar{X}+a\sigma_X^2\sigma_\varepsilon^2\bar{\theta}\right\}}{n^2r[n^2\left(n-\lambda\right)^2\left(n-r+\lambda\right)\sigma_\theta^2+a^2\sigma_X^2\sigma_\varepsilon^2\left\{\left(n-r\right)\left(\sigma_\theta^2+\sigma_\varepsilon^2\right)+\lambda\sigma_\varepsilon^2\right\}]} \tag{8.24}$$

$$\beta \equiv \frac{n\left(n-\lambda\right)\left\{n^3\left(n-\lambda\right)\sigma_\theta^2+a^2\left(\sigma_\theta^2+\sigma_\varepsilon^2\right)\sigma_X^2\sigma_\varepsilon^2\right\}}{n^2r[n^2\left(n-\lambda\right)^2\left(n-r+\lambda\right)\sigma_\theta^2+a^2\sigma_X^2\sigma_\varepsilon^2\left\{\left(n-r\right)\left(\sigma_\theta^2+\sigma_\varepsilon^2\right)+\lambda\sigma_\varepsilon^2\right\}]} \tag{8.25}$$

$$\gamma \equiv \frac{-a\sigma_\varepsilon^2\left\{n^3\left(n-\lambda\right)\sigma_\theta^2+a^2\left(\sigma_\theta^2+\sigma_\varepsilon^2\right)\sigma_X^2\sigma_\varepsilon^2\right\}}{n^2r[n^2\left(n-\lambda\right)^2\left(n-r+\lambda\right)\sigma_\theta^2+a^2\sigma_X^2\sigma_\varepsilon^2\left\{\left(n-r\right)\left(\sigma_\theta^2+\sigma_\varepsilon^2\right)+\lambda\sigma_\varepsilon^2\right\}]} \tag{8.26}$$

ここで、$\gamma = \beta\frac{-a\sigma_\varepsilon^2}{n(n-\lambda)}$ となることに注意して、(8.23) 式を α と β を用いて書き直すと、市場均衡価格は次の (8.27) 式で表される。

$$p^*\left(\theta, X^S\right) = \alpha + \beta\left\{\theta - \frac{a\sigma_\varepsilon^2}{n(n-\lambda)}X^S\right\} \tag{8.27}$$

次に、命題 8.1 で求めたローン担保証券の市場均衡価格に関する情報効率性について、次の命題 8.2 が成立する [10]。

命題 8.2

ローン担保証券の原資産である銀行ローン債権のファンダメンタル価値に関するノイズが十分小さくなる ($\sigma_\varepsilon^2 \to 0$) か、ローン担保証券を購入するトレーダーの総数が十分大きくなる ($n \to \infty$) と、ローン担保証券市場の均衡で成立する市場均衡価格の情報効率性が高まる。

命題 8.2 の中にある二つの前提条件のいずれかが成立する場合、ローン担保証券市場で成立する市場均衡価格が、銀行ローン債権の真のファンダメンタル価値を正しく反映するようになるため、ローン担保証券市場においてストロングフォームの効率性が成立することを意味している。すなわち、銀行ローン債権のファンダメンタル価値の分散が十分小さくなるか、ローン担保証券市場に参加するトレーダーの数が十分多くなると、ローン担保証券の分割が進んで売買単位が小口化されることで、ローン担保証券の市場均衡価格

---

[10] 命題 8.2 の証明は補論 8.2 を参照のこと。

が、銀行ローン債権の真のファンダメンタル価値を正しく反映できるようになる。

最後に、銀行が証券化することで供給するローン債権の真のファンダメンタル価値について、次の命題 8.3 が成立する[11]。

命題 8.3
ローン担保証券の総供給量に関して、次の (8.28) 式のように閾値を定義する。

$$\hat{X}_\theta^S(\lambda) \equiv \frac{n(n-\lambda)(2\alpha + b\sigma_\varepsilon^2)}{2a\beta\sigma_\varepsilon^2} \tag{8.28}$$

この時、仮に、ローン担保証券の真のファンダメンタル価値 (θ) に対する市場均衡価格の感応度 β とローン担保証券の供給量 X^S に関して、次の二つのパラメーター条件 $1 > \beta > 0$ と $X^S < \hat{X}_\theta^S$ が同時に成立するならば、ローン債権の真のファンダメンタル価値が、次の (8.29) 式で表される閾値 $\hat{\theta}$ を下回るローン債権のみが証券化される。

$$\hat{\theta} \equiv \frac{2n(n-\lambda)\alpha + \{n(n-\lambda)b - 2a\beta X^S\}\sigma_\varepsilon^2}{2n(n-\lambda)(1-\beta)} \tag{8.29}$$

命題 8.3 は、命題 8.3 の中の二つの前提条件が成立する下では、ローン担保証券の原資産となるローン債権の質の水準が、ある閾値よりも低い水準にあるような相対的に質の悪いローン債権だけが証券化されることを意味している。

4 比較静学分析

本節では、比較静学分析を用いて、モデルの中で与件として扱われていた各外生変数が変化した場合、ローン担保証券市場の市場流動性や、証券化される銀行ローン債権の質にどのような影響を与えるのかを考察する。

---

11 命題 8.3 の証明は補論 8.3 を参照のこと。

まず、トレーダーの総数 n を一定とした上で、モデルの中で外生変数として扱われていた情報を持たないトレーダーの数 λ が増えること（すなわちローン担保証券市場において情報を持たない個人投資家の数が増えること）が、ローン担保証券市場の市場均衡価格に与える効果について、次の命題 8.4 が成立する[12]。

> **命題 8.4**
> ローン担保証券の供給量の閾値 $\hat{X}_p^S$ を次の (8.30) 式のように定義する。
>
> $$\hat{X}_p^S \equiv \frac{n(n-\lambda)^2}{a\sigma_\varepsilon^2} \left\{ \frac{\frac{\partial \alpha}{\partial \lambda} + \frac{\partial \beta}{\partial \lambda}\theta}{\frac{\partial \beta}{\partial \lambda}(n-\lambda) + \beta} \right\} \tag{8.30}$$
>
> 仮にローン担保証券の総供給量がこの閾値 $\hat{X}_p^S$ よりも大きい ($X^S \geqq \hat{X}_p^S$) ならば、ローン担保証券市場において「情報を持たないトレーダー」の数 λ が増えると、市場均衡価格 p^* は下落する。他方、仮にローン担保証券の総供給量がこの閾値 $\hat{X}_p^S$ よりも小さい ($X^S < \hat{X}_p^S$) ならば、ローン担保証券市場において「情報を持たないトレーダー」の人数 λ が増えると、市場均衡価格 p^* は上昇する。

次に、トレーダーの総数 n を一定とした上で、モデルの中で外生変数として扱われていた情報を持たないトレーダーの数 λ が増えることが、銀行が証券化のためにオフバランス化する銀行ローン債権の質に与える効果について、次の命題 8.5 が成立する[13]。

> **命題 8.5**
> ローン担保証券市場において「情報を持たないトレーダー」の数が増えると、銀行が証券化の対象とする銀行ローン債権の真のファンダメンタル価値の閾値が下がるため ($\partial \hat{\theta}/\partial \lambda < 0$)、収益性がより低い（より質の悪い）ローン債権しか証券化商品市場に供給されなくなる。

---

[12] 命題 8.4 の証明は補論 8.4 を参照のこと。
[13] 命題 8.5 の証明は補論 8.5 を参照のこと。

5 結論

本章では、ローン担保証券市場において、ローン担保証券の裏付け資産となる銀行のローン債権に関する真のファンダメンタル価値を知っている「情報を持つトレーダー」と、ファンダメンタル価値に関する情報を持たず、ローン担保証券市場で成立する市場均衡価格を用いて銀行ローン債権の真のファンダメンタル価値を合理的に予測する「情報を持たないトレーダー」が混在する市場において、ローン担保証券市場に参加する個人投資家数の増加という需要サイドの市場構造の変化が、ローン担保証券市場の市場流動性や、銀行が流動化するローン債権の質に与える影響について考察した。本章の結論は、以下の三つである。

第1に、銀行ローン債権の市場価値に関するノイズが小さくなるか、ローン担保証券を購入するトレーダーの数が十分大きくなると、ローン担保証券市場における市場価格の情報効率性が高まる。銀行ローン債権の市場価値に関するノイズを小さくするためには、銀行によるローン債権のリスク管理の向上と、情報開示を徹底することで透明性を向上することが必要である。また、ローン担保証券市場に参加する投資家を増やすためには、魅力的なリターンの提供だけでなく、市場流動性を向上させるための手数料や税負担の軽減などの措置を講じることが必要であろう。

第2に、ローン担保証券市場において「情報を持たないトレーダー」の数が増えると、あるパラメーター条件の下で、銀行が流動化するローン債権の質が悪化することをモデルの中で示した。今後、個人投資家の市場参加を促進していくためには、銀行が流動化するローン債権の質をいかに確保していくかということが大切になる。

第3に、ローン担保証券市場において「情報を持たないトレーダー」の数が増えると、ローン担保証券の供給量が、ある閾値よりも小さければ市場均衡価格は上昇するが、ある閾値よりも大きければ市場均衡価格は下落することを示した。この結果は、ローン担保証券市場の中で情報を持たない個人投資家が増えることで、ローン担保証券の供給量が小さい時には市場価格の暴

騰を招くことでバブルが起き、逆にローン担保証券の供給量が大きい時には市場価格の暴落を招くことで金融危機が起き易くなることを意味する。つまり、証券化市場において個人投資家の数が増えると、市場価格の変動が高まることで、市場の不安定性が大きくなる可能性がある。

　最後に、本章のモデル分析に残された問題と今後の課題について述べる。第1に、本章のモデルではトレーダーの情報構造を外生的に固定したため、トレーダーによる私的情報獲得のインセンティブ問題を考慮していなかった。Grossman (1976) や Grossman and Stiglitz (1980) は、トレーダーによる情報獲得を内生化したモデルを構築しており、その他にも Admati and Pfleiderer (1986) は、証券のファンダメンタル価値に関する情報を持たないトレーダーに対して情報を販売する経済主体の行動を考察するモデルを構築している[14]。これらの研究が示唆するように、証券市場における情報を持たないトレーダーによる情報獲得が市場価格に及ぼす影響や、情報を持つ経済主体による情報提供のインセンティブ問題について考察することは、今後の課題としたい。

　第2に、本章のモデルでは、トレーダーが、すべての価格に対応する需要計画を提示し、その中から、今期、市場で成立した価格の条件付きの需要量を選択して取引できることを想定している。しかし、Hellwig (1980) は、トレーダーの需要関数が、今期の価格に依存せず、1期前の価格にしか依存できないケースでは、今期に証券の私的情報を獲得したトレーダーは、その情報が次期の価格に織り込まれるまでの間に取引を行うことで、正の超過収益をあげる機会を持つため、トレーダーが証券に関する私的情報を収集するインセンティブを持つことを示している。このように情報獲得のタイミングの違いが、証券市場の情報効率性に及ぼす影響を考察することは今後の課題である。

14　Admati and Pfleiderer (1986) のモデルは、情報を販売する経済主体がより精度の高い情報を持つほど、よりノイズの多い情報を販売しようとすることで、情報を持たないトレーダーに対して情報を購入するインセンティブを与えることができることを示している。

6 補論

補論 8.1：命題 8.1 の証明

ローン担保証券の市場価格は、次の (A8.1) 式で表されるように $\tilde{\theta}$ と $\tilde{X}^S$ に関して線形関数であると仮定する。

$$\tilde{p}^*(\tilde{\theta}, \tilde{X}^S) = \alpha' + \beta'\tilde{\theta} + \gamma'\tilde{X}^S \tag{A8.1}$$

さらに、$c \equiv \frac{\beta'}{\gamma'}$ と定義する。市場価格の条件付きの銀行ローン債権価値に関する期待値と分散に、それぞれ $\beta' = \gamma'c$ を代入して β' を消去して整理すると、次の (A8.2) 式と (A8.3) 式が得られる。

$$\begin{aligned}
E[\tilde{v}|\tilde{p}=p] &= E(\tilde{v}) + \frac{Cov(\tilde{v},\tilde{p})}{Var(\tilde{p})}\{\tilde{p} - E(\tilde{p})\} \\
&= \bar{\theta} + \frac{\beta'\sigma_\theta^2}{\beta'^2\sigma_\theta^2 + \gamma'^2\sigma_x^2}\left\{\beta'\left(\tilde{\theta}-\bar{\theta}\right) + \gamma'\left(\tilde{X}^S - \bar{X}^S\right)\right\} \\
&= \bar{\theta} + \frac{c\sigma_\theta^2}{c^2\sigma_\theta^2 + \sigma_x^2}\left\{c\left(\tilde{\theta}-\bar{\theta}\right) + \left(\tilde{X}^S - \bar{X}^S\right)\right\} \tag{A8.2}
\end{aligned}$$

$$\begin{aligned}
Var[\tilde{v}|\tilde{p}=p] &= Var(\tilde{v})\left(1 - Corr^2(\tilde{v},\tilde{p})\right) = Var(\tilde{v}) - \frac{Cov^2(\tilde{v},\tilde{p})}{Var(\tilde{p})} \\
&= \sigma_\theta^2 + \sigma_\varepsilon^2 - \frac{\left(\beta'\sigma_\theta^2\right)^2}{\beta'^2\sigma_\theta^2 + \gamma'^2\sigma_x^2} = \sigma_\theta^2 + \sigma_\varepsilon^2 - \frac{\left(c\sigma_\theta^2\right)^2}{c^2\sigma_\theta^2 + \sigma_x^2} \tag{A8.3}
\end{aligned}$$

(8.22) 式の市場均衡条件を p について解くと、市場均衡価格は

$$p^*(\tilde{\theta}, \tilde{X}^S) = \frac{\left\{n(n-\lambda)\theta - a\sigma_\varepsilon^2 X^S\right\}Var[\tilde{v}|\tilde{p}=p] + \lambda n\sigma_\varepsilon^2 E[\tilde{v}|\tilde{p}=p]}{n^2 r\left\{(n-r)Var[\tilde{v}|\tilde{p}=p] + \lambda\sigma_\varepsilon^2\right\}} \tag{A8.4}$$

となる。(A8.4) 式に (A8.2) 式と (A8.3) 式をそれぞれ代入すると、次の (A8.5) 式が得られる。

$$p^*(\tilde{\theta}, \tilde{X}^S) = \frac{1}{nr} \left\{ \frac{\lambda c^2 \sigma_\theta^2 \sigma_\varepsilon^2 + (n-\lambda) A}{\lambda \sigma_\varepsilon^2 (c^2 \sigma_\theta^2 + \sigma_x^2) + (n-r) A} \right\} \tilde{\theta}$$

$$+ \frac{1}{nr} \left\{ \frac{\lambda c \sigma_\theta^2 \sigma_\varepsilon^2 - \frac{a\sigma_\varepsilon^2}{n} A}{\lambda \sigma_\varepsilon^2 (c^2 \sigma_\theta^2 + \sigma_x^2) + (n-r) A} \right\} \tilde{X}^S$$

$$+ \frac{1}{nr} \left\{ \frac{\lambda \sigma_\varepsilon^2 \left(\sigma_x^2 \bar{\theta} - c \sigma_\theta^2 \bar{X}^S \right)}{\lambda \sigma_\varepsilon^2 (c^2 \sigma_\theta^2 + \sigma_x^2) + (n-r) A} \right\} \tag{A8.5}$$

ただし、

$$A \equiv \left(\sigma_\theta^2 + \sigma_\varepsilon^2 \right) \sigma_x^2 + c^2 \sigma_\theta^2 \sigma_\varepsilon^2 \tag{A8.6}$$

である。

合理的期待均衡では (A8.1) 式と (A8.5) 式は一致することを用いて、(A8.5) 式の各係数を求めると、以下の三つの式で表される。

$$\alpha' = \frac{1}{nr} \left\{ \frac{\lambda \sigma_\varepsilon^2 \left(\sigma_x^2 \bar{\theta} - c \sigma_\theta^2 \bar{X}^S \right)}{\lambda \sigma_\varepsilon^2 (c^2 \sigma_\theta^2 + \sigma_x^2) + (n-r) A} \right\} \tag{A8.7}$$

$$\beta' = \frac{1}{nr} \left\{ \frac{\lambda c^2 \sigma_\theta^2 \sigma_\varepsilon^2 + (n-\lambda) A}{\lambda \sigma_\varepsilon^2 (c^2 \sigma_\theta^2 + \sigma_x^2) + (n-r) A} \right\} \tag{A8.8}$$

$$\gamma' = \frac{1}{nr} \left\{ \frac{\lambda c \sigma_\theta^2 \sigma_\varepsilon^2 - \frac{a\sigma_\varepsilon^2}{n} A}{\lambda \sigma_\varepsilon^2 (c^2 \sigma_\theta^2 + \sigma_x^2) + (n-r) A} \right\} \tag{A8.9}$$

定義より $c \equiv \frac{\beta'}{\gamma'}$ となるので、この定義式に (A8.8) 式と (A8.9) 式をそれぞれ代入すると、

$$c = \frac{n \left\{ \lambda c^2 \sigma_\theta^2 \sigma_\varepsilon^2 + (n-\lambda) A \right\}}{(n \lambda c \sigma_\theta^2 - aA) \sigma_\varepsilon^2} \tag{A8.10}$$

となる。(A8.10) 式を c について整理すると、

$$c = -\frac{n(n-\lambda)}{a \sigma_\varepsilon^2} \tag{A8.11}$$

が得られる。(A8.11) 式を (A8.7) 式〜(A8.9) 式にそれぞれ代入して得られ

た式を (A8.1) 式に代入して整理すると、(8.23) 式〜(8.26) 式が得られる。

(証明おわり)

補論 8.2：命題 8.2 の証明

(8.27) 式の市場均衡価格を書き直すと次の (A8.12) 式になる。

$$\frac{p^* - \alpha}{\beta} = \theta - \frac{a\sigma_\varepsilon^2}{n(n-\lambda)} X^S \tag{A8.12}$$

(A8.12) 式の右辺第 2 項は、$\sigma_\varepsilon^2 \to 0$ または $n \to \infty$ の時に 0 に収束する。

(証明おわり)

補論 8.3：命題 8.3 の証明

銀行がローン債権を証券化するためには、(8.27) 式で示されたローン担保証券の市場価格が、(8.3) 式の証券化の条件を満たす必要がある。

$$p^*(\theta, X^S) = \alpha + \beta \left\{ \theta - \frac{a\sigma_\varepsilon^2}{n(n-\lambda)} X^S \right\} > \theta - \frac{b}{2}\sigma_\varepsilon^2 \tag{A8.13}$$

(A8.13) 式を θ について整理すると、(8.29) 式が得られる。(8.29) 式で $\hat{\theta} > 0$ とおいて X^S について整理すると (8.28) 式が得られる。

(証明おわり)

補論 8.4：命題 8.4 の証明

(8.27) 式を、情報を持たないトレーダー数 λ で微分すると、次の (A8.14) 式が得られる。

$$\frac{\partial p^*}{\partial \lambda} = \frac{\partial \alpha}{\partial \lambda} + \frac{\partial \beta}{\partial \lambda} \left\{ \theta - \frac{a\sigma_\varepsilon^2}{n(n-\lambda)} X^S \right\} - \beta \frac{a\sigma_\varepsilon^2 X^S}{n(n-\lambda)^2} \tag{A8.14}$$

(A8.14) 式より $\frac{\partial p^*}{\partial \lambda} \gtreqless 0$ が成立するためには、次の (A8.15) 式が成立する必要がある。

$$\frac{n(n-\lambda)^2}{a\sigma_\varepsilon^2} \left(\frac{\partial \alpha}{\partial \lambda} + \frac{\partial \beta}{\partial \lambda} \theta \right) \gtreqless \left\{ \beta + \frac{\partial \beta}{\partial \lambda}(n-\lambda) \right\} X^S \tag{A8.15}$$

(A8.15) 式を X^S について整理すると、X^S の閾値である (8.30) 式が得られる。

(証明おわり)

補論 8.5：命題 8.5 の証明

(8.29) 式の $\hat{\theta}$ を λ について微分すると、次の (A8.16) 式が得られる。

$$\frac{\partial \hat{\theta}}{\partial \lambda} = -\frac{2\alpha\beta\sigma_\varepsilon^2 X^S}{4n^2(n-\lambda)^2(1-\beta)^2} < 0 \tag{A8.16}$$

(証明おわり)

第 9 章

証券化商品市場と金融政策

1 はじめに

　米国でサブプライム金融危機が起きた原因の一つに、2000 年以降の FRB による金融緩和政策が資産価格バブルを生み出し、金融資産の中でもとりわけサブプライムローンに代表される高リスクの住宅ローン債権を裏付けとして発行されたモーゲージ担保証券（MBS）市場でバブルが起きていたことが挙げられる[1]。

　2000 年から 2009 年までの 10 年間における FRB による金融政策を三つの局面に分けると、FF レートの誘導目標を IT バブル崩壊直後の 2000 年度後半の 6.5％台半ばのピークの水準から 2003 年 6 月までに段階的 1％まで引き下げた後 1 年間 1％に据え置いていた金融緩和期、2004 年 6 月から金利引き上げに転じ 2006 年から 2007 年にかけて 5.25％台を維持した金融引き締め期、そして 2007 年夏のサブプライム金融危機の発生以降、ゼロ金利まで金利を引き下げた超金融緩和期に分けることができる（第 1 章の図 1–1 を

---

[1]　Brunnermeier（2009）によると、サブプライムローンを含む 20 種類の資産担保証券を参照するクレジット・デフォルト・スワップ（CDS）を元に算出される ABX 指数は、サブプライム金融危機が始まる直前の 2007 年 1 月を 100 とすると、リーマンショックが起きる 2008 年夏以降 2009 年にかけて AA 以下のすべての格付け（A または BBB 等）の ABX 指数は 10 以下まで下落した。

参照)。

　Gorton (2010) によると、2000年以降の米国における証券化関連の証券発行額の推移を見ると、2000年から2003年までの金融緩和期の間、モーゲージ担保証券は6,844億ドルから3兆711億ドルへと +448.7%、資産担保証券は3,370億ドルから6,002億ドルへと +178.1%とそれぞれ大幅に増加した一方で、2004年から2007年にかけての金融引き締め期の直後には、これらの証券化関連の証券発行額が大幅に減少した[2]。とりわけ、サブプライム金融危機が始まった2007年度から2008年度にかけての減少幅は、モーゲージ担保証券が2兆503億ドルから1兆3,441億ドルへと −34.4%、資産担保証券は9,016億ドルから1,631億ドルへと −81.9%である。これらの数字からも明らかなように、金利水準などの金融政策運営が、証券化商品の市場価格や発行量に大きな影響を及ぼしたと考えられる。

　本章の目的は、ローン担保証券の原資産であるローン債権の収益性に関する真の価値に関して投資家と銀行との間に情報の非対称性が存在する時に、低金利などの金融緩和政策が、証券化されるローン債権の質や、ローン担保証券市場において成立する価格や数量に及ぼす影響について、ミクロ的基礎付けのある理論モデルを用いて分析することである。

　本章のモデル分析と先行研究との関係は、以下の通りである。ローン担保証券市場において市場価格が急落するメカニズムを理論的に分析した多くの研究があるが、主な研究として、レバレッジの巻戻しとの関係では Adrian and Shin (2010)、流動性との関係では Brunnermeier and Pedersen (2009)、投資家心理と資産の投売りとの関係では Diamond and Rajan (2011)、信用緩和政策と資産の投売りとの関係では Shleifer and Vishny (2010) などがある[3]。

---

[2] Gorton (2010) の p.39 の表 2.5 を参照。さらに、本書第1章の図 1–4 と図 1–5 も参照されたい。

[3] ローン担保証券市場価格のバブルや急落のメカニズムを分析した研究に関する展望論文としては、Krishnamurthy (2010a)、Gromb and Vayanos (2010)、He, Khang and Krishnamurthy (2010)、および Brunnermeier and Oehmke (2013) などが参考になる。

第8章のモデルでは、ローン担保証券市場において、ローン担保証券の原資産であるローン債権の真の価値（収益率）を知っている投資家（情報トレーダー）と、真の価値を知らない投資家（非情報トレーダー）の2種類の投資家が存在するケースについて、ローン担保証券の市場均衡を導出した[4]。第8章と本章のモデルの違いは、以下の三点である。

　第1に、第8章のモデルでは、情報を持たない投資家が市場価格のみを用いてローン債権の真の価値を予測していたのに対して、本章のモデルでは、情報を持たない投資家が、市場価格だけでなくノイズのある私的シグナルを観察して、ローン債権の真の価値をベイズ推定により予測する設定になっている。第2に、第8章のモデルでは、ローン担保証券の供給量は一定で外生的に固定されていたのに対して、本章のモデルでは銀行の資産選択を明示的にモデルに組み込み、ローン担保証券の供給量を内生的に導出している。第3に、第8章のモデルは、ローン担保証券の収益性に関する真の価値を知らない投資家の数が増加するという市場構造の変化が、ローン担保証券の市場均衡において成立する市場価格や取引量に与える影響について分析しているのに対して、本章のモデルは、金利水準や所要準備率などの金融政策の変更がローン担保証券の市場均衡に及ぼす影響について考察している。

　本章の以下の構成は、次の通りである。第2節で、モデルの設定を説明する。第3節で、投資家と銀行の最適化問題を解いて、ローン担保証券の総需要と総供給を求めた後、第1期におけるローン担保証券の市場均衡を導出する。第4節で、第0期における銀行の資産選択問題を解き、第5節でモデル全体の均衡を記述する。第6節でモデルの与件である金利と所要準備率という二つの金融政策変数の変化が、証券化されるローン担保証券の質や、ローン担保証券市場の均衡において成立する市場価格と取引量に与える影響について、比較静学分析を行う。最後に、第7節で結論を述べる。

---

[4]　その他にも、第6章のモデルでは、証券の真のファンダメンタル価値を知らず、市場価格を用いて証券の真のファンダメンタル価値をベイズ推定するトレーダーの存在が、証券市場の効率性に及ぼす影響をモデルで分析している。

2 モデル

　第0期、第1期、および第2期から成る3期間モデルを考える。このモデルには、銀行のローン債権を証券化したローン担保証券が取引される一つの市場が存在する。プレーヤーは、1行の銀行と、ローン担保証券を購入するI人（$i=1,\cdots,I$）の同質的な投資家（以下、トレーダーという）である。

　まず、銀行について説明する。第0期の銀行のバランスシートには、負債サイドに預金D円、資産サイドに準備金R円と貸出金L円が存在する。預金に課される所要準備率をβとおくと（ただし、$0<\beta<1/2$と仮定する）、銀行の所要準備金はβD円となるが、銀行は超過準備金を持たず、銀行の自己資本は0円であると仮定する。銀行は預金を集めるために預金金利や営業費用を負担するが、モデルを単純化するため、これらの預金収集コストは預金量に関して2次関数となり、費用関数$C(D)=D^2/2$で表せると仮定する。

　第0期時点におけるローン債権1単位当たりの価格を1円に基準化すると、第0期に銀行が保有する貸出金L円からL単位のローン債権がローン担保証券の原資産として組成され、このローン債権は連続的に分割可能であると仮定する。第0期時点で、ローン債権1単位当たりの収益率vは不確実な値をとる確率変数となり、第2期にローン債権の真の収益率が実現すると、ローン債権1単位当たりの収益は、$(1+v)$円になる。

　銀行以外の外部のトレーダーからは、ローン債権の真の収益率は第2期になるまでわからないが、銀行は貸出先との取引関係から貸出先の私的情報を知り得る立場にあるため、トレーダーよりも情報優位な立場にある。そこで、本章のモデルでは、第0期時点で銀行は第2期に実現するローン債権の真の収益率vを知っていると仮定する。

　第0期に、銀行はローン債権の一部を証券化するかどうかを決める。第1期に、ローン債権を原資産として証券化されたローン担保証券が取引される市場が開かれ、トレーダーは、ローン担保証券1単位当たり価格P円で、このローン担保証券をx^i単位購入する。ただし、証券化されなかったローン債権は銀行により第2期まで保有される一方で、銀行が第1期に証券化したロー

ン担保証券を投資家に対して売却して得た資金は、第 2 期までの間、無利子の現金のままで銀行が保有すると仮定する。

次にトレーダーについて説明する。各トレーダーは、絶対的危険回避度(γ) 一定の $CARA$ 型効用関数を持つと仮定する。第 0 期に、各トレーダーは e_0^i 円の現金を保有しており、第 1 期に、ローン担保証券 1 単位当たり P 円で x^i 単位購入し、残りの資金で国債（無リスク債券）を b^i 単位購入する。ただし、第 1 期における国債価格を国債 1 単位当たり 1 円に基準化し、国債の利子率を r と表し、国債は完全弾力的に供給されると仮定する [5]。

以上のモデル設定より、第 2 期に第 i 番目のトレーダーが持つ資産総額 W^i 円は、次の (9.1) 式で表される。

$$W^i = vx^i + b^i(1+r) = vx^i + (e_0^i - Px^i)(1+r) \tag{9.1}$$

第 1 期初に、各トレーダーは、第 0 期に銀行が証券化したローン債権の真の収益率 v を知らないため、ローン債権の真の収益率 v に関して、すべてのトレーダーは同じ事前的信念を持つと仮定する。ここで、ローン債権の真の収益率に関する各トレーダーの予想値を確率変数 $\tilde{v} \in [-\infty, +\infty]$ で表すと、$\tilde{v}$ は、トレーダー毎に独立かつ同一で、平均 $\bar{v}$、分散 σ_v^2 の正規分布に従うと仮定する。

第 1 期初に、ローン担保証券市場が開かれ、ローン担保証券の市場価格 P 円が決定される。第 1 期中に、各トレーダーは、ローン担保証券の市場価格 P 円を観察すると同時に、ローン債権の真の収益率 v に関してノイズ ε^i のある私的シグナル S^i を受け取る。ここで、ノイズ ε^i は、確率変数 $\tilde{\varepsilon}^i \in [-\infty, +\infty]$ で表され、平均 0、分散 σ_ε^2 の正規分布に従い、トレーダー毎に独立かつ同一の分布に従うと仮定する。第 1 期末に、各トレーダーは、私的シグナル S^i とローン担保証券の市場価格 P 円を観察した後、ローン債権プールの真の収益率に関する事前の信念を更新して、ローン担保証券の購入数 x^i 単位を選択する。

最後に、第 2 期にローン債権の収益率が実現し、銀行とトレーダーの利得

---

[5] 本章のモデルでは、国債の信用リスクは存在しないため、国債と預金は共に無リスク資産であることから、国債利子率と預金利子率は等しくなると仮定する。

図 9–1　モデルの構造

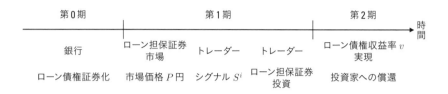

が配分される。以上、モデルの構造を図にしたものが図 9–1 である。

3 ローン担保証券市場

本節では、第 1 項でトレーダーについて、第 2 項で銀行について、それぞれの最適化問題を解き、ローン担保証券の総需要関数と総供給関数を導出する。その後、第 3 項でローン担保証券の市場均衡を導出する。

3.1 ▸ ローン担保証券の需要

以下では、Grossman（1976）による合理的期待均衡モデルを用いて、ローン担保証券の個別需要を導出する[6]。第 1 期中に、第 i トレーダーは、次の (9.2) 式で表わされるように、ローン担保証券の真の収益率 v に関してノイズ ε^i のある私的シグナル S^i を受け取る。

$$S^i = v + \varepsilon^i \tag{9.2}$$

ローン担保証券の市場価格は、シグナルの平均値 $\bar{S}$ に関して線形関数であると仮定すると、次の (9.3) 式のように書くことができる。

$$P = \alpha_0 + \alpha_S \bar{S} \tag{9.3}$$

ただし、(9.3) 式の α_0 と α_S は、モデルのパラメーターである。さらに、$\bar{S}$

---

[6]　Grossman（1976）による合理的期待均衡モデルは、Brunnermeier（2001）の第 3 章を参考にしている。

はすべてのトレーダーが受け取る私的シグナル S^i（$i=1,\cdots,I$）の平均値であり、次の (9.4) 式で表される[7]。

$$\bar{S} = \sum_{i=1}^{I} S^i / I \tag{9.4}$$

各トレーダーは、(9.2) 式の私的シグナル S^i と、(9.3) 式の市場価格 P を観察した後に、ローン担保証券の真の収益率 v の平均および分散に関する事前信念を事後信念に更新する。結合定理（Projection Theorem）を用いると、ローン担保証券の真の収益率 v に関する平均と分散の事後信念は、次の (9.5) 式と (9.6) 式で表される。

$$E[v|S^i, P] = E[v|\bar{S}] = \mu \bar{v} + (1-\mu)\bar{S} \tag{9.5}$$

$$Var[v|S^i, P] = Var[v|\bar{S}] = \mu \sigma_v^2 \tag{9.6}$$

ただし、(9.5) 式と (9.6) 式の中にある μ は、次の (9.7) 式で表される。

$$\mu \equiv \frac{\sigma_\varepsilon^2}{I\sigma_v^2 + \sigma_\varepsilon^2} \tag{9.7}$$

次に、ローン担保証券に関する各トレーダーの個別需要を導出する。第 0 期に、第 i トレーダーは、私的シグナル S^i とローン担保証券の市場価格 P の条件付きの（第 2 期の）資産総額の期待値を最大にするよう、次の (9.8) 式の最大化問題を解いて、ローン担保証券の個別需要 x^i を選択する。

$$\begin{aligned}\max_{\{x_i\}} & E[\tilde{W}^i \,|S^i, P] - \frac{\gamma}{2}(x^i)^2 Var[\tilde{W}^i \,|S^i, P] \\ &= E[\tilde{v}\,|\bar{S}]x^i + (e_0^i - Px^i)(1+r) - \frac{\gamma}{2}(x^i)^2 Var[\tilde{v}|\bar{S}]\end{aligned} \tag{9.8}$$

(9.8) 式の最大化問題を解くと、ローン担保証券に関する最適個別需要 x^{i*} は、次の (9.9) 式で表せる。

$$x^{i*}(P) = \frac{E[\tilde{v}|\bar{S}] - P(1+r)}{\gamma Var[\tilde{v}|\bar{S}]} = \frac{\mu \bar{v} + (1-\mu)\bar{S} - P(1+r)}{\gamma \mu \sigma_v^2} \tag{9.9}$$

7　$\bar{S}$ はすべての私的シグナル S^i に対する十分統計量となるため、本章の (9.20) 式で導出される市場均衡価格 P^* は、ストロングフォームの意味で効率的になる。

全部で I 人の同質的なトレーダーが存在するので、ローン担保証券の総需要関数 X^D は、次の (9.10) 式で表される。

$$X^D(P) = \left(\frac{\mu \bar{v} + (1-\mu)\bar{S} - P(1+r)}{\gamma \mu \sigma_v^2} \right) I \tag{9.10}$$

ここで、ローン担保証券の総需要 X^D は、価格 P に関して減少関数となる点に注意する。

3.2 ▸ ローン担保証券の供給

第 0 期における銀行のバランスシート制約は、次の (9.11) 式で表される。

$$R + L = D \tag{9.11}$$

第 0 期に銀行は超過準備を持たないと仮定したことから、銀行が保有する所要準備金は、次の (9.12) 式で表せる。

$$R = \beta D \tag{9.12}$$

したがって、銀行が保有する貸出は、次の (9.13) 式となる。

$$L = (1-\beta)D \tag{9.13}$$

第 0 期に、銀行は保有する貸出を構成するローン債権 L 単位の一部にあたる $X(\leq L)$ 単位を証券化しローン担保証券を作成し、第 1 期に、ローン担保証券市場において 1 単位当たり価格 P 円で X 単位を売却する。銀行は、証券化で貸出債権をオフバランスしたことで手に入れた現金総額 PX 円を超過準備金として、第 2 期になるまで無利子で保有する。

第 2 期に、ローン債権の真の収益率 v が実現し、ローン債権の利得が分配される。ここで、証券化された部分のローン債権については、銀行がサービサーとなりローン担保証券を購入したトレーダーに対して配当を支払い、証券化されなかった部分のローン債権については、銀行は預金の払い戻しを行う。

以上の設定の下、第 1 期における銀行の粗利潤 Π は、次の (9.14) 式で表

される[8]。

$$\Pi = R + P(X)X + (1+v)(L-X) - (1+r)D \tag{9.14}$$

(9.14) 式の第 1 項は所要準備金、第 2 項は第 1 期にローン債権を証券化したことから得られる現金、第 3 項は銀行が第 2 期まで保有したローン債権から得られる粗収益、最後の項は預金者に払い戻される預金の元本と利子の和である。

第 1 期に、銀行はローン担保証券の真の収益率 v を知っており、第 0 期のバランスシート制約の下、次の (9.15) 式で表される粗利潤を最大化するよう、証券化によりオフバランス化するローン債権である X 単位を選択する[9]。ここで、(9.12) 式と (9.13) 式を用いて (9.14) 式を整理すると、次の (9.15) 式が得られる。ただし、(9.16) 式で示されるように、証券化されるローン債権の発行額 X 円（第 0 期のローン債権価格は 1 円に基準化）が、ローン債権残高 $L = (1-\beta)D$ 円以下になる制約が存在する。

$$\max_{\{X\}} \Pi = \{P(X) - (1+v)\}X + \{v(1-\beta) - r\}D \tag{9.15}$$

s.t.

$$X \leq (1-\beta)D \tag{9.16}$$

(9.16) 式の制約条件が有効でない場合、利潤最大化のための必要条件は、次の (9.17) 式で示される[10]。

$$P(X) + \frac{\partial P}{\partial X}X = 1 + v \tag{9.17}$$

(9.17) 式を X について解くと、ローン担保証券の総供給関数は、次の (9.18) 式で表される[11]。

---

[8] 第 0 期に、銀行の預金収集コスト $C(D) = D^2/2$ が必要となるが、第 1 期に銀行がローン担保証券を流動化する際に預金収集コストは埋没費用となるため、(9.14) 式には預金収集コストが入らない。
[9] 本章第 4 節の中で、預金収集コストを考慮して最適預金量 D^* が内生的に決定される。
[10] (9.16) 式の制約条件が有効である場合については、補論 9.1 を参照されたい。
[11] (9.18) 式の導出については補論 9.2 を参照されたい。

$$X^S(P) = \frac{\{P-(1+v)\}(1+r)}{\gamma\mu\sigma_v^2}I \tag{9.18}$$

ここで、ローン担保証券の総供給 X^S は、価格 P に関して増加関数となる点に注意する。

3.3 ▶ ローン担保証券の市場均衡

(9.10) 式と (9.18) 式より、ローン担保証券の市場均衡は、次の (9.19) 式で示される[12]。

$$\frac{\mu\bar{v}+(1-\mu)\bar{S}-P(1+r)}{\gamma\mu\sigma_v^2}I = \frac{\{P-(1+v)\}(1+r)}{\gamma\mu\sigma_v^2}I \tag{9.19}$$

(9.19) 式を整理すると、ローン担保債権市場の市場均衡価格 P^* は、次の (9.20) 式で示される。

$$P^* = \alpha_0^* + \alpha_S^*\bar{S}, \ \text{ただし、} \alpha_0^* = \frac{(1+v)(1+r)+\mu\bar{v}}{2(1+r)}, \ \alpha_S^* = \frac{1-\mu}{2(1+r)} \tag{9.20}$$

合理的期待均衡において市場均衡価格が存在するならば、実際に実現する市場均衡価格は (9.20) 式と一致していなければならないので、(9.2) 式で示した線形価格のパラメーター α_0 と α_S は、上記 (9.20) 式の α_0^* と α_S^* と一致する。

市場均衡価格である (9.20) 式を総需要関数である (9.10) 式に代入すると、市場均衡におけるローン担保証券発行額 X^* 単位は、次の (9.21) 式で表される。

$$X^* = \frac{\{\mu\bar{v}+(1-\mu)\bar{S}\}-(1+r)(1+v)}{2\gamma\mu\sigma_v^2}I \tag{9.21}$$

ただし、ローン担保証券市場の市場均衡が存在するためには、次の (9.22) 式

---

[12] 本章のモデルでは、ローン担保証券を組成するのは 1 銀行のみであるため、ローン担保証券の独占的な供給者である銀行は、ローン担保証券需要曲線の上から自らの利潤を最大化する最適なローン担保証券供給量を選択している。

で示されるように、ローン担保証券の真の収益率 v が、ある閾値 $\hat{v}$ 以下の範囲に存在する必要がある[13]。

$$v \leq \hat{v} \equiv \frac{\mu\bar{v} + (1-\mu)\bar{S} - (1+r)}{1+r} \tag{9.22}$$

4 銀行の資産選択問題

第 0 期に、銀行は、第 1 期のローン担保証券市場で成立するローン担保証券の取引量 X^* と市場均衡価格 P^* を所与として、次の (9.23) 式で表される最終的な純利潤 π を最大化する D を選択する。銀行が預金を集めるための営業費用を $C(D) = D^2/2$ と特定化したので、銀行の純利潤 π は、次の (9.23) 式で表される。

$$\max{}_{\{X\}} \pi = \{P^*(X^*) - (1+v)\}X^* + \{v(1-\beta) - r\}D - \frac{D^2}{2} \tag{9.23}$$

この最大化問題を解くと、最適預金量 D^* は、次の (9.24) 式で示される。

$$D^* = v(1-\beta) - r \tag{9.24}$$

ただし、正の最適預金量 $D^* > 0$ が存在するためには、(9.25) 式で表されるように、ローン担保債権の真の収益率 v がある下限値 $\underline{v}$ よりも大きくなる必要がある。

$$v > \underline{v} \equiv \frac{r}{1-\beta} \tag{9.25}$$

(9.13) 式と (9.24) 式より、最適貸出量 L^* は、次の (9.26) 式で示される。

$$L^* = (1-\beta)\{v(1-\beta) - r\} \tag{9.26}$$

(9.20) 式、(9.21) 式、および (9.24) 式から、所要準備金と超過準備金の和である総準備金 TR^* は、次の (9.27) 式で表される。

---

[13] (9.22) 式の導出については補論 9.3 を参照されたい。

$$TR^* = \beta D^* + P^* X^*$$
$$= \beta \left\{ v\left(1-\beta\right) - r \right\} + \left\{ \frac{\mu \bar{v} + (1-\mu)\bar{S} + (1+r)(1+v)}{2(1+r)} \right\}$$
$$\times \left\{ \frac{\mu \bar{v} + (1-\mu)\bar{S} - (1+r)(1+v)}{2\gamma\mu\sigma_v^2} \right\} I \qquad (9.27)$$

5 モデル全体の均衡

(9.22) 式と (9.25) 式より、ローン担保債権の真の収益率 v が次の (9.28) 式を満たす範囲に存在する時、ローン債権の一部が証券化される市場均衡が存在する。

$$\underline{v} < v \leq \hat{v} \qquad (9.28)$$

ただし、ローン担保債権の真の収益率 v が、(9.28) 式の上限値 $\hat{v}$ よりも大きい ($\hat{v} < v$) ならば、(9.21) 式より $X^* = 0$ となるため、証券化されるローン債権が存在しない。さらに、ローン担保債権に関する真の収益率 v が、(9.28) 式の下限値 $\underline{v}$ 以下 ($-\infty < v \leq \underline{v}$) ならば、(9.24) 式より $D^* = 0$ となるため、原資産であるローン債権自体が存在しなくなる。

以上の分析結果を命題 9.1 にまとめておく。

命題 9.1：モデル全体の均衡

ローン担保債権の真の収益率がある範囲 ($v \in [\underline{v}, \hat{v}]$) に存在する場合、銀行が保有するローン債権の一部が証券化される。この時、モデル全体の均衡は、以下の 5 本の式で表される[14]。

$$P^*\left(v, \bar{v}, \bar{S}, \sigma_v^2, \sigma_\varepsilon^2, I; r\right) = \frac{1+v}{2} + \frac{\sigma_\varepsilon^2 \bar{v} + I\sigma_v^2 \bar{S}}{2(1+r)(I\sigma_v^2 + \sigma_\varepsilon^2)} \qquad (9.29)$$

---

14 (9.7) 式にある μ の定義式を用いて、(9.20) 式、(9.21) 式、および (9.27) 式を整理すると、(9.29) 式、(9.30) 式、および (9.31) 式の三つの式が得られる。ただし、(9.32) 式と (9.33) 式は、それぞれ第 4 節の (9.24) 式と (9.26) 式と同じである。

$$X^* \left(v, \bar{v}, \bar{S}, \sigma_v^2, \sigma_\varepsilon^2, \gamma, I; r\right)$$
$$= \frac{\left\{\sigma_\varepsilon^2 \bar{v} + I\sigma_v^2 \bar{S} - (1+r)(1+v)\left(I\sigma_v^2 + \sigma_\varepsilon^2\right)\right\}}{2\gamma \sigma_v^2 \sigma_\varepsilon^2} I \quad (9.30)$$

$$TR^* \left(v, \bar{v}, \bar{S}, \sigma_v^2, \sigma_\varepsilon^2, \gamma, I; r, \beta\right)$$
$$= \beta \left\{v(1-\beta) - r\right\} + \frac{\left(I\sigma_v^2 + \sigma_\varepsilon^2\right)I}{4(1+r)\gamma \sigma_v^2 \sigma_\varepsilon^2}$$
$$\times \left[\left(\frac{\sigma_\varepsilon^2 \bar{v} + I\sigma_v^2 \bar{S}}{I\sigma_v^2 + \sigma_\varepsilon^2}\right)^2 - (1+r)^2 (1+v)^2\right] \quad (9.31)$$

$$D^*(v; r, \beta) = v(1-\beta) - r \quad (9.32)$$
$$L^*(v; r, \beta) = (1-\beta)\{v(1-\beta) - r\} \quad (9.33)$$

6 　比較静学分析——金融政策の影響

　本節では、命題 9.1 で示したモデル全体の均衡を用いて、モデルの与件である金利 r と所要準備率 β の二つの金融政策変数が変化した場合の影響について分析する。まず、命題 9.2 でローン担保証券として証券化される銀行ローン債権の収益率の範囲に与える影響について、次に、命題 9.3 でローン担保証券市場の均衡で成立する市場価格と取引量に与える影響について、それぞれ比較静学分析を用いて考察する。

　命題 9.2：政策変数 (r, β) が証券化されるローン債権の真の収益率 v のとり得る範囲に与える影響
　銀行のローン債権の真の収益率が次の範囲内 $(v \in [\underline{v}, \hat{v}])$ に存在する場合、金利 r が下がると、証券化の対象となる銀行ローン債権の真の収益率の下限値 $\underline{v}$ が下落し、上限値 $\hat{v}$ が上昇する。他方、所要準備率 β が下がると、証券化されるローン担保証券の真の収益率の下限値 $\underline{v}$ のみが下落する。

　命題 9.2 の証明は、(9.22) 式、(9.25) 式、および (9.28) 式を見れば明らか

図 9-2　比較静学分析（命題 9.2）の結果

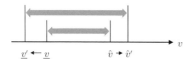
① 金利が r から r' に低下した場合

② 所要準備率が β から β' に低下した場合

であるため省略する。命題 9.2 は、証券化されるローン担保証券の原債権である銀行のローン債権の収益率がある特定の範囲内に存在する場合、金利や所要準備率を引き下げる金融緩和政策が行われると、証券化の対象となる銀行ローン債権の収益率の範囲が広がるため、証券化されたローン担保証券の収益性に関するバラツキが大きくなることを意味している（図 9-2 を参照）。

> **命題 9.3：政策変数 (r, β) がローン担保証券の市場均衡における市場価格と取引量に与える影響**
>
> 銀行のローン債権の真の収益率が次の範囲内（$v \in [\underline{v}, \hat{v}]$）に存在する場合、金利 r が下がると、ローン担保証券の市場均衡において、市場価格 P^* が上昇し、取引量 X^* が増加する。他方、所要準備率 β は、ローン担保証券市場の均衡における市場価格と取引量に影響しない。

命題 9.3 の証明は、(9.29) 式と (9.30) 式を見れば明らかであるため省略する。

命題 9.3 は、ローン担保債権の真の収益率がある範囲（$v \in [\underline{v}, \hat{v}]$）に存在する場合、金融緩和政策により金利 r が下がると、ローン担保証券の時価総額が増加することを意味している。

7　結論

本章では、投資家と銀行との間にローン担保証券の原資産であるローン債権の収益性に関する真の価値に関して情報の非対称性が存在する時に、低金

利や所要準備率の引き下げなどの金融緩和政策が、証券化されるローン担保証券の質や、ローン担保証券市場の均衡において成立する市場価格や取引量に及ぼす影響について理論モデルを用いて分析した。本章のモデルの主な結論は、以下の二点である。

第1に、証券化されるローン担保証券の原資産となる銀行のローン債権の収益率がある範囲に存在する場合、金利や所要準備率を引き下げる金融緩和政策を行うと、証券化の対象となる銀行ローン債権の範囲が広がることで、ローン担保証券の収益率のとり得る範囲が広がることをモデルの中で示した。この結果は、サブプライム金融危機以前の2000年代前半にFRBの金融緩和政策による低金利の期間が続いた時期に、サブプライムローンのような高リスク高リターンのローン債権が証券化商品の対象として積極的に活用された事実を説明できる。

第2に、金融緩和政策により金利が引き下げられると、ローン担保証券市場の均衡において成立する市場価格 P^* が上昇し取引量 X^* が増加するため、ローン担保証券の時価総額が増加することをモデルの中で示した。この分析結果は、2000年代の初めから2007年にサブプライム金融危機が始まるまでの間に続いた MBS や ABS などの証券化商品の時価総額の増加が起きた原因の一つとして、2000年代前半から FRB による低金利政策が3年半の長期にわたり続けられたことが深く関係していたことを示している。

8 補論

補論 9.1： (9.16) 式の制約条件が有効である場合

(9.16) 式が等号で成立するので、$X = (1-\beta)D$ を (9.15) 式に代入して X について微分すると、利潤最大化の必要条件は (A9.1) 式になる。

$$P(X) + \frac{\partial P(X)}{\partial X}X = 1 + \frac{r}{1-\beta} \tag{A9.1}$$

(9.26) 式より、$L^* > 0$ となるためには $v(1-\beta) > r$ が成立する必要があるので、$\underline{v} = r/(1-\beta)$ と定義すると、(A9.1) 式の右辺よりも $1+v$ の方が大きくなる条件は、次の (A9.2) 式で表される。

$$v > \underline{v} \equiv \frac{r}{1-\beta} \tag{A9.2}$$

(A9.2) 式は、(9.25) 式と同じである。以下の補論 9.3 の中に出てくる (A9.10) 式を用いてローン担保証券の総需要関数 $P(X)$ を (A9.1) 式に代入して整理すると、市場均衡価格と市場均衡取引量は次の二つの式で表される。

$$P^* = \frac{1}{2(1+r)}\left\{\mu\bar{v} + (1-\mu)\bar{S} + (1+r)\left(1 + \frac{r}{1-\beta}\right)\right\} \tag{A9.3}$$

$$X^* = \frac{\left\{\mu\bar{v} + (1-\mu)\bar{S} - (1+r)\left(1 + \frac{r}{1-\beta}\right)\right\}}{2\gamma\mu\sigma_v^2}I \tag{A9.4}$$

(証明おわり)

補論 9.2： (9.18) 式の導出

(9.10) 式を P について整理すると、

$$P(X) = \frac{\mu}{1+r}\left(\bar{v} - \gamma\sigma_v^2 \frac{X}{I}\right) + \frac{1-\mu}{1+r}\bar{S} \tag{A9.5}$$

(A9.5) 式を X^D について微分すると、

$$\frac{\partial P}{\partial X^D} = -\frac{\gamma\mu\sigma_v^2}{(1+r)I} < 0 \tag{A9.6}$$

となる。(A9.5) 式と (A9.6) 式を (9.17) 式に代入して整理すると、次の (A9.7) 式が得られる。

$$P = 1 + v + \frac{\gamma\mu\sigma_v^2}{(1+r)I}X \tag{A9.7}$$

(A9.7) 式を X について解くと、(9.18) 式が得られる。ただし、利潤最大化のための十分条件は、次の (A9.8) 式で表される。

$$2\frac{\partial P}{\partial X} + \frac{\partial^2 P}{\partial X^2}X = 2\frac{\partial P}{\partial X} < 0 \tag{A9.8}$$

(証明おわり)

補論 9.3：(9.22) 式の証明

(9.10) 式、(9.18) 式、および (9.21) 式より、市場均衡が成立するためには、次の (A9.9) 式が成立する必要がある。

$$\frac{\mu \bar{v} + (1-\mu)\bar{S}}{1+r} > P^* > 1+v \tag{A9.9}$$

(9.20) 式を用いて (A9.9) 式の最初の不等式条件を書き換えると、(9.22) 式が得られる。また、(9.20) 式を整理して書き換えると、

$$\begin{aligned}P^* &= \frac{(1+v)(1+r) + \mu\bar{v}}{2(1+r)} + \frac{1-\mu}{2(1+r)}\bar{S} \\ &= 1+v + \frac{\mu\bar{v} + (1-\mu)\bar{S} - (1+v)(1+r)}{2(1+r)} > 1+v \end{aligned} \tag{A9.10}$$

となるが、P^* の右辺第 3 項の分子は正となることから (A9.9) 式の不等式が必ず成立するため、(A9.9) 式の 2 番目の不等式は自動的に成立する。

（証明おわり）

あ と が き

　本書では、「証券化」と「流動性」という二つの要因に着目し、経済理論によるモデル分析を用いて、2007年のリーマン・ショックを契機として世界中に広まった「サブプライム金融危機」が発生した原因とその拡散メカニズムを解明することを試みてきた。この研究テーマは、ここ10年の間、欧米の学界において理論と実証の両面から活発な研究が行われており、多くの優れた研究成果が蓄積されている。本書のモデル分析では、これら欧米の研究成果の一部を取り込みつつ、日本の金融システムの制度設計に関する課題について考察を行った。

　日本の金融システムは、1990年代から10年以上の長きにわたり不良債権問題の処理に追われていたことから、直接金融と間接金融が複線的に存在する市場型間接金融に移行するためのさまざまな制度設計が1990年代後半以降実施されている。例えば、個人投資家の市場参加を促すことを目的として、1999年の株式売買委託手数料自由化や、2014年の少額投資優遇制度（NISA）の導入などが挙げられる。筆者は、日本の金融システムの将来設計の方向として、伝統的な間接金融中心から脱し、より直接金融に近い「市場型間接金融」中心の金融システムに緩やかに移行していくと考えている。この際、証券化を利用した債権流動化や投資信託の普及がより一層重要となるであろう。このような問題意識の下、本書では、証券化商品市場において、より多くの（情報を持たない）個人投資家が参加することから生じる市場構造の変化が、証券化商品市場における「資金流動性」と「市場流動性」に及ぼす影響について考察を行った。

　本書で行われたモデル分析結果から、いくつかの有意義な政策的含意が導

かれた。例えば、第7章では、ボルカールール導入によるレバレッジ規制やヘッジファンド規制の強化により、証券化商品市場の市場流動性が低下する点、第8章では、ローン担保証券などの証券化商品市場により多くの個人投資家を参加できるようにするために、証券化商品の情報開示や質保証のための制度整備が必要となる点などが示された。さらに、第9章では、低金利政策は質の悪い銀行ローン債権の証券化を招くだけでなく、証券化商品市場のバブルを生み出す可能性のあることが明らかにされ、日本における質的・量的金融緩和政策からの出口を探る際の重要な論点が示されている。

最後に、本書を締めくくるにあたり、筆者に課された今後の研究課題を三つ挙げることにする。

第1に、本書の中で展開されたモデルでは、比較静学分析が中心となっており、モデルの中で外生変数が変化した時に、均衡点が変化する際の動学的な調整プロセスが明らかにされていなかった。とりわけ金融危機を分析する際には、短期的に市場価格や取引量の変動が高まることから、長期的な均衡点に至る動学的な調整プロセスを描写できるモデルを構築することが重要であり、この点については今後の研究課題としたい。

第2に、本書のモデルは、部分均衡モデルが中心であり、マクロ一般均衡モデルとなっていないため、分析結果から得られた政策的含意の妥当性に関して限界があるといえる。例えば、本書の中にあるモデルでは、担保価値割引率、金利水準、あるいは情報トレーダーの数などは外生変数とされているが、これらを内生変数としてモデルの中で説明できるように拡張することが、今後の課題である。

第3に、本論文は経済理論によるモデル分析が中心となっており、モデル分析から得られた結果が実際のデータを用いて検証されていないという問題がある。そこで、統計的な手法を用いた実証分析を行うことで、本書の中で示されたいくつかの結論の妥当性を確認する作業を行うことが今後の課題である。

参考文献

池尾和人（2006）『市場型間接金融の経済分析』日本評論社。
滝川好夫（2010）『サブプライム危機―市場と政府はなぜ誤ったか―』ミネルヴァ書房。
―――（2011）『サブプライム金融危機のメカニズム』千倉書房。
深浦厚之（2003）『債権流動化の理論構造』日本評論社。
藤井眞理子（2009）『金融革新と市場危機』日本経済新聞出版社。
細江守紀（1987）『不確実性と情報の経済分析』九州大学出版会。
丸茂俊彦（2008a）「非合理的なトレーダーと証券市場の効率性」『社会科学』（同志社大学人文科学研究所）第82号、pp41–58。
―――（2008b）「資産担保証券市場と個人投資家」『同志社商学』第60巻第3・4号、pp155–169。
―――（2009a）『金融取引と銀行組織の経済理論』晃洋書房。
―――（2009b）「金融危機とプルーデンス政策（第66回公開講演会）」人文研ブックレット No.31、同志社大学人文科学研究所。
―――（2010a）「証券化と資産担保証券市場」同志社大学人文科学研究所編『金融システム改革と現代経済』第3章、pp.59–86、晃洋書房。
―――（2010b）「証券化と銀行組織の経済機能」『社会科学』（同志社大学人文科学研究所）第40巻第1号、pp.21–53。
―――（2010c）「ローン担保証券市場と金融政策」『同志社商学』第62巻第3・4号、pp.30–44。
―――（2011）「流動性危機：レバレッジとモニタリング」『国民経済雑誌』（神戸大学経済経営学会）第203巻第1号，pp.107–119。
―――（2012a）「レバレッジ、裁定および市場流動性」『同志社商学』第63巻第4号、pp.44–56。
―――（2012b）「短期債、借り換えリスクおよび市場流動性」『同志社商学』第64巻第3・4号、pp.1–12。
―――（2013）「影の銀行業と資金流動性リスク」『社会科学』（同志社大学人文科学研

究所）第 43 巻第 2 号、pp.27–46。
──（2014）「資金回収リスクと資金流動性」『同志社商学』第 66 巻第 3・4 号、pp.31–44。
──（2016）「投資主体間の取引手法の違いと市場流動性」『社会科学』（同志社大学人文科学研究所）第 45 巻第 4 号、pp.57–75。
みずほ総合研究所（2007）『サブプライム金融危機──21 世紀型経済ショックの深層』日本経済新聞出版社。
Acharya, V. V., Gale, D. and Yorulmazer, T. (2011) "Rollover Risk and Market Freezes," *Journal of Finance*, Vol.66, No.4, pp.1177–1209.
──, Schnabl, P. and Suarez, G. (2013) "Securitization without Risk Transfer," *Journal of Financial Economics*, Vol.107, No.3, pp.515–536.
── and Viswanathan, S. (2011) "Leverage, Moral Hazard and Liquidity," *Journal of Finance*, Vol.66, No.1, pp.99–138.
Admati, A. R. and Pfleiderer, P. (1986) "A Monopolistic Market for Information," *Journal of Economic Theory*, Vol.39, No.2, pp.400–438.
Adrian, T. and Shin, H. S. (2010) "Liquidity and Leverage," *Journal of Financial Intermediation*, Vol.19, No.3, pp.418–437.
──, Begalle, B., Copeland, A. and Martin, A. (2013) "Repo and Securities Lending," *Federal Reserve Bank of New York, Staff Reports*, No.529.
Aghion, P. and Bolton, P. (1992) "An Incomplete Contracts Approach to Financial Contracting," *Review of Economic Studies*, Vol.59, No.3, pp.473–494.
Allen, F. (1993) "Stock Markets and Resource Allocation," Ch.4 in Mayers, S. C. and Vives, X. (eds) *Capital Markets and Financial Intermediation*, Cambridge University Press, pp.81–108.
── and Gale, D. (1997) "Financial Markets, Intermediaries, and Intertemporal Smoothing," *Journal of Political Economy*, Vol.105, No.3, pp.523–546.
── and Gale, D. (1999) *Comparing Financial Systems*, MIT Press.
Baltensperger, E. (1980) "Alternative Approaches to the Theory of Banking Firm," *Journal of Monetary Economics*, Vol.6, No.1, pp.1–37.
Berlin, M. and Mester, L. J. (1999) "Deposits and Relationship Lending," *Review of Financial Studies*, Vol.12, No.3, pp.579–607.
Bhattacharya, S. and Chiesa, G. (1995) "Proprietary Information, Financial Intermediation, and Research Incentives," *Journal of Financial Intermediation*, Vol.4, No.4, pp.328–357.
── and Thakor, A. V. (1993) "Contemporary Banking Theory," *Journal of Financial Intermediation*, Vol.3, No.1, pp.2–50.

Bolton, P., Santos, T. and Scheinkman, J. A. (2011) "Outside and Inside Liquidity," *Quarterly Journal of Economics*, Vol.126, No.1, pp.259–321.
Boot, A. W. (2000) "Relationship Banking: what do we know?," *Journal of Financial Intermediation*, Vol.9, No.1, pp.7–25.
—— and Thakor, A. V. (2000) "Can Relationship Banking Survive Competition?" *Journal of Finance*, Vol.55, No.2, pp.679–713.
Boyd, J. and Prescott, E. (1986) "Financial Intermediary Coalitions," *Journal of Economic Theory*, Vol.38, No.2, pp.212–232.
Brunnermeier, M. K. (2001) *Asset Pricing under Asymmetric Information —Bubbles, Crashes, Technical Analysis, and Herding—*, Oxford University Press.
—— (2009) "Deciphering the Liquidity and Credit Crunch 2007–2008," *Journal of Economic Perspectives*, Vol.23, No.1, pp.77–100.
—— and Oehmke, M. (2013) "The Maturity Rat Race," *Journal of Finance*, Vol.68, No.2, pp.483–521.
—— and —— (2013) "Bubbles, Financial Crises, and Systemic Risk," Ch.18 in Constantinides, G. M., Harris, M. and Stulz, R. M. (eds) *Handbook of the Economics of Finance, Vol.2B Financial Markets and Asset Pricing*, North Holland, pp.1221–1288.
—— and Pedersen, L. H. (2009) "Market Liquidity and Funding Liquidity," *Review of Financial Studies*, Vol.22, No.6, pp.2201–2238.
Bryant, J. (1980) "A Model of Reserves, Bank Runs, and Deposit Insurance," *Journal of Banking and Finance*, Vol.4, No.4, pp.335–344.
Calomiris, C. W. and Kahn, C. M. (1991) "The Role of Demandable Debt in Structuring Optimal Banking Arrangements" *American Economic Review*, Vol.81, No.3, pp.497–513.
Campbell, T. and Kracaw, W. (1980) "Information Production, Market Signalling, and the Theory of Financial Intermediation," *Journal of Finance* Vol.35, No.4, pp.863–882.
Cebenoyan, A. S. and Strahan, P. (2004) "Risk Management, Capital Structure and Lending at Banks," *Journal of Banking and Finance*, Vol.28, No.1, pp.19–43.
Constantinides, G. M., Harris, M. and Stulz, R. M. (2003) *Handbook of the Economics of Finance, Vol.1B Financial Markets and Asset Pricing*, Elsevier.（加藤英明監訳（2006）『金融経済学ハンドブック 第2巻金融市場と資産価格』丸善）

de Jong, F. and Rindi, B. (2009) *The Microstructure of Financial Markets*, Cambridge University Press.

DeMarzo, P. (2005) "The Pooling and Tranching of Securities: A Model of Informed Intermediation," *Review of Financial Studies*, Vol.18, No.1, pp.1–35.

Dewatripont, M. and Maskin, E. (1995) "Credit and Efficiency in Centralized and Decentralized Economies," *Review of Economic Studies*, Vol.62, No.4, pp.541–555.

—— and Tirole, J. (1993) "Efficient Governance Structure: Implications for Banking Regulation," Ch.2 in Mayer, S. C. and Vives, X. (eds) *Capital Markets and Financial Intermediation*, Cambridge University Press.

—— and —— (1994a) "A Theory of Debt and Equity: Diversity of Securities and Manager-Shareholder Congruence," *Quarterly Journal of Economics*, Vol.109, No.4, pp.1027–1054.

—— and —— (1994b) *The Prudential Regulation of Banks*, MIT Press.

Diamond, D. W. (1984) "Financial Intermediation and Delegated Monitoring," *Review of Economic Studies*, Vol.51, No.3, pp.393–414.

—— (1989) "Reputation Acquisition in Debt Markets," *Journal of Political Economy*, Vol.97, No.4, pp.828–862.

—— (1991a) "Monitoring and Reputation: The Choice between Bank Loans and Directly Placed Debt," *Journal of Political Economy*, Vol.99, No.4, pp.689–721.

—— (1991b) "Debt Maturity Structure and Liquidity Risk," *Quarterly Journal of Economics*, Vol.106, No.3, pp.709–737.

—— (1993) "Seniority and Maturity of Debt Contracts," *Journal of Financial Economics*, Vol.33, No.3, pp.341–368.

—— (1997) "Liquidity, Banks, and Markets," *Journal of Political Economy*, Vol.105, No.5, pp.928–956

—— and Dybvig, P. (1983) "Bank Runs, Deposit Insurance, and Liquidity," *Journal of Political Economy*, Vol.91, No.3, pp.401–419.

—— and He, X. Z. (2014) "A Theory of Debt Maturity: The Long and Short of Debt Overhang," *Journal of Finance,* Vol.69, No.2, pp.719–762.

—— and Rajan, R. G. (2000) "A Theory of Bank Capital," *Journal of Finance*, Vol.55, No.6, pp.2431–2465.

—— and Rajan, R. G. (2001) "Liquidity Risk, Liquidity Creation, and Financial Fragility: A Theory of Banking," *Journal of Political Economy*, Vol.109, No.2, pp.287–327.

―― and Rajan, R. G. (2009) "The Credit Crisis: Conjectures about Causes and Remedies," *NBER Working Paper*, No.14739.

―― and ―― (2011) "Fear of Fire Sales, Illiquidity Seeking, and the Credit Freeze," *Quarterly Journal of Economics*, Vol.126, No.2, pp.557–591.

Easley, D. and O'Hara, M. (2003) "Microstructure and Asset Pricing," Ch.17 in Constantinides, G. M., Harris, M. and Stulz, R. M. (eds) *Handbook of the Economics of Finance, Vol.1B Financial Markets and Asset Pricing*, Elsevier, pp.1021–1051.（小西秀訳「第 17 章 マイクロストラクチャーと資産価格」加藤英明監訳（2006）『金融経済学ハンドブック 第 2 巻金融市場と資産価格』丸善 pp.1087–1120）

Franke, G. and Krahnen, J. P. (2005) *Default Risk Sharing between Banks and Markets: The Contribution of Collateralized Debt Obligations*, Oxford University Press.

Freeman, S. (1996) "The Payments System, Liquidity, and Rediscounting," *American Economic Review*, Vol.86, No.5, pp.1126–1138.

Fulghieri, P. and Rovelli, R. (1998) "Capital Markets, Financial Intermediaries, and Liquidity Supply," *Journal of Banking and Finance*, Vol.22, No.9, pp.1157–1180.

Glosten, L. R. (1989) "Insider Trading, Liquidity, and the Role of the Monopolist Specialist," *Journal of Business*, Vol.62, No.2, pp.211–235.

―― and Milgrom, P. R. (1985) "Bid, Ask and Transaction Prices in a Specialist Market with Heterogeneously Informed Traders," *Journal of Financial Economics*, Vol.14, No.1, pp.71–100.

Gorton, G. (2008a) "The Panic of 2007," *NBER Working Paper*, No.14358.

―― (2008b) "The Subprime Panic," *NBER Working Paper*, No.14398.

―― (2009) "Information, Liquidity, and the (Ongoing) Panic of 2007," *NBER Working Paper*, No.14649.

―― (2010) *Slapped by the Invisible Hand*, Oxford University Press.

―― (2012) *Misunderstanding Financial Crises*, Oxford University Press.

―― and Metrick, A. (2010a) "Haircuts," *Federal Reserve Bank of St. Louis, Review* , Vol.92, No.6, pp.507–519.

―― and ―― (2010b) "Regulating the Shadow Banking System," *Brookings Papers on Economic Activity*, Fall, pp.261–312.

―― and ―― (2012a) "Securitized Banking and the Run on Repo," *Journal of Financial Economics*, Vol.104, No.3, pp.425–451.

―― and ―― (2012b) "Who Ran on Repo?," *NBER Working Paper*, No.18455.

―― and ―― (2013) "Securitization," Ch.1 in Constantinides, G. M., Harris, M. and Stulz, R. M. (eds) *Handbook of the Economics of Finance, Vol.2A Corporate Finance*, North Holland, pp.1–70.

―― and Ordoñez, G. (2012) "Collateral Crises," *American Economic Review*, Vol.104, No2, pp.343–378.

―― and Pennacchi, G. (1990) "Financial Intermediaries and Liquidity Creation," *Journal of Finance*, Vol.45, No.1, pp.49–71.

―― and Winton, A. (2003) "Financial Intermediation," Ch.8 in Constantinides, G. M., Harris, M. and Stulz, R. M. (eds) *Handbook of the Economics of Finance, Vol.1A Corporate Finance*, Elsevier, pp.431–552.（藤原賢哉・丸茂俊彦訳「第8章 金融仲介機関」加藤英明監訳（2006）『金融経済学ハンドブック 第1巻コーポレートファイナンス』丸善 pp.459–602）

Greene, W. H. (2000) *Econometric Analysis (4th edition)*, Prentice-Hall.

Gromb, D. and Vayanos, D. (2010) "Limits of Arbitrage: The State of The Theory," *NBER Working Paper*, No.15821.

Grossman, S. J. (1976) "On the Efficiency of Competitive Stock Markets where Trades have Diverse Information," *Journal of Finance*, Vol.31, No.2, pp.573–585.

―― and Stiglitz, J. E. (1980) "On the Impossibility of Informationally Efficient Markets," *American Economic Review*, Vol.70, No.3, pp.393–408.

Hart, O. and Moore, J. (1995) "Debt and Seniority: An Analysis of the Role of Hard Claims in Constraining Management," *American Economic Review*, Vol.85, No.3, pp.567–585.

―― and ―― (1998) "Default and Renegotiation: A Dynamic Model of Debt," *Quarterly Journal of Economics*, Vol.113, No.1. pp.1–41.

Haubrich, J. and King, R. G. (1990) "Banking and Insurance," *Journal of Monetary Economics*, Vol.26, No.3, pp.361–386.

He, X. Z., Khang, I. G. and Krishnamurthy, A. (2010) "Balance Sheet Adjustments during the 2008 Crisis," *IMF Economic Review*, Vol.58, No.1, pp.118–156.

―― and Xiong, W. (2012a) "Rollover Risk and Credit Risk," *Journal of Finance*, Vol.67, No.2, pp.391–430.

―― and ―― (2012b) "Dynamic Debt Runs," *Review of Financial Studies*, Vol.25, No.6, pp.1799–1843.

Hellwig, M. F. (1980) "On the Aggregation of Information in Competitive Markets," *Journal of Economic Theory*, Vol.22, No.3, pp.477–498.

——(1991) "Banking, Financial Intermediation and Corporate Finance," Ch.3 in Giovannini, A. and Mayer, S. C. (eds) *European Financial Integration*, Cambridge University Press, pp.35–63.

——(1994) "Liquidity Provision, Banking, and the Allocation of Interest Rate Risk," *European Economic Review*, Vol.38, No.7, pp.1363–1389.

Holmström, B. and Tirole, J. (1997) "Financial intermediation, Loanable Funds, and The Real Sector," *Quarterly Journal of Economics*, Vol.112, No.3, pp.663–691.

——and—— (1998) "Private and Public Supply of Liquidity," *Journal of Political Economy*, Vol.106, No.1, pp.1–40.

Jacklin, C. J. (1987) "Demand Deposits, Trading Restrictions, and Risk-Sharing," Ch.2 in Prescott, E. and Wallace, N. (eds) *Contractual Arrangements for Intertemporal Trade*, University of Minnesota Press, pp.26–47.

Jensen, M. C. and Meckling, W. H. (1976) "Theory of the Firm: Managerial Behavior, Agency Costs and Ownership Structure," *Journal of Financial Economics* Vol.3, No.4, pp.305–360.

Kashyap, A., Rajan, R. G. and Stein, J. (2002) "Banks As Liquidity Providers: An Explanation for the Coexistence of Lending and Deposit-Taking," *Journal of Finance* Vol.57, No.1, pp.33–73.

Krishnamurthy, A. (2010a) "Amplification Mechanisms in Liquidity Crises," *American Economic Journal: Macroeconomics*, Vol.2, No.3, pp.1–30.

——(2010b) "How Debt Markets Have Malfunctioned in the Crisis," *Journal of Economic Perspectives*, Vol.24, No.1, pp.3–28.

——Nagel, S. and Orlov, D. (2014) "Sizing up Repo," *Journal of Finance*, Vol.69, No.6, pp.2381–2417.

Kyle, A. S. (1985) "Continuous Auctions and Insider Trading," *Econometrica*, Vol.53, No.6, pp.1315–1336.

Leland, H. and Pyle, D. (1977) "Informational Asymmetries, Financial Structure, and Financial Intermediation," *Journal of Finance*, Vol.32, No.2, pp.371–387.

Madhavan, A. (2000) "Market Microstructure: A Survey," *Journal of Financial Markets*, Vol.3, No.3, pp.205–258.

Pedersen, L. H. (2009) "When Everyone Runs for the Exit," *International Journal of Central Banking*, Vol.5, No.4, pp.177–199.

Rajan, R. G. (1992) "Insiders and Outsiders: The Choice between Informed and Arm's-Length Debt," *Journal of Finance*, Vol.47, No.4, pp.1367–1400.

Scholes, M., Benston, G. and Smith, Jr. C. W. (1976) "A Transaction Cost Approach to the Theory of Financial Intermediation," *Journal of Finance*, Vol.31, No.2, pp.215–231.

Seward, J. K. (1990) "Corporate Financial Policy and the Theory of Financial Intermediation," *Journal of Finance*, Vol.45, No.2, pp.351–377.

Shin, H. S. (2009) "Securitisation and Financial Stability," *The Economic Journal*, Vol.119, No.536, pp.309–332.

—— (2010) *Risk and Liquidity*, Oxford University Press.

Shleifer, A. and Vishny, R. W. (2010) "Asset Fire Sales and Credit Easing," *American Economic Review*, Vol.100, No.2, pp.46–50.

Stiglitz, J. E. and Weiss, A. (1981) "Credit Rationing in Markets with Imperfect Information," *American Economic Review*, Vol.71, No.3, pp.393–410.

Stoll, H. R. (2003) "Market Microstructure," Ch.9 in Constantinides, G. M., Harris, M. and Stulz, R. M. (eds) *Handbook of the Economics of Finance, Vol.1A Corporate Finance*, Elsevier, pp.553–604.（小西秀訳「第 9 章 マーケットマイクロストラクチャー」加藤英明監訳（2006）『金融経済学ハンドブック第 1 巻コーポレートファイナンス』丸善 pp.603–653）

Strahan, P. (2008) "Liquidity Production in 21st Century Banking," *NBER Working Paper*, No.13798.

Thakor, A. V. (1996) "The Design of Financial Systems: An Overview," *Journal of Banking and Finance*, Vol.20, No.5, pp.917–948.

Townsend, R. T. (1979) "Optimal Contracts and Competitive Markets with Costly State Verification," *Journal of Economic Theory*, Vol.21, No.2, pp.265–293.

Vayanos, D. and Wang, J. (2013) "Market Liquidity-Theory and Empirical Evidence," Ch.19 in Constantinides, G. M., Harris, M. and Stulz, R. M. (eds) *Handbook of the Economics of Finance, Vol.2B Financial Markets and Asset Pricing*, North Holland, pp.1289–1362.

Vives, X. (1995) "The Speed of Information Revelation in a Financial Market Mechanism," *Journal of Economic Theory*, Vol.67, No.1, pp.178–204.

von Thadden, E. (1995) "Long-Term Contracts, Short-Term Investment and Monitoring," *Review of Economic Studies*, Vol.62, No.4, pp.557–575.

—— (1998) "Intermediated versus Direct Investment: Optimal Liquidity Provision and Dynamic Incentive Compatibility," *Journal of Financial Intermediation*, Vol.7, No.2, pp.177–197.

Wagner, W. (2007) "The Liquidity of Bank Assets and Banking Stability,"

Journal of Banking and Finance, Vol.31, No.1, pp.121–139.

Wang, F. A. (2010) "Informed Arbitrage with Speculative Trading," *Journal of Banking and Finance*, Vol.34, No.2, pp.304–313.

Williamson, S. D. (1987) "Financial Intermediation, Business Failures, and Business Cycles," *Journal of Political Economy*, Vol.95, No.6, pp.1196–1216.

主要事項索引

| 英字 |

AIG 008
BNP パリバ 007
CDS プレミアム 012
FF レート 004-005, 173
FRB（連邦準備制度理事会） 004, 008, 027-028, 173, 187
IKB 銀行 007
IT バブル 003, 028, 173

| ア行 |

アービトレージャー 133-134, 139, 147
相対 031-033, 039
アクティブトレーダー 133-134, 138, 147
アセットファイナンス 022, 052
アンバンドリング化 019, 030
異時点間の消費平準化 041
エージェンシーモデル 080-081
エージェンシー問題 060
大きすぎて潰せない（*Too Big to Fail*） 008
オリジネーション 006
　――機能 029, 050

| カ行 |

外国人投資家 006
カウンターシクリカル・バッファー 008
価格から情報を推定するトレーダー 023, 115, 117, 119-120, 122, 124
価格変動リスクの移転 009
格付け機関 009, 034, 051, 154
影の銀行業（*Shadow Banking*） 002-003, 013-015, 055, 096, 108-110
貸株業者（*Security Lender*） 015-016, 109-110
過剰流動性 003-004, 012
株式 031, 033, 044, 048-049
空売り 139, 145

借入れ超過（*Debt Overhang*） 065
借換えリスク 020-022, 058, 079-081, 092-093, 096
関係重視（リレーション）型取引 053, 055
関係特殊的投資 043
監視者の監視 039-040
間接金融 031, 153
間接証券 032-033, 037, 050
機関投資家 006, 013, 115, 134, 137, 154
規制の裁定 013
規模の経済性 038
逆選択 036, 038, 040
逆張り（投資）戦略 125, 128
銀行貸出 045-046, 048
　――の優位性 019, 036, 044-045, 053, 055
銀行組織の経済機能 018-019, 029-030, 035-036, 050
銀行中心型金融システム 044
金融緩和政策 025, 027-028, 173-174, 186-187
金融証券の補完性 045
金融取引 031
金利 175, 185-187
クレジット・デフォルト・スワップ（*CDS: Credit Default Swap*） 007, 011
クレジットライン 042
契約の不完備性 019, 035, 043, 047
契約理論 036
限定合理性 035, 043
限定合理的な経済主体 036
公定歩合 005
効率市場仮説 116
合理的期待均衡 182
個人投資家 006, 023, 025, 115, 134, 153-154, 166
コミットメント 044
　――手段の提供機能 036, 052
　――ローン 037-038
コントロール権限 048

203

サ行

サービサー 030, 034
サービシング機能 029
再交渉 036, 044, 047, 052
最後の貸し手（LLR） 055
最大借入れ可能額（Debt Capacity） 063, 084, 100, 109
裁定 135
裁定取引 133-134, 139, 149, 151
　　――の限界（Limit of Arbitrage） 135
債務担保証券（CDO: Collateral Debt Obligations） 006, 009, 154
サブプライム金融危機 001-003, 005, 008, 010-011, 013-014, 017, 020-025, 028, 030, 052, 055, 057-059, 079-080, 093, 095-096, 109-110, 115, 133-134, 148-149, 153, 173-174, 187
サブプライムローン 001, 004-006, 012, 028, 055, 057, 059, 095, 173, 187
資金回収リスク 020, 022-023, 058, 081, 096, 108-111
資金流動性（Funding Liquidity） 002-003, 013-014, 019-022, 057-058, 060, 071, 074-076, 079-081, 092, 095-096
　　――リスク 020-022, 058, 081, 096
シグナリングモデル 116-117
自己資本 046
　　――の質および量 008
事後的モニタリング 034, 038, 051
資産価格バブル 173
資産代替モラルハザード 047, 060
資産担保コマーシャルペーパー（ABCP: Asset Backed Commercial Paper） 002, 014, 016, 020, 022, 057, 079-080, 095-096, 108, 110, 133
資産担保証券（ABS: Asset Backed Securities） 002, 009, 015, 017, 025, 028, 033, 051, 095-096, 115, 133, 153, 174, 187
　　――残高 011
資産の投売り 003, 018, 021, 058, 076, 080, 095, 174
資産変換 032-033, 037, 050
市場 031, 033
　　――の厚み（Market Depth） 024, 041, 119, 124, 126-127, 154
　　――の失敗 036
　　――の非流動性尺度 073, 092
市場型間接金融システム 025, 153-154
市場流動性（Market Liquidity） 003, 013-014, 019, 021-024, 027, 057-058, 060, 073-074, 076, 080-081, 092, 095-096, 133-135, 145, 149-151, 166
システミックリスク 008, 018
事前的モニタリング 034, 038, 051
シティバンク 008
資本市場中心型金融システム 044
資本保全バッファー 008
社債 045-046
集計リスク 020, 038, 055
住宅価格バブル 004-005, 007, 079, 095
住宅ローンの証券化 009
順張り（投資）戦略 125, 128
商業銀行 002, 015-017, 108-109
証券アナリスト 034, 051
証券化 001, 006, 009, 012, 019, 025-026, 029, 050, 053, 055
　　――銀行業（Securitized Banking） 020-022, 057-059, 079-080
　　――商品 002-003, 009, 011, 013-017, 023-024, 026-028, 115, 133, 153, 174
　　――商品市場 019, 023-027
証券市場のマイクロストラクチャー 116, 154
消費平準化 036, 051-052
情報生産機能 019, 034, 038, 051
情報増幅経路 018
情報の経済学 036
情報の信頼性 039-040
情報の占有 039-040
情報の非対称性 019, 026-027, 035-036, 038, 155, 174
情報を持たない投資家（トレーダー） 154, 165-166, 175
情報を持つ投資家（トレーダー） 115-118, 120, 154, 166, 175
所要準備率 175, 185-187
新古典派の経済学 035-036
信用格付け 006-007, 009, 058, 153

信用緩和政策　174
信用リスクの移転　002, 006-007, 009, 012
信用リスクの商品化　011
スクリーニングモデル　116
ストロングフォームの効率性　163
世代間の消費平準化　041
先着順支払いルール
　（First-Come-First-Served Rule）　043
組成販売型モデル（Originate to Distribute）　001, 007, 012, 019, 029-030, 032-034, 050-055
組成保有型モデル（Originate to Hold）　002, 007, 019, 029-030, 032-034, 050-051, 053-055
ソフトな予算制約　044, 053

| タ行 |

代理モニタリング（Delegated Monitoring）　039, 051
担保価値割引率（Haircut）　020-022, 058-060, 067, 070, 073-074, 076, 079-081, 087, 090, 092-093, 096
　──リスク　020, 058, 081, 096
逐次サービス制約（Sequential Service Constraint）　036, 043, 108-109
逐次手番モデル　116
直接金融　031, 153
低金利政策　002-004, 006, 027-028, 187
ディストリビューション機能　030
テールリスク　018
デリバティブズ　009
伝染（Contagion）　018
倒産隔離　009, 050
投資家心理　174
投資銀行　002, 006, 015-016, 134, 138, 148
投資信託　025, 153
同時手番モデル　116
投資ファンド　095-096, 108-111
特別目的事業体（SPV: Special Purpose Vehicle）　002, 006, 009, 013-015, 030, 032, 050-051, 055
ドット・フランク法　008
取引先リスク　110
取引重視（トランザクション）型取引　053, 055

取引手法の違い　133
取引費用　019, 035, 037, 055
取引頻度　125

| ナ行 |

日本銀行　005
日本の不良債権問題　025, 153
ネットワーク効果　017
ノイズトレーダー（Noise Trader）　115-117, 133-134, 143
ノイズのある合理的期待均衡モデル　026, 154
ノーザンロック銀行　007

| ハ行 |

バーゼルⅡ（2004年）　135
バーゼルⅢ（2010年）　008
バーゼル（BIS）規制（1988年）　008, 010, 012, 153
バーゼル銀行監督委員会　008
ハードな予算制約　044, 053
パススルー証券　034
パッシブトレーダー　133, 137, 147
バランスシート増幅経路　018
バリュー・アット・リスク（VaR）　135, 139
非協力ゲーム理論　036
費用のかかる状態立証モデル（CSV: Costly State Verification）　038, 044
評判　045-046
ファニーメイ（連邦住宅抵当公庫）　007, 012
不確実性　019, 035
不完全なコミットメント　043, 047, 052
不完備契約理論　043
負債　031-033, 044, 049
負の流動性スパイラル　003, 017, 021, 057, 060, 075-076
ブラック・ショールズ・モデル　008
フリーライダー　039, 053
フレディマック（連邦住宅金融抵当公庫）　007, 012
プロシクリカル（Pro-Cyclical）　080, 135
分散化の利益　040
ベアスターンズ　007
米国政府系金融機関（GSE: Government Sponsored Enterprise）　012
米国の住宅ローン残高　005

主要事項索引　｜　205

米国の住宅ローン証券化残高　010
ベイジアンナッシュ均衡（BNE）　117,
　122-123
ヘッジファンド　007, 012-013, 015, 025, 110,
　115, 134, 149
　──規制　024-025, 133, 149-151
ホールドアップ　036, 043, 047, 052
ボルカールール　008, 024, 149
本源的証券　032-033, 037, 050

| マ行

マーケットインパクト　124
マーケットメーカー　115-117, 121
マクロプルーデンス政策
　（Macro-Prudential Policy）　020, 055
マネーマーケット・ミューチュアル・ファンド
　（MMF）　015-016, 108-110
満期生存競争（Maturity Rat Race）　109
モーゲージ（住宅抵当権付貸出）　004, 006
　──担保証券（MBS: Mortgage Backed
　　Securities）　002, 006, 009, 015, 025,
　　028, 059, 079, 096, 115, 153, 173-174, 187
　──ローン会社　007
モニタリング　059, 080-081
　──に関するモラルハザード　021-022, 060
　──費用の重複　039
モノライン　007
モラルハザード　036, 038, 042-043, 048, 053

| ヤ行

要求払い預金　037-038, 041-043, 052
預金取付け（Bank Run）　007, 043, 052,
　108-109
預金保険　108-109
欲求の二重の一致　037

| ラ行

リーマンブラザーズ　001, 007-008
リスクプレミアム　021-022, 080, 086, 089,
　092-093
リスク分散化　038
リスク分担機能　019, 036-037, 050
流動性　001, 003, 013, 174
　──危機　003, 017, 022, 057, 079, 081,
　　092-093
　──規制　008
　──供給機能　036, 042, 051
　──トレーダー（Liquidity Trader）
　　116-117, 119, 127
　──リスク　041
リレーションシップバンキング　040
レバレッジ　057, 133, 135, 138
　──規制　008, 024, 133, 148, 150
　──比率　071
　──の巻戻し　003, 017, 021-022, 058-059,
　　076, 080, 093, 095
レポ（Repo）　002, 014, 017, 020-022,
　057-060, 067, 073-074, 076, 079-080, 087,
　093, 095-096, 108, 133
　──市場　109-110
　──取付け（Repo Run）　017, 058,
　　109-110
　──レート　067

主要人名索引

Acharya, V. V.　015, 021-022, 060, 081, 109
Admati, A. R.　167
Adrian, T.　016, 059, 080, 110, 134, 174
Aghion, P.　048
Allen, F.　041, 045

Baltensperger, E.　035
Begalle, B.　016, 110
Benston, G. J.　035
Berlin, M.　037
Bhattacharya, S.　036, 039
Bolton, P.　048, 060
Boot, A .W.　040
Boyd, J.　040
Brunnermeier, M. K.　003, 013, 017, 020, 058, 060, 073, 079, 081, 092, 096, 109, 116, 123, 133, 155, 173-174, 178
Bryant, J.　041

Calomiris, C. W.　043, 052
Campbell, T.　040
Cebenoyan, A. S.　012
Chiesa, G.　039
Constantinides, G. M.　116
Copeland, A.　016, 110

de Jong, F.　116, 123, 155
DeMarzo, P.　033
Dewatripont, M.　039, 044, 048-049, 053
Diamond, D. W.　038, 040-043, 045-046, 051-052, 060, 081, 108, 174
Dybvig, P.　041-042, 051, 108

Easley, D.　116

Franke, G.　012
Freeman, S.　042

FUJII Mariko（藤井眞里子）　030
FUKAURA Atsuyuki（深浦厚之）　030, 051
Fulghieri, P.　042

Gale, D.　041, 045, 060, 081, 109
Glosten, L. R.　117
Gorton, G.　001, 009, 016-017, 031, 036, 039, 042, 057-059, 080, 108-110, 174
Greene, W. H.　121
Greenspan, A.　005, 007
Gromb, D.　060, 135, 139, 174
Grossman, S.　026, 154-155, 167, 178

Harris, M.　116
Hart, O.　043, 046
Haubrich, J.　041
He, X. Z.　058, 060, 081, 134, 174
Hellwig, M. F.　041, 045, 167
Holmstrom, B.　021-022, 042, 046, 060, 081
HOSOE Moriki（細江守紀）　155

IKEO Kazuhito（池尾和人）　030, 153

Jacklin, C.　041
Jensen, M. C.　040, 060, 081

Kahn, C. M.　043, 052
Kashyap, A.　037-038
Khang, I.　058, 134, 174
King, R. G.　041
Kracaw, W.　040
Krahnen, J.　012
Krishnamurthy, A.　016, 018, 058-060, 080, 110, 134, 174
Kyle, A. S.　023, 115-117, 119, 123-126

Leland, H.　040

Madhavan, A.　116
Martin, A.　016, 110
MARUMO Toshihiko（丸茂俊彦）　003, 018-025, 027, 035, 037, 108, 116, 134, 154
Maskin, E.　044
Meckling, W. H.　040, 060, 081
Mester, L. J.　037
Metrick, A.　009, 016-017, 057-059, 080, 109-110
Milgrom, P. R.　117
Mizuho Research Institute（みずほ総合研究所）　005, 030
Moore, J.　043, 046

Nagel, S.　016, 110

Oehmke, M.　109, 174
O'Hara, M.　116
Ordonez, G.　108
Orlov, D.　016, 110

Pedersen, L. H.　013, 060, 073, 079, 092, 133, 174
Pennacchi, G.　042
Pfleiderer, P.　167
Prescott, E.　040
Pyle, D.　040

Rajan, R. G.　037-038, 043, 047, 052, 060, 174
Rindi, B.　116, 123, 155
Rovelli, R.　042

Santos, T.　060

Scheinkman, J. A.　060
Schnabl, P.　015
Scholes, M.　035
Seward, J. K.　045
Shin, H. S.　059, 080, 134-135, 138, 174
Shleifer, A.　060, 174
Smith, Jr., C. W.　035
Stein, J. C.　037-038
Stiglitz, J. E.　045, 167
Stoll, H. R.　116
Strahan, P.　012
Stulz, R. M.　116
Suarez, G.　015

TAKIGAWA Yoshio（滝川好夫）　001
Thakor, A. V.　036, 040, 045
Tirole, J.　021-022, 039, 042, 046, 048-049, 053, 060, 081
Townsend, R. T.　038-039

Vayanos, D.　014, 060, 133, 135, 139, 174
Vishny, R. W.　060, 174
Viswanathan, S.　021-022, 060, 081
Vives, X.　117
von Thadden, E.　041, 044

Wagner, W.　012
Wang, F. A.　117
Wang, J.　014, 133
Weiss, A.　045
Williamson, S. D.　045
Winton, A.　031, 036, 039

Xiong, W.　060

Yorulmazer, T.　060, 081, 109

【著者紹介】

丸茂俊彦（まるも・としひこ）
同志社大学大学院商学研究科博士前期課程　教授
1966 年　兵庫県生まれ
1990 年　神戸大学経済学部卒業
1995 年　神戸大学大学院経済学研究科博士前期課程修了
1996 年　神戸大学大学院経済学研究科博士後期課程中退
1996 年　滋賀大学経済学部助手、1998 年専任講師、2001 年助教授
1999 年　ロンドン大学（UCL）客員研究員（1999 年 9 月～2000 年 8 月）
2007 年　同志社大学商学部准教授、2009 年教授を経て現在に至る
　　　　博士（経済学）

〈主要業績〉
『金融取引と銀行組織の経済理論』晃洋書房、2009 年。「投資主体間の取引手法の違いと市場流動性」『社会科学』（同志社大学人文科学研究所）第 45 巻第 4 号、pp.57-75、2016 年。「影の銀行業と資金流動性リスク」『社会科学』（同志社大学人文科学研究所）第 43 巻第 2 号、pp.27-46、2013 年。「短期債、借換えリスクおよび市場流動性」『同志社商学』第 64 巻第 3・4 号、pp.1-12、2012 年。「流動性危機：レバレッジとモニタリング」『国民経済雑誌』（神戸大学経済経営学会）第 203 巻第 1 号、pp.107-119、2011 年。『エッセンシャル金融論』中央経済社、共著、2016 年。

証券化と流動性の経済理論

2016 年 9 月 4 日　初版第 1 刷発行
2019 年 7 月 10 日　　　　第 2 刷発行

著　者　丸茂俊彦
発行者　千倉成示
発行所　株式会社 千倉書房
　　　　〒104-0031　東京都中央区京橋 2-4-12
　　　　TEL 03-3273-3931 ／ FAX 03-3273-7668
　　　　https://www.chikura.co.jp/

印刷・製本　藤原印刷株式会社

© MARUMO Toshihiko 2016 Printed in Japan
ISBN 978-4-8051-1102-4　C3033

JCOPY〈(社)出版者著作権管理機構 委託出版物〉

本書のコピー、スキャン、デジタル化など無断複写は著作権法上での例外を除き禁じられています。複写される場合は、そのつど事前に、(社)出版者著作権管理機構（電話 03-5244-5088、FAX 03-5244-5089、e-mail: info@jcopy.or.jp）の許諾を得てください。また、本書を代行業者などの第三者に依頼してスキャンやデジタル化することは、たとえ個人や家庭内での利用であっても一切認められておりません。